U0811930

"双一流"建设丛书·学术经典系列

民国广播文献集成

艾红红 庞 亮 刘书峰◎主编

中国传媒大学出版社
·北京·

前 言

习近平总书记在 2019 年初给中国社会科学院中国历史研究院成立的贺信中指出，“历史研究是一切社会科学的基础”。他强调：“新时代坚持和发展中国特色社会主义，更加需要系统研究中国历史和文化，更加需要深刻把握人类发展历史规律，在对历史的深入思考中汲取智慧、走向未来。”将历史研究提到如此高的地位，在历届党和国家领导人的指示中还是头一次，由此也不难看出历史研究对当下中国特色社会主义建设的重要性。

历史研究的第一步是史料的发掘与整理。中国传媒大学不仅以广播电视教学与研究而闻名，而且保存了一批珍贵的广播电视文字与声像资料，其中就有本校已故著名教授赵玉明先生捐赠的七千多册广播电视史图书、报刊及数百份民国时期北京广播电台的原始档案。在赵玉明教授建议下，本书作者还广泛搜求民间收藏的民国时期涉及无线电广播的书籍与文章。本书选取的三部著作，就是上述成果的一部分。

按出版时间先后排序的三部著作，为读者动态展现了 1949 年以前中国无线电广播的发展脉络：

第一部，《建设委员会办理国营无线电事业之经过》，初版于 1929 年，主要叙述南京国民政府建设委员会成立后办理无线电事业的经过。彼时南京政府奠基未久，鉴于“二十世纪以来，世界已由钢铁时代，渐进而入于电气时代，欧美各邦，无不进力奔赴于电气建设，浸浸乎有一日千里之概，他姑不论，即所谓无线电事业者，其发展情况，已自日新月异而岁不同。至一反观吾国，则电气事业，尤甚幼稚，间有一二建设，其规模计划，均不逮欧美远甚，乃至国际宣传之喉舌，且扼于外人之手，于此而不谋挽救，其乌乎可”（该书序），南京国民政府于1928年设立建设委员会，筹建和管理国内的无线电事业，并负责规管新闻电报、广播新闻等业务。至1929年国民党中央执行委员会决定将相关业务移交交通部管辖前，建设委员会做了很多建章立制的工作，本书详细记录了这一过程。附录中还载有建设委员会拟订的《中华民国无线电条例》《新闻电报章程》《办理新闻电报简要手续》等，是了解早期中国无线电新闻管理不可或缺的文献。

第二部，王崇植、恽震合著的《无线电与中国》，初版于1931年。王崇植、恽震均为上述建设委员会领导成员，是早期无线电事业的建设者与领导者。本书在全球视野下对中国无线电兴起与发展过程的梳理，不仅有助于读者了解广播业是如何从无线电技术中脱胎而来的，也有助于读者认清当时中国无线电事业发展的内外部环境。

第三部，《广播事业》初版于1947年，由南京国民政府行政院新闻局印行。本书详细介绍了中国广播业的发展历史，并对此后发展提出了“建立广播网”“普及收音”“自给广播器材”“创设有线广播”“培养广播人才”等计划与目标。但众所周知，国民党政府于1949年败退台湾，上述计划与目标也就成了镜花水月。最终，这些计划在中国共产党领导的人民政权建立后一一付诸实施。

为保存历史原貌，本书影印时未作大的删改，希望读者结合当时的历史条件和历史环境，对其中的观点进行批判性借鉴。原书中存在一些漏字和排版问题，以及过去的表达方式，如新嘉坡、坎拿大、莫司科等词，在影印时均未做改动，敬请读者注意。

衷心感谢中国传媒大学学科建设办公室和中国传媒大学出版社的鼎力支持，也感谢张笛编辑耐心细致的编辑工作。

编　者

2021年2月

目　录

第一部　建设委员会办理国营无线电事业之经过　/ 1

第二部　无线电与中国　/ 245

第三部　广播事业　/ 443

建設委員會

辦理

國營無線電事業之經過

民國十七年六月起至十八年七月止

序

張人傑

二十世紀以來，世界已由鋼鐵時代，漸進而入於電氣時代，歐美各邦，無不迸力奔赴於電氣建設，駸駸乎有一日千里之概，他姑不論，卽所謂無線電事業者，其發展之情況，已自日新月異而歲不同。至一返觀吾國，則電氣事業，猶甚幼稚，間有一二建設，其規模計畫，均不逮歐美遠甚，乃至國際宣傳之喉舌，且扼於外人之手，於此而不謀挽救，其烏乎可。本會成立以還，卽注意於建設新中國之電氣事業，而於無線電一事，尤晨夕籌維，力求有以擴充而張大之，於是各省電台及國際電台，得以逐漸設立與籌備，此一年來之經過情形，固有足爲國人告語者矣。昔先總理有言，中國人學外國人，須迎頭趕上去，吾人對於無線電事業，倘能凜遵遺訓，迎頭去學，自今日始，急起直追，安見不可與歐美頡頏，而在吾國新建設中，粲然放一異彩，語有之，其作始也簡，其將畢也鉅，吾人之所蘄望於來日者，寗若斯而止耶？本編特誌作始者之顚末云爾。

總理遺囑

余致力國民革命凡四十年其目的在求中國之自由平等積四十年之經驗深知欲達到此目的必須喚起民衆及聯合世界上以平等待我之民族共同奮鬥

現在革命尚未成功凡我同志務須依照余所著建國方略建國大綱三民主義及第一次全國代表大會宣言繼續努力以求貫澈最近主張開國民會議及廢除不平等條約尤須於最短期間促其實現是所至囑

總理遺像

本會委員長張人傑

無線電管理處外景

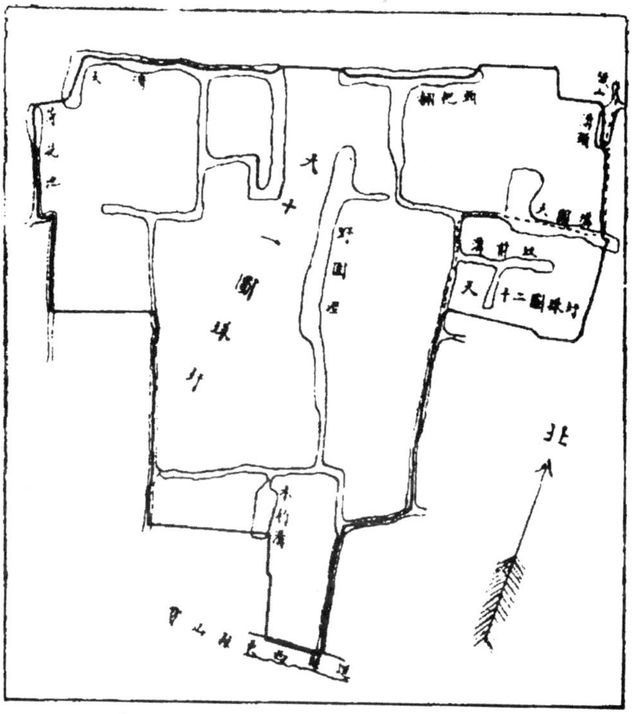

國際無線電台收报台地形簡圖

(在寶山縣劉行鄉共二百五十畝零三分七釐)

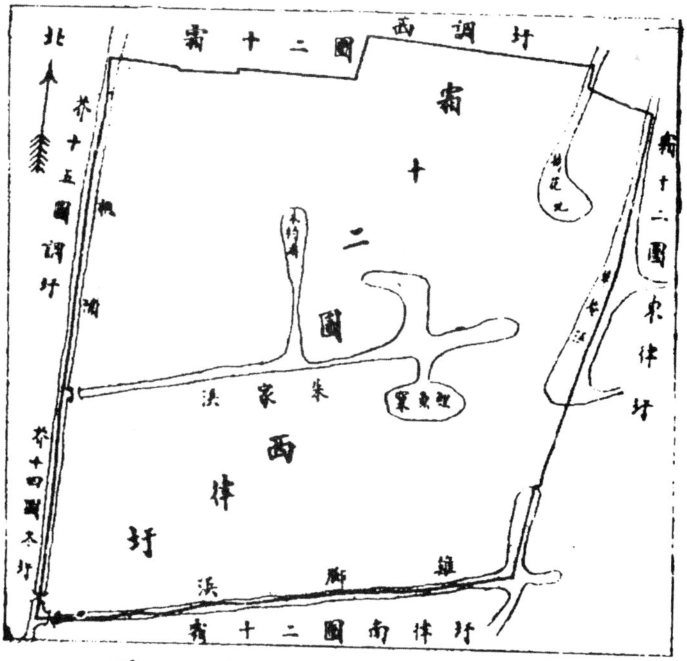

國際無線電台發報台地形簡圖

(在上海特別市真如區橋二百一十畝零二釐七毫)

國際無線電台發報台正面圖

（在上海真茹）

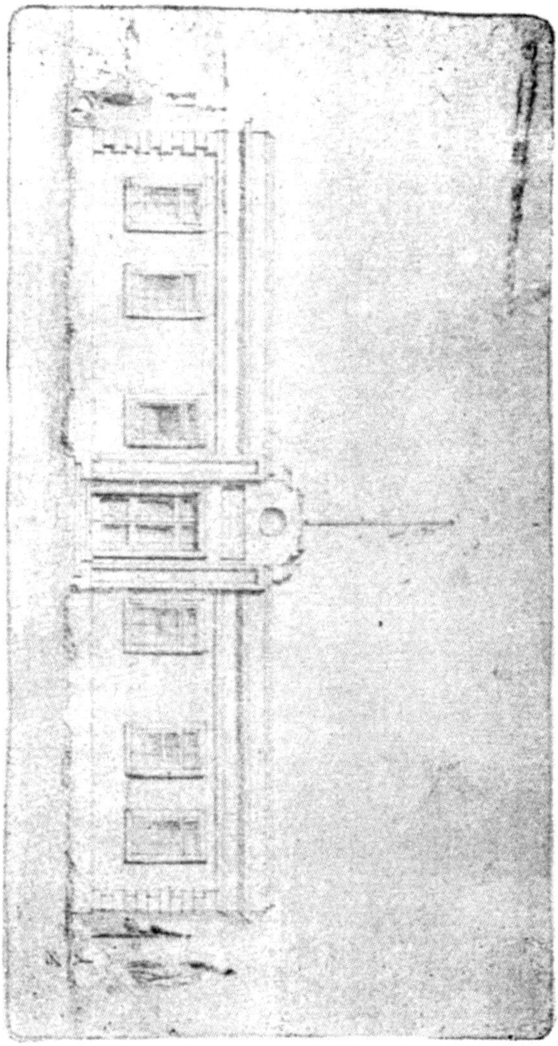

國際無線電台收報台正面圖

(在寶山劉行)

國際無線電台上海支台圖

(在上海新西區)

建築中之國際電台上海支台攝影

（在上海新西區）

國際無線電報營業處內景

國際無線電報營業處外景

中華國際電台内景

上海電台內景

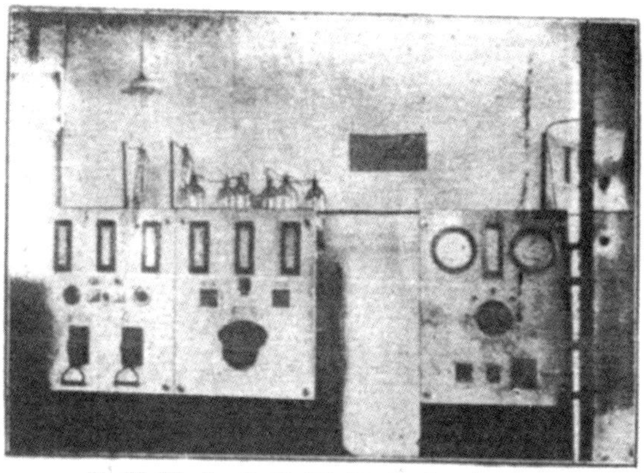

吳淞電台五千瓦特真空發報機

吳淞電台五千瓦特火花式發報機

漢口無線電報局外景

漢口第二電台報房

天津電台外景

北平電台外景

蕪湖電台外景

青島無線電報局

杭州電台電池室

短波電台報房

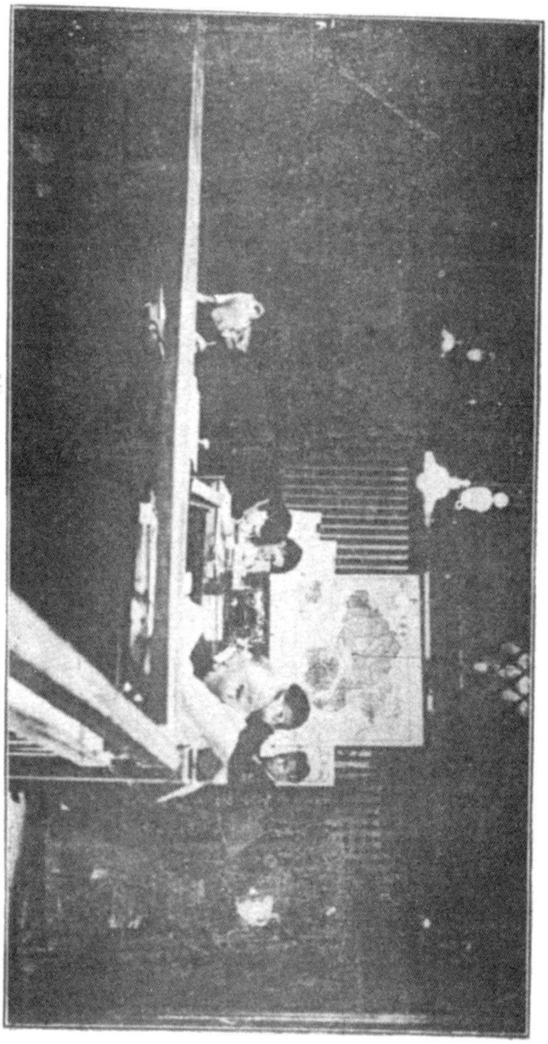

廈門電台辦公室

福州电台外景

福州電台辦公室

吳淞電台全景

南京第一電台外景

南京第二電台外景

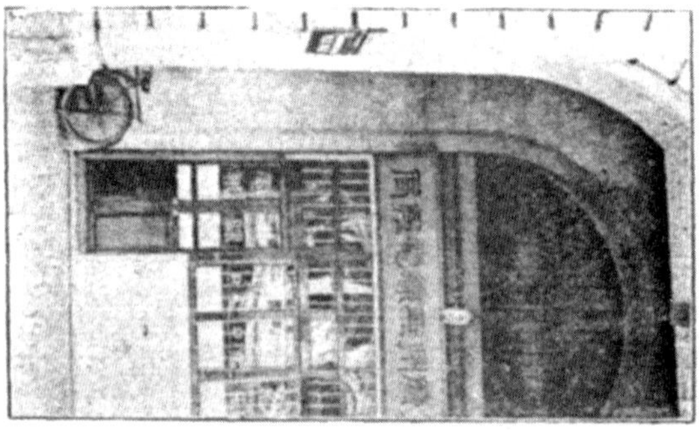

廣州無綫電報局

廣州無綫電報局外景

一百瓦特雙波無線電發報機

（製造廠出品）

一百瓦特雙波無線電發報機內部
（製造廠出品）

二百五十瓦特無線電發報機

（製造廠出品）

二百五十瓦特無線電發報機內部

（製造廠出品）

五百瓦特無線電發報機（製造廠出品）

五百瓦特無線電發報機內部
(製造廠出品)

製造廠出品

五十瓦特軍用雙波無線電發報機內部

十五瓦特軍用無線電收報發報機

五十瓦特軍用雙波無線電發報機

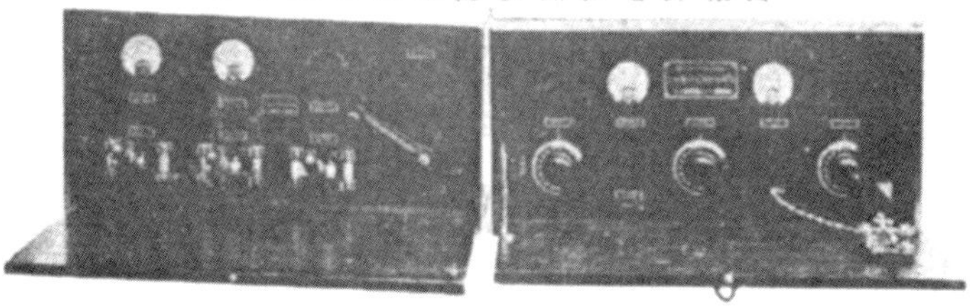

製造廠出品

十二五一自八十米突波長計

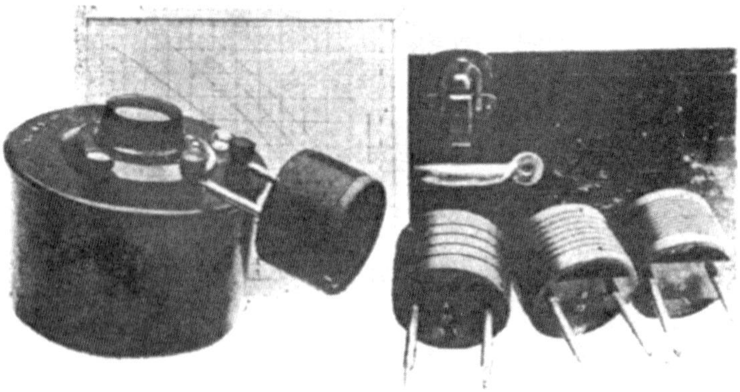

斷續器

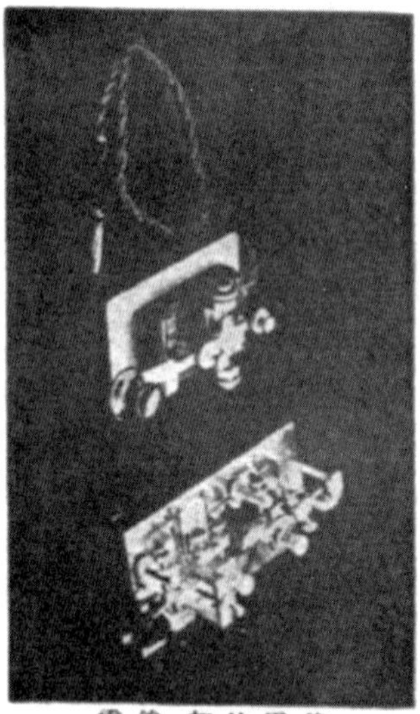

電鑰 加快電鑰

變值電容器

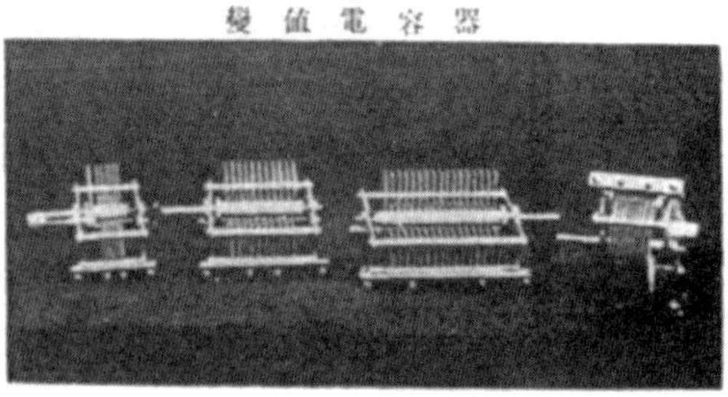

西湖博覽會本會陳列室全景

西湖博覽會本會陳列室臨時電台

西湖博覽會木會陳列之自動收報機

西湖博覽會木會臨時收報處

建設委員會辦理國營無線電事業之經過目錄

插圖

總理遺像
本會張委員長肖像
無線電管理處外景一幅
無線電管理處全體人員攝影一幅
國際無線電台圖影六幅
國際無線電報營業處攝影二幅
中菲國際無線電台內景一幅
各地無線電台攝影十九幅
上海無線電機製造廠出品攝影十三幅
西湖博覽會本會陳列室攝影三幅
西湖博覽會本會收報處攝影一幅
國際無線電通信路由圖一幅

序文

本會張委員長序

目錄

章次

第一章 創辦
第一節 本會創辦無線電之宗旨
第二節 職權之賦予
第三節 無線電管理處之組織
第四節 接管軍事機關移交之台廠及呈院令飭交通部辦理移交事宜
第二章 施政大綱
第一節 關於對內者
第二節 關於對外者
第三章 辦理國內通訊事宜
第一節 設立各地短波電台
第二節 整頓已接收之各電台
第三節 商電
第四節 官電
第五節 新聞電報
第六節 公益電報

第七節　氣象電報
第八節　夜信
第九節　廣播新聞
第十節　通訊之聯絡
第十一節　營業之擴充
第十二節　報務之整飭
第十三節　臨時之業務
第四章　辦理國際通訊事宜
第一節　籌設國際大電台
第二節　籌設二啟羅瓦特自動電台
第三節　設立中菲國際轉報電台
第四節　呈請批准國際無線電報公約
第五章　辦理船舶通訊事宜
第一節　收發船舶電報辦法
第二節　指定專台收發美商大來公司船舶電報
第六章　製造事項
第一節　上海無線電機製造廠

第二節 督察商辦製造事業

第七章 育才事項

第一節 無線電報務人員養成所

第二節 譯電夜校

第三節 考錄人員之訓練

第四節 考試報務員發給執照

第五節 監督民辦無線電訓練學校

第八章 稽察及取締事項

第一節 對內之稽察

第二節 對外之取締

第九章 經費及會計

第一節 經費之來源

第二節 會計之處理

第十章 用人及合作

第一節 用人之標準

第二節 合作之精神

第十一章 制定各種法規
第一節 已施行者
第二節 尙未施行者
第十二章 統計
第一節 經濟統計
第二節 報務統計
第十三章 將來規畫
第一節 完成正在設施之事業
第二節 供應此後建設之需要
第十四章 管理職權移轉始末
第一節 中央執行委員會決議案
第二節 移交委員會決議案
第三節 本會無線電管理處遵辦移交及結束情形
第四節 本會鄭重聲明

附錄

目錄

國際無線電台購機合同
中美無線電報務合同
中德無線電報務合同
中菲無線電報務合同
各種法規條文共四十類
國內無線電報價目表
國際無線電報價目表
各種圖表共九類
勘誤表

建設委員會辦理國營無線電事業之經過

第一章 創辦

第一節 本會創辦無線電之宗旨

我國之有無線電台，創始於前清光緒三十年，迨至我國民革命軍統一告成，爲時計閱二十三載。在此時期中，對內則電信交通之效用未彰，對外則主權利益之損失迭見，所有歷次訂立之各項不平等合同契約，引起種種糾紛問題，非緣外力之强迫，實由謀國之不臧。今欲積極改進，端在舍其舊而新是圖。本會職司建設，於民國十七年起，毅然即以創辦我國無線電事業爲建設職責之一，鑒已往之覆轍，循今代之趨勢，明定宗旨，有如左列三端：

建設之首要在民生，故本會創辦無線電事業，即以便利民衆爲前提。關於國內電台之設立、工商業之通訊，凡所以利吾民者，出全力以赴之，此其一。

無線電之建設，對外應以收回國際通信權爲先務。關於國際電台之籌設，與辦理國際通訊事宜，凡所以尊重主權，提高我國地位者，出全力以赴之，此其二。

無線電之人材與機器，素仰外人鼻息，無可諱言，必須速謀需要之供應，以求自給。關於製造廠所之經營，訓練學校之設立，與獎進民辦無線電事業，凡所以安我製造及作育者，出全力以赴之，此其三。

以上三端，爲本會創辦無線電之宗旨，特先於本章鄭重述之，再進而言職權。

第二節 職權之賦予

關於本會管理無線電職權之賦予，條列如左：

(一)十七年六月二十五日中央政治會議臨時會議議決案，「全國無線電台，由建設委員會積極籌建，所有各處已設之電台，應暫交該會管理，以利進行。」

(二)國民政府第三二四號訓令「經中央政治會議決議，全國無線電台，由建設委員會積極籌建，所有各處已設之各電台暫交該會管理一案，除令行交通部外，仰即遵照。」

(三)本會制定中華民國無線電管理條例，於十七年七月呈奉國民政府第七〇一號指令，准予備案，其中第二條文曰：「凡中華民國國內及國際間之無線電事業，統歸中華民國建設委員會無線電管理處管理。」

(四)十七年十一月二十八日，中央政治會議第一六五次常會，通過行政院各部會組織法，交通部原定職權，經審查委員審查修正，其無線電一項，一概刪除。

(五)十七年十二月九日，國民政府明令公布行政院各部會組織法，建設委員會組織法第二條職權第五項文曰：「建設委員會創辦之事業，仍由建設委員會完成之。」

第二節　無線電管理處之組織

本會依據職權，主管無線電事業，一面制定無線電管理條例，呈奉國民政府核准施行。一面呈請任命前在軍事時期創辦無線電卓著成績之李範一氏爲無線電管理處處長。（自十六年四月國軍底定江南起，至十七年六月止，各重要地方，設立新式短波電台達二十餘處，專供軍用，均爲前軍事委員會交通處長李範一一手經營。我國新式短波電台之宏著效用，引起國人重視，實自此始。）延請專材，負責積極辦理。該處於十七年七月成立，茲將其組織系統列下：

- 處長—副處長
  - 會計科
    - 簿記股
    - 審計股
    - 出納股
  - 管理科
    - 供應股
    - 考核股
    - 統計股
  - 總務科
    - 編輯股
    - 文書股
    - 庶務股

- 營業科
  - 宣傳股
  - 報務股
  - 擴充股
- 稽察科
  - 監查股
  - 考工股
  - 國際股
- 直轄機關
  - 各無線電報局
  - 國際無線電台籌備處
  - 無線電機製造廠
  - 無線電報務人員養成所
  - 其他應行管轄之機關

第四節 接管軍事機關移交之台廠及呈院令飭交通部辦理移交事宜

國家興辦大政，未有事權不一，而能成功者。前在北政府時期，對於無線電之設施，並不重視，祗與有線電同隸於交通部，有線電旣因陋就簡，日就窳敗，而無線電則徒作外人侵奪利權之具。中央政治會議有鑒於此，爲改弦更張之計，將管理無線電職權，授諸本會。本會力謀事權統一，擬定進行之步驟有二：一爲接收軍事機關所管之無線電台。一爲呈請行政院令飭交通部移交所辦理之無線電事業。除軍事最高機關已先飭將吳淞杭州崇明等電台，及總司令部駐滬無線電機製造廠，於十七年十一月移交接管外。惟交通部方面，未遵院令辦理，以致國內其他無線電機關，未能完全歸入本會管理系統之下，本會於施行職權時，每以不能統一爲憾。茲將呈請行政院令飭交通部移交原文，及指令，照錄於後，以資參考。

原呈（十八年十二月十日）

呈爲依據職會組織法，呈請令飭交通部移交各無線電機關，及無線電各項文卷，規章，合同，契約，由會接管，以專職權，而明系統事。竊查職會自成立以後，對於創辦國營事業積極進行，而於無線電一項，尤經營不遺餘力。本年六月二十五日中央政治會議議決，由職會主管全國無線電事業，遵經訂定無線電管理條例，設立無線電管理處，先後呈奉國民政府，核准施行在案。茲者各部會組織法從新擬訂，業經呈由中央政治會議修正通過，並由國民政府公布，所有交通部組織法內原擬職掌之無線電一項，業於審查時删除，依照職會職掌第二項之規定，水利電氣及其他國營事業，不屬於各部主管者，均由建設委員會辦理之。又第五項，建設委員會創辦之事業，仍由建設委員會完成之。此後無線電之經營管理，在職會職掌範圍之內，應由職會完全負責，未容再有歧出之弊。現在交通部附設之無線電管理處，及所屬各無線電台，並其他無線電機關，與無線電各項文卷規章合同契約，以及盤恩國際電政公會來往文件，亟應一併移交職會接管，以一職權，而資改進。理合呈請鈞院迅予令飭交通部，從速將文開各項，完全移交，以憑接收具報，實爲公便。

指令（第一一七號十七年十二月十五日）

呈悉，仰候令飭交通部從速移交可也，此令。

第二章 施政大綱

第一節 關於對內者

本會於籌組管理處成立之後，本創辦無線電之宗旨，擬定施政大綱，分對內對外兩項。茲先將關於對內者，列舉於左：

(一)全國無線電通信網之建設；我國幅員遼闊，交通不便，全國無線電通信網之建設，至爲重要。所謂通信網者，乃指全國各處重要城市，及尚未設置有線電之遼遠地域，在極嚴密精細之組織中，以相當之機力，最佳之波長，最經濟之轉報方法，最適合當地需要之機器，互相通報，與有線電信網並行不悖，互相輔助。本會依其職權，擬一面整頓接收全國已成立之無線電台，一面籌設各地之新式電台，期於一二年內，努力建設，再將全國通信網制定完成。

(二)新式電台之建設；在本會無線電管理處未經成立以前，各處無線電台專司軍報，未曾開放，一般商民，不能享此通信之便利，而有線電報又因種種關係，通報不暢，因之工商業頗感發展之困難。本會爲積極建設計，擬體察各省區需要之緩急，陸續設立新式電台，開放民用電報，以利民衆。

(三)各省廣播電台之建設；當此訓政開始，爲灌輸智識，闡揚黨義，提倡民衆科學化計，非取徑於無線電廣播不可。擬於各省會及各特別市內，指導設立廣播電台，於三年內陸續完成，規定廣播之節目，明定審查之機關，以杜邪說，而廣宣傳。

(四)船舶及飛機電台之建設；船舶及飛機之安裝無線電台，於航行之安全，關係至爲重要。擬制定各種法規頒布，凡本國國有及商辦之船隻，均須裝設新式無線電台，或將已設舊式電機改造。其新造之船或飛機，均一律裝設新式電台，否則制止其航行。

(五)邊陲電台之建設；我國邊遠省區，如蒙古，如新疆，如青海，如西藏，如西康，距離遼遠，通訊至感困難。擬於三年之內，將邊陲電台，一律裝設完成，以資聯絡通訊，鞏固國防。

第二章　施政大綱

(六)業餘電台之獎進；我國無線電事業，正在草創，政府對人民研究之興趣，應予積極提倡。關於業餘電台獎進之條例，擬於最短期內，訂定頒佈以勵精研。

(七)舊式電台之改造；我國舊日所設之電台，機件類多舊式，不適於現在應用。擬將全國已經成立各台接收之後，一律施以改造，以增進通信之效率。

(八)製造機件作育人才；擬即設廠製機設校育才，期至三數年後，供求相應。

(九)訂定各項法規；無線電事業之設施，必須有法規以資依據。擬於最短期內，延請專家，將關於無線電各項法規，訂定頒佈。

(十)宏獎民辦無線電事業；民辦無線電事業，足爲國營事業之補助，在我科學幼稚國家，尤應極力提倡，故取締宜嚴，而獎進更不得不周。擬於一年之內，明定辦法，以應實際上之需要。

以上十項，除第五項，限於時期，僅有計畫，尚未克見諸實行外。至其他九項之設施，則均有成績可言，當於後列各章，分別述之。

第一節　關於對外者

施政大綱關於對外者，計分下列三項：

(一)籌設國際大電台，妥辦國際通訊事宜。

(二)取締外人在我國境內私設電台，擅收商報。

(三)廢除軍閥時期對外一切不平等之無線電合同契約，提高中國地位，抵制外權侵入。

以上三項，一年以來，依據辦理，成效甚著。其事實於第四第八兩章內，分別述之。

第三章　辦理國內通訊事宜

第一節　設立各地短波電台

本會將無線電管理處組織成立之後，適值五中全會開幕，爲消息靈通起見，特先設備滬漢三處電台，以應需要，此爲本會籌設電台之始。惟當時經濟既感困難，機件又復缺乏，幾經艱阻，始克次第告成，而漢口方面，賴鄭家覺君辦理有方，勞怨不辭，收效尤爲宏大。屆計本會籌設國內各地短波電台，至十八年六月底止，共成二十七座。其名稱列左：

上海第一電台 XGB	上海第二電台 XGC	上海第三電台 XGD	上海第四電台 XGQ
上海第五電台 XLC	上海第六電台 XLG	南京第一電台 XLA	南京第二電台 XLB
漢口第一電台 XJA	漢口第二電台 XJB	漢口第三電台 XJD	北平電台 XHA
天津電台 XHB	濟南電台 XHC	青島電台 XHD	廈門電台 XIA
福州電台 XIB	廣州第一電台 XID	宜昌電台 XJC	寧波電台 XHG
杭州電台 XGJ	安慶電台 XGH	蕪湖電台 XGR	蚌埠電台 XLD
屯溪電台 XLF	汕頭電台 XIG	吳淞電台 XSG	

第二節　整頓已接收之各電台

本會接收軍事機關移交之各電台，長波者爲吳淞杭州崇明三台，短波者爲北平汕頭廣州三台，當以吳淞長波電台，設在海濱，爲我國唯一之海岸電台，惟因機件太舊，設備不良，以至不能宏其效用。本會接管之後，實行改造，添建淞滬陸路遠控電線，並將該台報務人員，嚴行甄別，以資策進。又以該台在本會未經接管以前，備受軍事影響，文卷散失，約契無從查考，特委託上海市土地局派員實行測丈，另換契單，以重公產。至崇明電台則以機器太舊，而交通部又已另設短波電台，故即停用。其杭州北平汕頭廣州各台，亦均分別查察情形，施以整頓。

第三節　商電

本會設立各處電台，原爲暢通商電，使民衆得享通訊之便利，旨趣有三。

一收發準確迅速，以應人民通訊之需要。

二取費低廉，以輕人民經濟之負擔。

三因以上二項之實行，使民衆對於無線電新事業，表示信仰與贊助。

是以本會對於報務人員之考核，無時或懈。並將報費規定爲同城華文明語銀元三分，密語或洋文銀元五分。同省華文明語銀元五分，密語或洋文銀元一角。隔省華文明語銀元一角，密語或洋文銀元二角。所有各項章則及辦法隨時妥爲制定，頒發施行，以資改進。屆計開放商報，爲時不及一年，通都大邑，均可暢達，人民既得享受此項新事業之利益，其信任之心，日益堅固，各處普通商戶預存報費，以備發電之用者，爲數日多，即此一端，已可概見業務之發展矣。

第四節　官電

本會爲便利政府公務通訊起見，凡各機關發寄政務或軍務電報，而用蓋有關防及官印之電紙者，作爲官電拍發，按照商電價目減半收費，不論明密或緊急電報，華文本省每字銀元二分五厘，隔省每字銀元五分，洋文本省每字銀元五分，隔省每字銀元一角，於發報時一律付現。其聲明記帳者，得依期結算，否則停收電報。如電內雜及私事，經查覺後，仍照商電價目收費。最初訂有官電收發規則，公布施行，最近訂有官電收費及限制辦法，經呈送行政院轉請國府通令京內外各機關，一律遵照。

第五節　新聞電報

凡各報館或通信社發寄純爲刊登新聞之電文，均作新聞電報拍發，減價收費，無論本省，隔省，華文每字銀元二分，洋文每字銀元四分。新聞訪員應於發寄此項電報之先，向所在地無線電報局領取願書，依式填明，如有掛號住址者，並須在願書內註明掛號字樣，呈由管理處核發新聞電報執照，以爲發報憑證。屆計開放新聞電報以來，給領執照者，已達七十餘家，對於新聞消息之迅速，待遇之優越，均一致表示滿意云。

第六節 公益電報

凡報告災情，籌備賑務，防止瘟疫，以及其他各種公共慈善事業，在今日之中國，均爲事實上之需要。特將此項電報，作爲公益電報。其因臨時特別情形所發者，並予免費。免費之宗旨，原爲事關公共利益，而臨時又處於特殊情形之下，不得不通融辦理，以應需要。但預防流弊起見，訂有左列之限制：

一公益電報之無特別情形，或含有永久性質者，不得免費。

二各官署所發之公益電報，須有特別情形，經本會許可後，方可援照免費。

凡拍發公益電報，請求免費時，須具請求書先經核准，再行發給免費執照，以資憑證。

第七節 氣象電報

凡各地氣象測候所，所發寄之報告氣象之電文，作爲氣象電報。規定章程公佈，准予發給執照，免費拍發。每日限發二次，每次電 除標識及住址外，以四字爲限，每字以五個號碼組成。其有違背章程所規定者，得追繳以前發報所免之費。

第八節 夜信

民用電報之開放，原期便利民衆，凡設施上力能擴充之處，無不立見實行。電報種類本有夜信一項，歐美各國，早已舉辦。此項電報，係於夜間拍發，次序在各項電報之後，取價較廉，人民欲求費省，而仍用無電線者，最宜用此。現已將南京北平天津漢口上海五處無線電夜信，先行開放。華文每十五字收費五角，洋文電收費一元，不滿十五字者，亦作十五字計算。舉辦以來，使用者極感便利。

第九節 廣播新聞

新聞電報之傳遞，用廣播方式拍發各地，比較單獨拍送，倍覺便利。前在第三次代表大會開會時，曾試用廣播辦法，代南京京報拍發新聞稿，各地收聽，成績頗良。迨大會閉幕後，其他新聞，繼續播送，使各地消息相互交換，既可調劑報務之擁擠，並可使傳遞因之迅速。本年六月一日起，令濟南青島兩處，試辦廣播新聞，一月之間，成績極良，該兩處新聞機關，咸認此項廣播之新聞，極有價值。爰定自七月一日起，將關於廣播新聞事宜，擴充辦理，並對於各地新聞機關，送閱一月以廣宣傳。俟一月之後，再視成績如何，規定賡續進行方法。

第十節　通訊之聯絡

國內通訊，除直轄各台以外，爲傳遞普遍計，對於不屬本系統之各地方電台，特體察需要情形，與之聯絡通訊。故關於通報時間之規定，電波波長之接洽，及一切衝突干擾之避免，隨時認眞辦理，以增進傳遞之速率。遠如川省滇省，尙未遑運機設台，而商電仍能暢通者，則聯絡通訊之成效，已可概見。此外各省區因特別情形，與本會各台訂定聯絡通訊辦法，以求雙方實際上之交相輔助，亦均頗著成績。屆計本會現在無線電國內通達地點爲南京，甯波，北平，蚌埠，上海，綏遠，汕頭，太原，天津，濟南，青島，屯溪，萬縣，吳淞，蕪湖，雲南府，廈門，安慶，廣州，鄭州，成都，重慶，福州，滄州，杭州，漢口，哈爾濱，宜昌，坎門，張家口，洛陽。瀋陽，南昌等三十三處。

第十一節　營業之擴充

爲發展商報營業起見，特擬定辦法，於各地添設收報代理處，使發報者愈感便利。上海方面，已設代理處七處，一大東旅社，二世界大旅社，三中國運輸公司，四虹口大旅社，五虹口益利號，六東亞旅社，七十六舖餘順公報關行。此外滬市之各大商號各大旅社，聞風請求承設代理處者甚多，尙在接洽之中。至外埠各電台所在地，其已設有代理處，少則一二處，多則八九處。

第十二節　報務之整飭

直轄電台，既逐漸增加，各處聯絡通訊，亦日見紛繁，關於報務上之應行改進各事項，端在隨時依據規章，積極整飭，茲將最重要者列左：

(一)通飭各電台搜集各地掛號號碼，詳爲登記，並設法使前來掛號者避除號碼雷同之弊，以免遇有掛號之電報投遞時發生困難。又規定掛號費，概予免繳。

(二)電報遇有遲延及錯誤情事發生，立即切實向有關係各台電查，查出結果，如係因不可抗力[illegible]人原電不明所致，即行通知發報人。如係錯在電台，則一面退還報費，一面將負錯誤之責任者予以嚴厲之處分。屆計開放商報，已將一年，此項查報退費之事，每次發現，均認眞辦理，絕不徇情。

(三)爲稽察各台報務錯誤，手續便利起見，特製訂電報錯誤記錄表，規定記錄辦法，通令分發各台，按月塡報，計自施行以來，頗獲效果。

(四)發行處務報告一種，專載各種新訂各種辦法，及服務人員應注意之事項，以便各職員隨時瀏覽參考。

第十三節　臨時之業務

關於通訊上臨時業務事項，最重要者列左：

(一)新年中之賀年電報，預爲製定吉語若干種，聽發報人自擇，無論拍往何地，一律每份收洋二角。

(二)本會參加西湖博覽會，特在會場設立專用電台，以利通訊。並於會期內舉辦廉價電信，由杭發至國內各地，不論遠近，每二十五字收費五角，二十五字以上，每字二分，洋文加倍，均以明語爲限。屆計開會以來，使用廉價電信者，甚形踴躍。

第四章 辦理國際通訊事宜

第一節 籌設國際大電台

我國國外電信交通，除外人所設無線電台，私自收發外。其從前與我國訂有合同者，爲英國大東，丹商大北兩水線公司。遂致國外通信工具，操在人手，國內一切確實消息，不能播越國境，而外人所辦之通信社，於是得捏造新聞，廣爲宣傳，顛倒是非，淆亂黑白，影響於我國在國際上之地位，至爲鉅大。今欲收回國際通訊自主權，必先宏我設施，本會於主管無線電之初，即以辦理國際通訊事宜，不容延緩，決先籌設國際大電台，置國際無線電台籌備處，以王崇植爲主任，積極辦理，茲將辦理之經過，縷晰述之：

(一)訂購機件

決定在上海附近建設短波無線電台一座，置發報機二，其電力爲二十啟維華特至三十五啟維華特，通信距離爲二千五百哩至九千哩，又短波無線電收報台一座，置收報機三，專爲收發國際電信之用。此外並建中央收發室一所。所有材料裝置，均採用最新方式。特向美國無線電台組公司(R.C.A.)商議定購，合計美金十七萬元，分三次付款，第一次於訂立合同之日付美金五萬六千六百六十六元，第二次於運貨單寄到上海時，付美金五萬六千六百六十七元，第三次於貨到上海後六個月，付美金五萬六千六百六十七元。並議定於訂立合同後八個月內儘早交貨，由該公司工程師負責裝設，以三個月爲期。經於十七年十一月三日正式簽訂合同，並呈奉國民政府指令准予備案。原呈及指令附錄於左：

原呈(十七年十一月十二日)

呈爲籌設國際通信電台，訂定購機合同，呈乞鑒核備案事。竊查世界交通，日益密切，比歲以還，國際商業競爭之烈，以及外交應付之繁，遂令通信方法，不能不隨而突進。現在歐美國際通信，莫不利用無線電台，乃我國爲大東大北水線公司把持四十餘年，損失金錢以億萬計，而外人之狡者，又乘虛私設電台，攫取通信利益，甚至藉作宣傳利器，尤影響及我外交。當民國七八年間，總理即有於上海設立國際電台之意。現在建設開始，正我國努力前進之時，挽回利權，更不可緩，職會辦理全國無線電事業，責無旁貸。近數月來，積極籌劃，已將國內通信電台，佈置井然，頗見成效，並應再進一步，籌設國際電台，藉以自操海外通信之權，並絕水線壟斷之弊，外交商報，節節攸關，其重要殆不可勝道。因決定於上海地方，建設短波無線電發報台一座，置發報機二，其電力均爲二十啓羅瓦特至三十五啓羅瓦特，通信距離爲二千五百哩至九千哩。又短波無線電收報台一座，置收報機三。均專爲收發國際電信之用。此外並建中央管理局一所。所有材料裝置，自應採用最新方式，經向美國合組無線電公司商議訂購，價格力求平允，合計美金十七萬元，分三次付款，第一次於訂立合同之日，付美金五萬六千六百六十六元，第二次於運貨單寄到上海時，付美金五萬六千六百六十七元，第三次於貨到上海後六個月，付美金五萬六千六百六十七元。並議定於訂立合同後八個月內，儘早交貨，由該公司工程師負責裝設，以三個月爲期。大約一年之內，即可成立。人傑細核合同條件，雙方平等，純屬買賣契約，一洗從前喪權失利之所爲。舊時扣佣惡習，亦經督率所屬人員絕對滌除，一秉廉潔。該公司并允於合同訂後，我國能與菲律濱通信之日，即將菲電台與法電台私相通遞之約，立時廢止。恢復主權，擴張通信，挽回利益，實現總理遺意，一舉而四善備，洵爲新建設中之大堪紀念事也。該合同業於十一月二日由人傑與該公司代表雙方簽訂。一面趕速籌備，俾早觀成。所有籌設國際通信電台及訂定購機合同各緣由，理合報明，并照抄合同原文一份及附文三件，呈乞鈞府鑒核備案，實爲公便。

指令(第一七六號十七年十一月十九日)

呈及附件均悉，准予備案。附件存。此令。

(二)簽訂中美中德報務合同

查德國海陸無線電交通公司，與美國無線電合組公司，其所轄大電台，類皆構造精良，能與全世界通訊。本會爲國際大電台成立之後，即可通報起見，爰與該兩公司駐華代表，商訂報務合同，根據平等互惠之原則，幾經磋商，始於十七年十一月十日分別正式簽定，并呈奉國民政府指令准予備案。原呈

第四章　辦理國際通訊事宜

及指令照錄於左：

原呈（十七年十一月十六日）

呈爲新訂中美中德國際無線電報務合同，呈乞鑒核備案事。竊職會籌辦國際通信電台，迄今數月，對於各事，悉皆勉力進行，以期不負鈞府委命建設無線電事業之至意。除購機合同，業與美國無線電合組公司訂定，並呈請鈞府備案外。同時對於報務合同，亦即着手進行，以便台成之後，即可與國外通報。惟查我國出洋電報以歐美爲大宗，草訂報務合同，自宜先從該兩處着想。其餘各處，於我國大電台建立未遍之時，不妨由其轉遞。而歐美短波無線電事業之最進步者，又推德國海陸無線電交通公司，與美國合組無線電公司。其所轄大電台，類皆構造精良，聲譽素著，能與全球通信。爰與該兩公司駐滬代表協議報務合同，幾經磋商，始告成立，業經人傑於本月十日在上海與各該公司駐滬代表簽定。查該兩合同之內容、係以平等互惠爲原則，毫無片面利益，暨損失主權之處。對於兩造皆得與其他各國自由另定報務合同一項，并經切實訂明。既無壟斷之虞，更留後日之地，一洗從前我國電政合同之積弊。不但外國水線公司，將因我此舉而自戢凶鋒，即前北京僞政府所訂關於無線電之合同，亦將無形中自行廢棄。從此國際通訊之自主權，得以收回。庶慰　總理廢除不平等條約之遺志於萬一。即國家之收入，外交之宣傳，均皆不無裨益。除對國際電台之建造，繼續進行，以期早日通報外。所有訂定中美中德報務合同各緣由，理合報明，并抄同中英文合同各一份，呈乞鑒核備案，實爲公便。

指令（第三三二號）十七年十二月十四日

呈及附件均悉，准予備案，附件存。此令。

（二）收發報台基地之徵收

（甲）　勘定

收發報台設置地點，當勘定之初，根據左列各種需要：

（1）收發報台之位置，與中央管理局相距須近，俾省路線，而免線路中斷。

(2)收發報台佔地甚廣，草創時已各需一千二百方呎，尚有擴充必要，應預謀收地便利。

(3)此次向美國訂購之收發報機，係屬馬可尼式定向電台，其電波前進，不可在一哩之內，即遇鐵筋水泥建築物等類之障礙。

(4)收報台與發報台，相距不可過近，至少五哩，期免發報電波與本台所收電波，相互干擾。

(5)收報台附近，不宜佈有電力線，藉免各該線電力與本台收報電波發生干擾。

(6)發電台附近，應佈有電力線，俾便取給多量電能。

發報台設置地點，勘在上海特別市眞如區霜十二圖西律圩內。收報台設置地點，勘在寶山縣劉行鄉天十一十二圖珠圩內。於十七年十二月十八日及十八年一月七日，同美國無線電台組公司代表鐵爾等幾度鄭重察勘決定。

(乙) 公告

遵照現行土地徵收法，於勘定收發電報設置地點後，即將計劃書及草圖送請內政部核定，嗣經內政部正式核准公告，並由籌備處依法通知上海特別市政府及寶山縣政府公告所徵收土地之詳明清單。並按戶通知土地所有人暨關係人，以符法定手續。

(丙) 測丈

由籌備處商准上海特別市土地局，指派測量隊，會同該處人員，先往眞如測丈。自十八年一月八日出發，至二月九日告竣。詳細地形原圖，於三月一日函送到處，經晒印並劃定需要徵收面積，復函請該局派員前往實測邊緣劃除畝分。迨發報台基地測丈工竣，再至收報台基地進行測丈。自二月十八日出發，至三月二十九日完工。詳細地形原圖，於四月二十一日函送到處。至該兩基地間之實在距離，亦經測定爲五、四一五哩。

(丁) 地價

收發報台基地完全測丈告竣後，即分別函准上海特別市政府暨寶山縣政府，核實評定時值地價。發報台基地計二百二十畝另二厘二毫，經市府評定爲沿桃浦者二十六畝三分六厘，每畝一百六十元，不沿桃浦者一百九十三畝六分六厘三毫。每畝一百二十五元，合計總數爲二萬八千四百二十五元四角七分五厘。即經本處函請土地局代給價收單，當由該局於四月二十五日正式登報通知各該土地所有人，於兩個月內前往繳單具領。惟該土地所有人等以市府評價太低，特延律師王尙敏代表分呈市府土地局及本會聲請實行協議，因復由市府令行土地局，於五月三十一日及六月十五日，召集各該土地所有人代表，當地市政委員，及籌備處代表鄭重協議。但均因該代表等索價與市府評價，相去懸殊，致未有結果。截至最近爲止，已繳單領款者僅及全部十分之一強。收報台基地計二百五十畝另三分七厘，亦經寶山縣政府評定爲每畝一百二十元左右，籌備處爲謀價格統一計，因酌定爲每畝一百十五元。總計二萬八千七百九十二元五角五分。業於六月十二日至十七日。由處派員前往劉行散給。截止最近爲止，已繳單者計有二百四十畝另一厘三毫，所給地價爲二萬七千六百另二元三角一分。

（戊）　圈圍

收發報台基地圖籬，決定用鐵筋水泥柱有刺鐵絲籬笆，全長約有一萬四千餘呎。經上海華商華中營業公司計劃圖樣，招標承造，於八月十二日當衆開標，以大新營造廠。標價最低當選。現正準備着手興工。

（四）收發報台之設備

（甲）　房屋預備興工

收發報台房屋，應於機件到華之前，建築造竣。屆計爲時甚促，不容延緩。已由上海華商華中營業公司計劃圖樣。準備投標承造。

（乙）　電力供給

眞如發報台所需電力，爲五百啓羅華特，除擬於一年內自置發電機作爲備用電力外。更迭次與上海商辦閘北水電公司接洽，商訂供電合同，在三萬三千伏脫總線上，接六千六百伏脫專線到台，準備於台成後卽可供給需要電能。至劉行收報台所需電力。因地點距滬較遠，供電較難。擬由自置之發報機，生電應用。

（丙）　陸路交通

劉行收報台位於寶山縣東西縣道之旁，對外交通，尙稱便利。眞如發報台僻在北鄉全王廟前，汽車不能行駛，出入異常不便。經分函上海特別市政府暨工務局，請即計劃興築自眞如交通路至該處間之馬路。當由工務局將該路線測丈完竣，呈准興築。至關於建築經費，除台側萬祝橋應由籌備處自造不計外，與實估計需銀一萬五千餘元。工務局因籌款甚艱，擬請擔任該項經費之大部份，當允擔任三分之一。惟該項經費分擔任辦法，經該局呈請市府核示後，市府仍以市庫支絀，指令暫緩興工。

(五)聘任監製工程師

籌設國際電台，事屬創舉，舉凡一切組織及收發報機之製造與管理方法，必賴攻錯他山，以資借鏡，美德兩國爲近世電氣事業先進國家，多可取法，特聘任留美專攻無線電之吳維嶽沈炳麟，暨本會南京電台台長宗之發，吳淞電台台長周維榦，爲留美監製工程師，並以吳維嶽爲首席監製工程師。最近又續任王勁楊樹仁爲留美監製工程師。至德國方面則聘任留德專攻無線電之張德慶爲留德監製工程師。分別在美國無線電合組公司，及德國得律風根公司，從事監製實習，至公司機件運華之日返國，隨同裝置，藉求周密完美。

(六)中央收發室全部機件運到

國際大電台中央收發室全部機件，業於五月十三日由美裝運到滬，現存海關棧房。正在辦理提取手續。

第二節　籌設二啓羅瓦特自動電台

滬漢粵津爲四大商埠，業務日繁，普通人工機件，難應通訊之需要。特向德國得律風根公司訂購二啟羅瓦特自動電台四座，(機價美金十一萬七千元，已付定洋一萬七千元)以便收發隣近國際通訊，爲國際大電台之支台，及爲四路通報之幹路。以上海方面國際電報業務日繁，如上海菲律賓間，上海爪哇間，上海香港間，均有裝設自動電台之必要，乃臨時變更計劃，在上海方面先造三台，餘一台則裝在天津，俾得奪回津滬間之「大北」營業。至漢口廣州二台則俟原定四台成立後，再謀續購。玆將籌辦情形列左：

(一)上海二啟羅瓦特自動電台之興建

上海二啓羅瓦特自動電台之設置地點，經商准江海關監督公署，借用新西區市政府旁空地一方。近據得律風根公司代表漢森通知，自動機件不日可以裝運來華，即由籌備處委託上海華商華中營業公司計劃圖樣，經核定招標承建，於五月八日正式開標，審查結果，新裕營造廠以標價最低得標。造價總數爲一萬另四百六十元。已於五月二十八日開工，限於一百日內全部告竣。

(二)天津之二啟羅瓦特自動電台，按照計劃，在短期間亦須成立。現正由籌備處派員在該處調查電力狀況，商業情形，並體察實際上之需要，準備勘地興工。

第三節　設立中菲國際轉報電台

(一)簽訂中菲報務合同

籌設國際大電台，工程浩大，須一年之後，始可告成，在此時期內，我國國際通訊事業，萬難仍令外人壟斷。故特在滬設立短波電台一座，與菲律濱無線電公司商妥互通國際電信，並藉以取消上海法人電台與菲律賓私訂通訊之約。當於一月十四日先行正式通報，於二月十五日與菲律賓無線電公司代表在滬簽定報務合同，並呈奉行政院指令備案。茲將原呈及指令照錄於左：

原呈（十八年二月十九日）

呈爲呈送中菲報務合同敬祈鑒核備案事。竊查外人在我國境內設立電台，收發國際商報，亟應嚴重制止，以維主權。但徹底解決辦法，不僅在對外之抗議，而實在宏我之設施。職會曾於上年十一月開始籌設國際大電台，與美國無線電合組公司，簽訂機件裝置合同。旋卽分別訂立中美中德報務合同，以便台成卽可通信。業經先後呈報在案。此項大電台，實爲我國直接收發國際電訊之唯一機關，惟工程浩大，約須一年始可告成，在未成之先關於國際通訊事宜，萬難任令外人壟斷，長其陰謀，故必須於最短期內，先行建一國際轉報電台，以應急需。將來大電台完成，此台更可輔助工作，以增進通訊之速率。爰卽體察情形，在滬設五百華特新式短波電台一座，與菲律賓無線電公司，商妥互通國際電訊，以資轉遞。業於一月十四日先正式通報。凡由上海發往歐洲，及南北美洲各地電訊，概交菲台轉遞，並於二月十五日與該公司代表簽訂報務合同，各執英文本兩份，中文本一份，以昭信守，同時上海法人電台原與菲律賓私訂之通報契約，即行取消。理合檢齊中菲報務合同中英文副本各一份，呈送鈞院，敬祈鑒核備案。

指令（十八年二月十九日）

呈暨副本均悉，准予備案。副本存。此令。

（二）函請外交部據理駁復日本公使之抗議

中菲轉報電台自成立通報後，成績極佳。日本方面每思加以阻撓。曾依據三井契約，向我外交部作一度之書面抗議。本會特函請外交部據理駁復以維主權。茲將原函列後：

原函（十八年三月十九日）

逕啓者接准貴部第一五一〇號公函，以據駐北平日本使館節略抗議中菲報務合同侵害三井契約，請將該項同合抄送過部，以資接洽等因。查三井契約，係北政府時期勾結我國軍閥所私訂，損失主權，引起我國無線電之糾紛，我國民政府，始終未予承認，該約在根本上萬難發生效力。本會曾於上年十月三十日函達貴部在案。此次所訂中菲報務合同，該日本公使實不能有所抗議。准函前因，相應照錄中菲報務合同中英文全份，函送貴部查照，並請對於日本節略，據理駁復，至紉公誼。

（三）通報區域

凡歐洲各國，以及南美洲北美洲各地電台，均由上海中菲台及菲律濱電台相互轉遞。所有國內電台如南京漢口廈門青島天津甯波廣州等處，均可收轉國際電訊。

（四）報價

報價以法郎爲單位，每季按照國際間規定之法郎價格，折合銀元計算。本國發往國外之官電有阿根廷，柏林，菲律濱，舊金山，荷屬東印度各處，可照商報價目減半收費。其他各地，則官電與商電同價。至於中菲雙方報費手續及辦法，均詳訂於合同內，各地報價詳數，另有細表，均附在本書之後，可供參閱，茲不贅述。

（五）成績

中菲轉報電台，自一月成立通報至今，已達七月，電訊暢通，極得國際間之信任。營業逐日發展，設備力求完善，每月收發電報，份數已近四千，字數則在八萬以上。最初原有XGP一台，旋即增設XGM一台，以資擴充。且自上海法人電報將與菲律濱通信私約取消後，外人鑒於我之辦理國際通訊事業進展神速，向之由外人私設之電台拍發電報者，多改向中菲台拍發。其各水線公司亦均知有所顧忌，多改良業務以相競。倘此後積極擴充，辦理日臻完善，則我之完全收回國際通訊自主權，固不難於短期內，澈底解決也。

(六)東北聯絡通訊

遼甯本設有國際通訊電報，直通歐洲，本會自將中菲國際轉訊電台建成正式通報之後，即謀發展東北無線電通訊，聯絡收發國際電報，以資互助。並謀將來辦理國際通訊事業，逐漸將事權完全統一。幾經接洽訂有聯絡通訊辦法，迭次試通，頗見成效。

(七)香港通訊

中菲轉報電台自成立後，香港方面，尚不能與之通報，而各部之發港電，亦均由水線公司轉遞，殊覺損失利權，坐令外人全部壟斷。特與香港當局磋商雙方互通電訊，並派專員前往接洽，結果甚爲完滿。先於五六月迭次試行通報，繼於七月一日起正式直通。所有商訂新聞報價目，均經雙方訂妥。惟官電辦法，尚在洽商之中。

(八)滇省商通國際電訊

滇省發往國外電信，向由法人在安南所設之電台轉遞。該省以損失利權，受人挾制爲慮，特向本會陳商，所有滇省國外電訊，此後由中菲台收轉，藉資便利。現正商訂辦法，俟妥協後，即可施行。

第四節　呈請批准國際無線電報公約

一九二七年，一月二十五日華盛頓會議議定之國際無線電報公約，已於一九二九年一月十日起實行。我國雖爲締約之一國，但對於該項公約，尚未批准。本會特按照該項公約譯成中文本，連同西文本，會同外交部呈送行政院鑒核。轉送立法院審查。經立法院外交委員會，於五月十日開會審查，並由本會派員列席解譯。該項公約於審查後即經批准矣。

第五章 辦理船舶通訊事宜

第一節 收發船舶電報辦法

船舶電台，關係航行安全，至爲重要。故本會於頒布船舶電台條例之後，卽將關於船舶通訊事宜，切實辦理，以利航行。爰指定吳淞海岸電台專司船舶電報，規定海岸電費每字五十生丁，船舶電費每字四十生丁，並按照收發電報定章規定陸線費，及其他應行收取之費。所有此項電費之結算收付，由本會管理處向各輪船公司，及其他關係者處理之。各輪船公司可在上海請領派司簿記賬，於每月月底結算。至於船舶開出淞口之行期，或到達上海之行期，或經過淞口之行期，以及氣象報告與航海警告之複發，概予免費。計自舉行以來，頗見成效。本會更爲便利航行計，擬在吳淞海岸電台安設定向器，現在進行預備之中。

第二節 指定專台收發美商大來公司船舶電報

本會爲取締外人電台私收船舶電報起見，特允美商大來輪船公司租用電台之請求，與之簽訂辦法，由本會指定電台，專辦該公司與檀香山傳遞船舶業務之電報，並經呈奉行政院提出會議決議准予備案。茲將原呈及指令照錄於左：

原呈（十八年六月二十日）

呈爲呈送職會與美商大來輪船公司訂立租用無線電專台辦法中英文底本各一份，敬祈鑒核備案事。竊職會自主管全國無線電事業以來，一面籌設國內各地電台，應國內聯絡通訊之需要。一面籌辦國際通訊事宜，並隨時取締外人私設電台，私收商報，以期宏我建設，重我主權。茲據上海美商大來輪船公司請求租一專用電台，以便由中國直接與檀香山傳遞船舶業務上之電報。當卽詳加調查，該公司從前多由上海法人電台私爲傳遞商電，今聞職會於無線電之建設，日有發展，而於對外之取締，又復積極進行，故有租台之請，深冀見諸實施，雙方兩有裨益。職會既經審議，以爲此項專台，在名義上固爲公司租用，而在實際上既可抵制外人電台私收船舶電報，兼可輔助無線電設施之發展，是以允其請求。並爲尊重主權，定期限制起見，特與該公司妥訂租用無線電專台辦法中英文本各一份，備文呈請鈞院鑒核備案，實爲公便。

指令（第一六四八號）

呈暨附件均悉，此案業經本院第二十七次會議決議准予備案。除將附件存查外，仰即知照。此令。

第六章 製造事項

第一節 上海無線電機製造廠

我國無線電事業幼稚，製造能力薄弱，國內供求，兩不相應，外商遂得壟斷居奇，使我利權外溢。是以興辦國營製造無線電機，不容延緩。爰於十七年九月在滬設立無線電機修理所，從事製造。旋於同年十一月接收總司令部駐滬無線電機製造廠，將修理所併入，改組爲上海無線電機製造廠。派俞汝鑫爲主任，飭將製造能力，積極擴充。務使出品日精日多，足供建設應用，並從廉規定各項機價，俾各處訂製者咸感便利。茲將辦理上之特點，縷列於左：

（一）延攬專材

我國昔時設辦任何製造廠所，其重要工程人員，概係延攬外人充任，仰其鼻息，受其挾制，而設施遂無發展之可言。該廠所有設計製造各事宜，均係延用留學歐美無線電專家擔任，從無外人厠入。完全以我國之新人材，興辦我國之新事業，實可爲我國電機製造上闢一紀元。再該廠在本會未經接收以前，延留學德國無線電專家張玉麟爲工務主任，悉心規畫，督工製造各種機件，供給軍用，卓著成績，該廠之所以能信譽日彰者，實以此故。不幸該員積勞成疾，於十七年八月出缺，各界靡不悼惜。迨本會接收以後，即改任本會專門委員顧任光爲總工程師，對於工程上進行各事，繼長增高，不遺餘力，此乃該廠先後用得其人成效大彰，爰再表而出之。

（二）費用來源

當此庫藏支絀之時，本會對於製造廠之每月經常費，完全令由廠之營業收入，作爲經常開支。良以該廠製造出品日多，各處訂購者絡繹不絕，故能從營業收入開源，從經常支出節流，周轉挹注，期以極少之代價，獲得極大之效果。

（三）採辦材料

製造所需之材料，滬上至爲缺乏，除零星五金等項，均須向國外商行訂購應用。每次訂購時，由本會購料委員會先比較各商行價值之低昂，再查察各商行材料之優劣，幾經審慎，始克成交。

(四)製造出品

該廠出品，堪與外貨頡頏，定價又極低廉。除本會陸續建立各處電台所需機件，均係向廠訂製外，而軍事最高機關隨時之訂製軍用機，與行營電台機件之供應，概由該廠隨時妥爲辦理。他如新疆雲南各邊遠省分之訂購新式短波機，以及各處陸續訂製各項機件，亦均分別接洽妥辦，以應需要。因之該廠在建設上所負責任，日見擴大，外商亦備受抵制，亟思斂其往日居奇之野心。茲將該廠出品名稱，列表於後：

出品表

五百瓦特短波無線電發報機
二百五十瓦特短波無線電發報機
百瓦特雙波無線電發報機
五十瓦特軍用短波無線電發報機
十五瓦特軍用無線電發報機
檢波器
短波無線電收報機
電鑰
加快電鑰
斷續器
變值電容器
廣播收音機

擴大器

其他無線電零件

第二節　督察商辦製造事業

無線電機之製造，近年津滬等處商辦廠所，逐見增加。必須有切實獎進取締之方法，始能促其循序發展，而供現時代之需要。故本會對於商辦廠所之製造及販賣，均分別訂立專章施行，以便各廠共同遵守。據最近調查，各廠所所訂機價，比較往昔爲廉，而在製造及應用上亦逐漸改良，足爲進步之明徵。

第七章 育才事項

第一節 無線電報務人員養成所

無線電之在我國，實爲新興事業，不獨工程專家，延攬匪易，卽報生司機人等，物色亦難。本會陸續建設各地電台，所需報務機務人員，爲數至多，故不能不出於積極作育之一途。特於十七年九月二十五日在滬創設無線電報務人員養成所，考錄具有高中畢業程度學生，延請王崇植倪尙達杜光祖先生等，訂定課程，知識技能並重。知識科分兩組教授，技能科分三班練習，並注重事務之指導，及臨時訓話，使學生對於自身職務，咸具深切之觀念。修學期限，定爲六個月。第一屆畢業學生，共計八十名，均已分別派赴各電台任職。玆將該所課程列表如左：

第一學月至第三學月之課程表

科目	第一學月	每週時數	第二學月	每週時數	第三學月	每週時數	備註
無線電	交流電路	4	交流電路	5	振盪電路 無線電路 無線電波	6	
電學大綱	電磁學	6	直流電路	8	直流發電機 電動機	8	
油引擎	力學熱學	3	燃料及燃燒 四行程循環 二行程循環 化油器	3	減熱器 調整器 及潤滑器	3	
算學	代數三角之複習	2	斜三角形之計算 三角公式之複習	2			第三學月已結束

電信收發	教室練習甲組以九十字乙組以六十字丙組以五十字為標準	18	教室練習甲組以百字乙組以八十字丙組以七十五字為標準	18	月考以八十字母密碼為標準分組考試以一百一十字母為標準	18	第三學月增加電律一小時
收發實習					分組實習	2	夜課七時至九時
每週時數總計		33		36		37	

第四學月至第六學月之課程表

科目	第四學月	每週時數	第五學月	每週時數	第六學月	每週時數	備註
無線電	天線及各種舊式發報機	6	真空管之作用及線路	6	真空管收報機發報機無線電話無線電儀器	6	
電學大綱	電池及交流發電機	6	變壓器及感應電動機	6	同步電動機電表	6	
電信收發	教室練習分甲乙丙組收發每分鐘約一百字	17	同上每分鐘約一百字	17	練習收發正式電報每分鐘一百二十字	13	
電律	國際電報公約及國內通報規則	1	同上	1	同上	5	

收發實習	分組實習莫爾斯機短波收報機	2	分組實習莫爾斯長波收報機短波收報機	2	同上	2	上午八時至十時下午七時至九時
英文打字	分甲乙兩組		同上		同上		學習者三十人每日兩小時（非必修科）
電台實習	分組派往上海第一第二第三電台實習	3	同上	3			派出實習者不上電信收發課
每週時數總計		35		35		32	

第二節　譯電夜校

本會開放商報，辦理日臻發展，譯電人員，供不應求。且爲便利商民不取譯費起見，必須培植多數敏捷之譯電員，以應需要。特於十八年四月在無線電報務人員養成所內，開設譯電夜校，招生四十人，教以譯電必需之知識技能。規定肄習期限原爲三個月，全校事務由潘世宜君等主持之。第一屆學生於六月底畢業，其練習成績較優者，均已陸續派赴各台任職矣。

第三節　考錄人員之訓練

本會對於人材，延攬與作育，同時並重。故於羅致專家以外，隨時考錄人員來處，先爲實地之練習，再量才以任事。屆計一年以來，會計人員之考試，工程技術人員之考試，普通辦事人員之考試，均已舉行多次。近日籌辦學習工程員之招考事宜，藉以培養多數專門人員，以應策使。蓋用人係在臨事，造才則在平時，儲養有素，即需要可供。衡鑑有真，則溢竽可免。本會興辦無線電，爲期尚暫，而收效頗覺宏大者，良由於育才大計，無間始終，選賢任能，各盡厥職也。

第四節 考試報務員發給執照

我國各處電台，月有增加，報務人員，自爲唯一之需要。惟報務員之資格及其技能，與電台業務之發展，關係至鉅。本會前爲獎進及取締起見，訂有無線電報務員執照條例。現爲切實考覈，特先在上海舉行第一屆報務員考試，分爲頭等二等及特別三項，其考試及格者，即按等發給執照，以資憑證。

第五節 監督民辦無線電訓練學校

民辦無線電訓練學校，本會訂有立案規則，以爲稽察考核之標準。此項學校，上海方面，設有數處，他埠亦有設立者。實因我國辦理無線電事業，爲時未久，各項人才，需要孔急，故設校訓練者，年有增加。如能辦理完善，造就宏多，實足補助教育之不及。倘或含有投機性質，即足爲新事業之障礙。本處隨時查察，其設辦完美者獎進之，其稍有缺點者指正之。此外則嚴行取締，以重作育。

第八章 稽察及取締事項

第一節 對內之稽察

對內之稽察，其重要者，列述於左：

(一)稽察電台之設立

本會所設電台，逐月增加，關於通報時間之準確與否，以及各台報務人員之是否按時收聽，並有無其他干擾等事，均須嚴爲稽察取締，以增進通訊之速率。特設一稽察電台，司此責任，每日將報告書呈處。計自成立以來，收效頗宏。

(二)稽察上海租界內私人所設電台

上海租界內，私人設立電台，時有所聞。因地域上之特殊關係，稽察甚感困難。但此項私人電台，有須完全制止者，有須寓獎進於取締者，即如本年四月間，中菲轉報電台受附近電台電波之干擾，經查出上海浙江路東亞銀行樓上裝有無線電發報機。惟該行係與粵港通訊，便利金融消息，期與外商抗衡，命意至佳，即未便勒令停止。特先令暫改波長，隨令改用遙控發報式，以免干擾。然此乃爲一時權宜之計，關於取締上應施行之具體辦法，正在體察情形，斟酌擬訂之中，期於施行之後，逐漸掃除一切干擾，及各項障礙。

(三)文請海軍總司令部飭行各艦裝設新式電機

我國海軍各艦，向日多裝用火花發報機，效率不良，干擾易起。特文行海軍總司令部，請飭應瑞等軍艦更換無線電波長，及改用新式眞空管發報機，已得復函，允即分別辦理。

(四)通知航業公會注意救急信號之使用

船舶電台之救急信號，按照國際所規定者，爲SOS，緊急信號爲XXX，若遇險而尙不十分危急時，祇能用緊急信號，不可用救急信號。倘使用錯亂，則於救濟上必易發生誤會，及引起不良之影響。特咨照國際電政公會來函，通知航業公會，轉知各船舶注意。

(五)全國收音機登記之舉辦

各處廣播電台，陸續開辦，不能漫無稽考。特訂定收音機登記暫行規則，舉辦免費登記，以資統計，而杜流弊。除上海方面由管理處進行辦理外，其他重要各埠，由各局台負責辦理，並將登記結果，隨時呈報管理處彙查。

(六)空間秩序之維持

國內電台，逐漸增多，如遇波長之混亂，機器使用效率之不良，足使空間秩序，不能維持，通訊亦必因之發生阻滯。除製定通訊網並通令直轄各台，如遇更換電波波長，應隨時呈報查核外。其非本會直轄之電台，並隨時制止其干擾，及指示其應行改良之處，務使空間秩序，保持無紊。

(七)禁止對外之任意通報

本會力謀事權之統一，並為尊重國家信譽起見，隨時查察國內未入本會管轄範圍之局台，有無對外任意通報情事，一經查出，即行設法制止，以免外人不明真相，滋生糾紛。最近如廈門報警台與菲律濱通報，廣州無線電政局之邀請香港郵政司試驗通報，均經先後制止之。

(八)無線電品之開禁及稽察

在軍閥時期，將關於無線電一切材料，懸為厲禁，本國製造廠及私人學校之廣播聽戶均感不便，因之私貨充斥，反難稽察。本會特會同財政部呈奉國府明令開禁。並擬具稅率表，送請稅則委員會審核訂定。更一面對於無線電器材之輸入，隨時稽察，以免發生弊端。

(九)民辦無線電營業之調查

關於民辦無線電機之製造及販賣，分別訂有特許章程，原為稽察便利，統計翔實。所有上海方面民辦之無線電公司或商店，由管理處逕行調查，並令各將售於本埠之無線電發報機，詳查聲復，以憑查考。其平津寧杭等處，則由管理處飭令各該地電台切實調查，限令遵章註册，均在積極辦理之中。

(十)各局台之視察

直轄各局台之工務業務，辦理應日求發展，固在在事人員之努力圖功，尤在主管者之督察不懈。爲隨時派員前赴各局台視察，力促改進起見，特訂定視察員章程頒布施行。自施行之後，即由管理處派科長王瑞琳先赴南京北平天津蚌埠漢口青島等處局台，視察一切。並將各該處局台應行取締改良各事項，妥速辦理。

(十一)嚴禁報差向收報人需索

管理處自開辦以來，規定報差送報，無論路程遠近，概不得向收報人收取車資酒力。蓋以此項陋習，易起報差倖獲之心，且減少投遞電報之速率。除訂定取締辦法，隨時嚴密稽察外。並一面登報通知各界，一面油印信函分送各戶聲明，如遇報差送報，私索資力情事，即行報告，以憑查懲。

第二節 對外之取締

對外之取締，其重要者，列舉於左：

(一)調查外人違約私設之電台，

外人在我國境內違約私設電台，幾遍各地。迭經外交當局交涉制止，置若罔聞。事關國家主權，必須謀澈底之解決。但事先若無詳確之調查，充分之準備，勢必詒譏外人，仍不能達到完滿解決之目的。所有我國境內外人私設之電台，業經切實調查，製成詳表。關於機件波長呼號業務事項，一概列入，以爲將來分別交涉，澈底解決之準備。

(二)取締上海法人電台私通商電

上海法人電台，原與菲律濱密訂通信之約，本會迭經設法取締，至中菲轉報電台成立之後，該約遂即取消。又該台常私收船舶電報，經函請上海交涉公署。向駐滬法領抗議，更一面設法制止之。並令該台改良所用之火花發報機，以符國際無線電公約之規定。

(三)取締外艦電波之干擾

北平美國海軍交通處電台，淞口法軍艦FAJM台，意軍艦IAIM台均曾發生干擾之事，經先後分別交涉，均獲圓滿之效果。又按照無線電條例之規定，中國各海口，外艦不得任意發報，吳淞海口，船舶出入最繁，特令吳淞海岸電台專聽淞口船舶，有無任意發報情事，並令將違章各外艦電台之呼號地位詳記具報，以憑交涉，而免干擾。

第九章 經費及會計

第一節 經費之來源

際此財政困難，庫藏支絀之時，而興辦無線電事業，如籌設國際大電台，陸續設立各處新式電台，擴充製造能力，培養專門人才，以及其他重要之設施，無一不需鉅款。故一方爲事業之進行，一方爲費源之開闢，本會委員長迭以個人名義，向私家商借款項，以應付新事業之急需。蓋建設爲百年大計，既不能無米爲炊，更不能因噎廢食，國家財政機關，既難予充分籌撥，自不得不出於借款之一途。此項借款，純屬信用性質，實由各地開放商報，成績漸著，雖目前營業收入。尚未能供應需求，而將來之發展，自可操券以待，且國際大電台成立以後，直達歐美，收回國際通信自主權，則將來無線電本身之收入，即不僅專供無線電本身之需用，更可爲國家挽漏卮，裕財源，此借款從事建設所以能爲社會人士信任也。

第二節 會計之處理

本會深知欲謀無線電事業之發展，關於經濟方面，端賴有精密之理財方案，周詳之會計組織。當無線電管理處開辦之初，於秘書室設會計股，理中樞之度支，於營業科設賬務股，於管理科設審核股，司各台之經濟及鈎稽，繼以如此組織，在分工上固有專責，而在合作上尚多不便，特將秘書室之會計股，營業科之賬務股，管理科之審核股，合併爲會計科，釐訂關於處理會計各項規例，舉凡會計年度，記賬單位，賬簿格式，以及預算決算之編造，收支款項之手續，零用資金之限制，等類，均分別詳爲規定，所謂損益會計，於是粗具規模。自茲以後，內而帳册之組織，外而報表之更訂，逐漸益臻完善。至該科內部，係設出納審計簿記三股，承科長之命，分掌各該股事務，凡事務性質純屬於某股者，即由某股承辦，其性質屬於兩股以上者，由互有關係各股共同承辦。此外則由科長體察情形，臨時指定人員負責辦理。玆將上列三股工作概況，摘述如次：

（甲）出納股工作概況

出納股工作概況，爲左列七項：

(一)欵項之出納　出納股司理全處一切出納事項，平時付欵，先求其帳單切合於會計科目，更須由經手人負責證明，領款人簽蓋印章，方能照付。其款在十元以上者，概給銀行支票，以其易於查對也。收欵則考審其性質，核對其數目，然後製給正式收據，按科目登帳。

(二)銀行印鑑之分簽　管理處在來銀行所用支票印鑑，因鑒於一人經手之易於謬誤，故極端審慎，對於銀行印鑑，以會計科長簽字，處長加蓋印章為憑。每遇支票之發出，必經數次之審察手續，先由出納股簽就用途受票人及數目之空白支票，經科長審查後簽字，呈處長核准後蓋章，手續乃云齊備，是以欵項每有支出，處長科長均各洞悉無遺也。

(三)編製預算及決算　管理處經費，力求撙節，用欵無論鉅細，必須呈奉會令批准後，方能照支。每月於十號以前，造具全處預算，分項節目，詳加說明，至月底，則編造決算，呈會核銷。

(四)各局台收入存行辦法　各局台每日收入現金保管方法。管理處為釐飭統一計，以上海商業儲蓄銀行為基本銀行，託其於各局台所在地，紹介一可靠代理銀行。各局台每日收入，即如數存入該銀行之處戶名下，其支票印鑑，均由本處保管簽發，無異每日收入，直接解入管理處也。該處之於各地欵項，調度便捷，互得呼應者，蓋皆得力於此。

(五)撥發經費及調欵　每届月終之前一旬，將批准之各局台預算，如數簽發各該地銀行之支票，並視其事實之需要，預給下月份經費之一部份，以備開支。各銀行存欵，蒐為整數，則簽支票託上海銀行收調來滬。以應處用。如此辦理，能使各局台經費無溢存或短乏之虞，至於減少匯兌損失，猶其餘事。

(六)代各局台付欵辦法　各局台之機件材料及印刷品等項，因大批訂購，價值較廉，式樣亦能一致，是以皆由管理處代辦寄發。其付費辦法，得先由處代付，一面寄發代付欵項通知書，俾該局台照數入帳，加入預算，單據於審核時由處代為加入，其費於撥發經費內扣除之。

(七)零用資金管理處關於採辦物品，及一切零星雜用，事甚繁瑣，出納股勢難一一兼舉。爰就事實之需要，為零用資金之規訂。每週由出納股發一小額之整欵於總務科庶務股備用，凡其經手採辦物品貨價，及應付各欵，數值在十元以下者，概由此項零用資金中直接付給，一週之後，將逐項用欵，連同票據，整個結算，再由出納股審查明確，簽發支票，補足原額。如此手續上非特便捷，而登帳方面亦較整齊也。

以上七項，爲表現出納股工作之經過，按照無線電管理處各科組織大綱，該股應設股長一人下設助理員襄助之，惟爲撙節及審愼起見，股長一缺暫懸，祇用科員一人，處理該股事務。

(乙)審計股工作概況

審計股工作概況，爲左列八項：

(一)工作之分配　審計股已進行之工作，爲覆算黃色收據，審核決算及其他收支方面各種表報。覆核黃色收據，向經指定人員專司其事，嗣因本科人員逐漸調往外埠各局擔任會計者較多，人數驟形減少，全部工作，照事務之繁簡支配，將覆核黃色收據與決算初審及審核清單登簿歸一人擔任；覆核決算及整理決算函件之擬稿，歸一人担任；校對核定預算整理各局台來函及繕整理決算函件，歸一人擔任。此外一切應辦事宜，則由股長隨時督率全股人員辦理之。

(二)審核決算之手續　審核決算，爲最繁重之工作。審核程序，分爲初審，覆核，整理三步。各局台決算到科，先交初審人員檢查其表單是否符合，重要手續是否完全，並覆驗其總細數目是否脗合，繼交覆核人員，除執行初審人員整理及覆算之工作外，更須注意其分類歸項之是否精當，及與核定預算之有無歧異，並代付費用之已否列入，單據是否眞實，一切手續是否適合，覆核結果，塡寫審核清單，並檢同提出之單據，報由股長核閱後，請示科長作最後之決定，酌加增損，或逕予照行，由股長在清單上加蓋名章，函知各局台，並另行根據函稿登記，決算審核提要簿，記載發函日期信件種類編號，及附件張數以便查考，一面通知簿記股查照。

俟各局復函到科，即與前記之審核提要簿，逐項審查整理。如無問題，即在審核清單上加蓋審計股戳記，轉送簿記股正式登帳。倘各局台來函對於審核結果，發生問題，或對於代爲增減變更之處，有所辯正，經認爲必須將已經審核之決算改動時，除由負責人員在審核提要簿上改動外，另將整理變更之結果，在審核清單上改正，通知簿記股查照登帳。

以上兩項，(一)爲表現審計工作分配之經過，(二)爲表現審核決算幾爲日常必須之工作。

(三)項目歸類之糾正　自十七年底準備實行損益會計新制，擬訂會計規程草案，關於會計科目均經詳細審定，通令試行。惟更張伊始，各局台會計人員多不能熟悉各項性質，致呈處決算，對於開支項目之歸類，往往發生錯誤。審核時，一面驗核單據，一面尚須代爲調動項目，（管理科統計股，關於各局台開支方面分項之統計，即以此審核後之決算爲唯一標準。）因之對於決算項目，除逐項代爲調動糾正外，並爲設例比譬，示以分類分法，或專函指導，或普遍通知，必求各局台會計人員完全了解。

(四)單據貯藏方法之更改　支出決算所附屬之單據發票，各機關往例，大率採用單據黏存簿，以之保存並遞。管理處最初亦沿用此法。自試行會計新制時，曾疊經召集有關係之會計人員會議，研究改良方法，僉以爲單據黏簿後，不能移動，各局台呈處之單據在審核時，難免無相當之調動，或原來歸項錯誤，必須糾正，或原經手人手續不合，必須退令補完，此際若依照成法，則每據均已實貼，不能揭動，勢必將原簿退回，殊感不便。爰決議以封袋代替黏簿。此袋係用棉料而性韌之紙質所特製，式樣大小，均由處規定，每袋封面，印就局台戶號，項目號數，，單據編號，及其金額，每袋限置單據七號，袋口特長，便於封固。實行已歷半載，尚稱便利。

(五)發票及其代替物之注重　管理處開辦之初，各局台附來單據，常有名爲發票，實際上無經售店舖之戳記，又無經手人之名章，紙張既不整齊，書寫又極潦草，遂至審核者無從判其眞僞，查詢又稽延時日，爰從新規定，凡購一切貨物，務以取得原店正式發票爲原則，其確屬無從取具發票者，須由經手人自書證明單一紙，詳註月日，品名，量數，金額，及不能取得發票之原因，由經手人簽名加章，由局長或台長加章證明，以示鄭重。

(六)郵票印花報銷辦法之更定　各局台郵票印花之報銷，向報買入數目，其後俱又發現將消耗數目混合報銷情事，兩者性質既不相同，考核方面深感不便。爰訂支用郵票及印花稅清單兩種式樣，通飭各局台令其改報實支數目，自五月份起實行。於是各局台每月郵票印花稅票之實在消耗，若分若釐均不難一索即得矣。

（七）雜項用費之節約　造成廉潔政府，匹夫有責，公務人員，尤應互相勗勵。如能隨時隨地爲公家撙節，極易造成風氣，各局台開支決算，最後一項雜項用費，本爲歸納一切其他項目不能容納之費用而設，因查各局台以往報銷，曾有將非屬因公之額外支出，一併塡報之事，爰自十八年一月一日起規定：凡非必須之開支，或非純粹因公之付出，概不許列入公帳。初經試行，各局台人員，頗以審核過嚴爲詞，幸不久均能了解，共勉於節約之途。

（八）陋規之革除　管理處成立以來，對於酒資節賞等陋規，取締極嚴，故對於審計方面，此項陋規，無論數目鉅細，難予核銷。至各處資賞之習，在實際上倘或難以立即革除，亦祗有歸諸私人之給與，絕對不能列入公帳呈報，往者各局台間有塡入決算報銷情事，當經剴切告誡，均能體念意旨，相率改由私人給與，不列公賬報銷。

以上（三）至（八）六項，爲表現審計工作所得之結果，驟視之似覺繁瑣，實則於整飭改進各方面，所關至鉅也。

（丙）簿記股工作概況

簿記股工作概況，爲左列七項：

（一）工作之分配　簿記股之職掌，爲核對逐日營業報告表，塡製轉帳傳票，及一部份現金收付傳票，（凡關現金收付，大半由出納股做好。）登記日記帳，過總帳，再入清帳，另憑審計股之審核清單，作成各局台每月經常費表及各局台添置資產表，而行月終結算。故言及工作分配，所有各局台寄來之逐日營業報告表，有一人專司整理核對之職，察其數目是否符合，科目是否誤列，按日彙集後，另交一人製作傳票，連同出納股之現金收支及轉帳傳票，彙交股長核對加章，再由科長簽字，交記帳員登入日記帳及總帳，再將傳票轉交主管分清帳者行登記手續，雙方完竣後，將總帳各戶手續，與分清帳數目，逐一核對，作成試算表。至於各局台經費，則全憑審計股審核清單而製成經費表及資產表，進理結算。

（二）帳簿之組織　記帳科目，分資產負債收益損失四類，資產分報機等十五目，負債分應付欵項等十四目，收益分報費等九目，損失分職薪等三十目。除上述四大類外，復設與各局往來科目，如管理處往來及各局往來。帳簿設日記帳，總帳，及分清帳。各科目留係統馭帳戶，以各局爲子目，其下設各局補助總帳，月結一次而行結算，由處呈送本會。

（三）報表之規定　各局營業收入，每日有逐日營業電報，及逐日營業報告表二種，前者係當日呈報營業收入及現金淨數，後者係用書面填製，按日分填呈科。每月終復有營業月報表，流動資產負債表，及經費收支對照表三種。營業月報表係填寫每月各種收入之總數，及直接由營業收入內轉扣之支出，如退報費等。流動資產負債表，係填寫每月之應收應付託收代收等科目。經費收支對照表，係填寫每月處撥經費數及處方代付欵項以抵支出決算數而得結餘或結欠金額。藉上述之報表，各局台全部營業之消長，可以瞭然矣。

（四）各局報表之功用　各局每日拍來之逐日營業電報，彙集後，填製經濟日計表，以明當日營業狀況，及各局存欵確數，俾可通盤籌劃，充分調度。逐日營業報告表內，分現金轉帳二欄，凡屬現金收入如報費，預存報費，手續費，託收報費等，現金付出如退報費，退還預存報費等，均入現金欄。他若用派司簿拍報，或記帳拍報而非現金者，則統入轉帳欄。即憑此分別登帳，以資查核。

（五）月終結算　每月行結算一次，以總帳上各科目餘數作成試算表，復由各局分清帳上作成各局經費表，資產表，及試算表各科目附表，由處呈會。

（六）考核各局台會計工作　規定每半年由科長或指派專員前往各局台察查會計人員是否勝任，工作是否滿意，規程是否切實奉行，以及現金之存行，記帳之順序，報表之填製，是否盡善，以爲黜涉之標準。

第九章　經費及會計

並於考核之後，詳為指導，總期各局台會計人員成能盡職，辦理日臻完善。

（七）人材之訓練及調遣　委派會計人員，採用考試制度，資格規定專門以上學校畢業而具有經驗者，曾經舉行兩次考試，結果圓滿，錄取後，加以三個月之訓練，先就近派至滬局實習，後再分派各局，擔任會計。各員既於會計規例，幾經攻研；復於辦理手續，加以歷練，不但可增進工作能力，且可使處局間一無隔膜，會計之得以益臻完善，此實一大主因也。

以上七項，（一）為表現簿記工作之範圍，（二）至（七）為表現工作之實際情形，及工作所得之結果。與出納審計列成鼎足，彼此息息相通，於會計之處理，收效匪細。

第十章 用人及合作

第一節 用人之標準

無線電爲新興事業，自以延攬專才爲用人之標準，故選賢任能，將舊時代之官僚習氣，屏除淨盡，務求才稱其職，事無不舉。當管理處開辦之初，對於人員之任用，極端審慎，及至事務殷繁，而所增加之人員，仍復有限，時於力求完備之中，保持鄭重撙節之意。屆計管理處設立以來，絕無因循廢弛之事，實由於用人之得當。至於直轄各機關職員，或屬學有專長，或係久經訓練，各能負責盡職，共策事業之發展。茲將本會主管無線電以來，職務重要而卓著勤勞之領袖人員列左：

無線電管理處處長 李範一

代理處長 王崇植 （本年五月奉令派赴菲律濱考察） 由徐恩曾 繼任

副處長 惲震 （自五月起調會） 由林士謨 繼任

總務科科長 惲震

管理科科長 杜光祖

營業科科長 徐恩曾

會計科科長 王瑞琳

稽察科科長 李心莊

國際無線電台籌備處主任 王崇植

副主任 俞汝鑫 （兼代主任職務）

上海無線電機製造廠主任 俞汝鑫 總工程師 顏任光 （以專門委員兼任）

第二節 合作之精神

第十章　用人及合作

管理處人員，職務雖各有不同，而其努力爲國家謀建設，則旨趣合一。上級對於下級，先進對於後進，隨時躬行作則，多所誘掖，多資觀感，以增加努力服務之興味，除盡舊時代敷衍苟且推諉傾軋之惡習，而表現其分工合作之精神。故本會與辦無線電事業，有具體之計畫，尤賴有負責合作之人員，在公家得人之效既彰，在個人相勗之心益勵，循是以往，可樹楷模，用特表而出之。

第十一章 制定各種法規

第一節 已施行者

本會主管全國無線電事業，對於訂定各項法規，體察需要情形，審愼從事，期於法規施行之後，對內可以整飭紀綱，改成改善，對外可以提高中國地位。並抵制外權之侵入。茲將所訂各項重要法規施行者列左：（各條文依次列在本會附錄）

（一）中華民國無線電條例（已補送立法院尙未審查完竣）
（一）建設委員會無線電管理處各科組織大綱
（一）建設委員會無線電管理處處務會議規則
（一）建設委員會無線電管理處各科股常務會議規則
（一）建設委員會國際無線電台籌備處組織大綱
（一）建設委員會上海無線電機製造廠組織大綱
（一）建設委員會無線電管理處無線電報務人員養成所簡章
（一）商辦無線電機製造廠營業特許章程
（一）販買無線電品營業特許章程
（一）建設委員會無線電管理處視察員規則
（一）建設委員會直轄無線電報局組織大綱（附組織表）
（一）建設委員會直轄無線電報局人員考績章程
（一）無線電報收發規則摘要
（一）官電收發規　則
（一）新聞電報章程

第十一章　制定各種法規

(一)公益電報免費章程
(一)無線電報掛號辦法
(一)納費公電辦法
(一)來去報登記手續
(一)新聞電報簡要手續
(一)國際電報來去報費賬單登記辦法(附國際電報MC號數登記辦法)
(一)華文電報計字辦法
(一)洋文電報計字辦法
(一)拍發急報辦法
(一)不納費來去報登記表登記法
(一)電台工務月報表填法
(一)各電台向無線電機製造廠購料付款辦法
(一)調查全國電報掛號戶名辦法
(一)獎勵電報速譯辦法
(一)各電台會計總程序
(一)報時信號辦法
(一)規定通報時間辦法
(一)各種電費辦法
(一)國際電報字數計算法
(一)國內各電台收發國際電報辦法概要
(一)夜信規則

(一)來去報核對字數份數辦法
(一)建設委員會無線電管理處會計規程
(一)各局台暫行會計規則

第二節　尚未施行者

除前節所列各項法規外，尚有已經訂定亟待頒布施行者，如左所列：
(一)官電收費及限制辦法
(一)無線電工程師登記條例
(一)無線電報務人員執照條例
(一)無線電訓練學校立案規則

第十二章 統計

第一節 經濟統計

本會廣設電台，開放商報，進而辦理國際通訊事宜。特將國內報價從廉規定，以便利各地民衆之通訊，並減輕人民經濟之負擔。至於國際報價，則參考國內國外情形，爲適中之規定。本會管理處之經濟，即以報費之收入，隨時資以挹注。至各處並各局台業務及資產上之比較及鈎稽，則圖表詳密，考校至精。所有製成之經濟統計圖表，擇要列在本書附錄之內，以資參閱。

第二節 報務統計

辦理國內國外通訊事業，逐漸發展，關於處理報務之如何增加速率，以及各局台應如何互相比較，互相競進，則於報務統計一項，特別注意，藉便考覈。所有已製成之報務統計圖表，擇要列在本書附錄之內，以資參閱。

第十三章 將來規畫

第一節 完成正在設施之事業

關於完成無線電正在設施之事業，以對外者爲最重要。蓋我能自宏設備，則外人可以俱瞻，無所藉口，不獨已往之無線電糾紛問題，無死灰復燃之可能，而我之通信事業，即從此蒸蒸日上，增高國際地位，以與列強相頡頏。茲將應行從速完成之事業列左：

(一)國際大電台應照原定規畫如期完成

國際大電台，爲我國收回國際通訊之自主權之唯一工具，原定十八年年底建築完成。此台一經完成，即可按照所訂之中美中德報務合同，正式通報。既可表現我國新事業之辦理神速，且可使外人歛其陰謀，就我軌範。關於籌備上已往之設施，就本書第四章所述收發報台之徵收，收發報台之設備，監製工程師之聘任，均以積極的方法，迅速辦理。倘此後突入於迂緩停頓之一途，或將原定計畫。從事更張，則電台不能如期告成，勢必貽譏外人，引起種種糾紛問題，使我國際通訊自主權，不能完全實現，而國外權力之侵入，且或日甚一日。故國際大電台之籌建，必須按照原來計畫，如期於十八年底完成，以宏應用。

(二)上海天津二啟羅瓦特自動電台應從速完成粵漢等處亦應從速整設以爲大電台通訊之輔助機關

本會向德國得律風根公司訂購二啟羅瓦特自動電台四座，機件行將運到。最近計畫，上海擬設三座，台址及房屋，已經度地動工，必須計劃從速完成，以爲國際大電台之輔助機關。並可添裝小號自動電台，通西貢等地電報。至粵漢等處自動電台，需要亦急，應按照原定計畫從速續購機件，於短期內將台分別完成。

(三)積極禁絕外人私設電台擅通商報

外人在我國境內，私設電台，擅通商報，違背華府會議議決案，侵犯我國主權，本會查察取締，隨時進行，如調查外人違約私設之電台，製成詳表，以爲交涉準備。如取締上海法人電台私通商報。如取消法人電台與菲律濱電台私通電信之密約。如查禁外艦電波之干擾。均有成績可言。但此乃零散的取締，而非徹底的解決，更不能因對外取締。略有效力，對內設備，已具規模，所有外人設台通報之舉，不爲嚴厲之交涉，而聽其自趨於沉寂之一途。必須一面宏我設施，使列强有所觀感，歛其野心。一面以交涉方式，積極分別向各國交涉，先制止違約私設之台，收遞商報，並先將上海福履理路及汶林路之法國電台收回。再根據華府決議案，及我國之新設施，限於最短期內，將吾國境內所有外人違約私設之台，一律拆除，或完全由吾收回，以重主權。

第二節　供應此後建設之需要

按照本會第二章所列施政大綱，屬於對內者十項，屬於對外者三項，原爲體察需要情形，認爲當務之急，非謂辦理無線電事業，依此進行，即爲滿足，屆計本會自施行管理職權以來，已達一載，今日之需要，已與一載之前不同，則今後之需要，自與現時更易。蓋事業無止境，則供給愈頻繁，不出全力以赴之，則不能應付需要。上節言完成正在設施之事業，係爲尊重主權，抵制外權侵入，實以我國今日設辦無線電爲新興事業，對外不攖，即對內不安，昔之覆轍，可資殷鑒，故特鄭重視之。本節述需要之供應，一切規畫，均屬於對內者，旨在由供求兩合而趨於發展之境。茲分別述之：

(一)電台

(甲)本會已設立之國內電台，僅達三十座，而邊遠省區應設之台，尚未遑次第安設，言及此後通信之需要，亟宜出全力以謀建設。原擬三年之內將全國各重要縣市以及邊遠省區電台，一律裝設完成，藉利通訊兼固國防。但茲事體大，必先詳察全國各地需要情形，擬定精確之計畫，依據辦理。倘應設台之地而不即設，或應緩設之台而竟提前設立，則緩急一有倒置，即供應兩不相適。蓋吾國幅員遼闊，今欲廣設電台，謀各地通信之便利，實不能不詳爲規畫，預定期限，權緩急以興辦也。

(乙)船舶電台之裝置，各國頒有專條，國際亦有海上保安公約之規定，其關係之重要，自不待言。本會自主管無線電以來，先訂定船舶無線電條例，呈奉國府核准施行，繼復於制訂中華民國無線電條例內，將此項條例修改併入。一面對於強制各船舶裝設電台之舉，積極辦理。然爲時未久，尙未獲極大之成績。擬規定一年之內，將移動電台（Mobile Station）嚴厲執行，分別切實辦理，而於船舶部份，尤特別注意。凡不裝設電台之船隻，或裝設電台而機件陳舊者，一律施以取締，務完全達到航行通訊便利之目的。且備將來加入國際海上保安公約時，使外人知我之設備周全。不敢輕視。至關於船舶通訊事宜，現時雖已粗具端倪，此後報務應如何通達無阻，賬務應如何鈎稽無遺，必須爲改進之謀。自應根據現行辦法，並查察需要情形，制定具體方案，以資進行。

(丙)廣播事業，裨益於國家社會人民，至匪淺鮮。現在各省區各縣市以及各公私機關團體設立廣播電台者爲數極多，足見現時之需要。本會最初制定施政大綱，對於各省廣播電台之設立，負指導查察之責，期以三年，陸續完成。但至今僅及一載，以時間之怱促，統計尙覺不詳，考覈尙覺未周，而對於各省之設立廣播電台，尤覺各自爲政，難免辦理分歧之處。此後必須按照原定計畫，施行改善及統一辦法，務使電台林立，廣爲傳播，有百利而無一弊，以宏訓政時期內之建設及宣傳。

(丁)全國設立之舊式電台，應於一年之內，完全施以改造，以宏應用。至已設立各處新式電台，應將應行補充之機件，一律配齊，藉以增加機力而備不虞。

(戊)各省設立電台，不能各自爲政，應將計畫先行送達，以便採擇施行。其已經成立之台，應收回其管理權，以一統系。至軍政機關專用之固定電台、前因有特殊情形，爲便利戎機及政務計，直轄於軍事或政務最高機關，此後是項固定電台，如無專用之必要時，應照前移交吳淞崇明各台成案，文請各管轄機關，分別移交，以便接收管理，統一電政事權。但軍政機關目前所專用之電台，其呼號及波長，應分別規定，以資整齊，而免干擾。

(己)關於取締事項，如禁止私人設立電台營業，禁止船隻(軍艦在內)在港內發報，並檢查進口船隻之電台，均爲切要之圖，應隨時認眞辦理。

(二)無線電器材

第十三章　將來規畫

我國興辦無線電事業，所需機器材料，不能自給，故一面急須宏我製造，一面暫取材於舶來品，以應急需。惟前在軍閥時期，將無線電一切器材，懸為禁品，遂致奸商偷運，私貨充斥，需要難供，瀰危反甚。本會雖已會同財政部呈准明令開禁，而參陸兩部，又有無線電器輸入限制條例之規定，實與開禁原旨有背，本會曾經呈請行政院暫緩施行有案。此後關於解決無線電器材問題，本會所規畫者如左：

(甲)無線電器材，應准納稅入口，材料課以輕稅，機件課以重稅。但為本國所能供給與製造者，則施以入口之限制辦法。此後當根據無線電品開禁原案，商同主管部會，將入口及納稅問題，完全解決。並商請參陸兩部將施行之限制條例，查照修改，以免國家法令不一，使人民靡所適從。

(乙)關於無線電機之製造，無論國營廠所，民營廠所，務設法力圖改進，使製造日精，出品日多，漸達完全能自供給之一途。

(丙)無限電品開禁，原為供給要需，並非漫無限制。本會已經訂有各項稽察章程施行，此後當照章切實辦理，並體察將來需要情形，或修訂現行章程，或再增訂限制辦法，務使供給能應，流弊不生。

(三)作育人才

我國無線電，人才缺乏，無可諱言，此後之作育，本會所規畫者列左：

(甲)近年國內各大學無線電科學生，畢業人數，逐漸增加，而負笈歐美，專攻精研，以及學成歸國者，人數亦較前增多。允宜隆待遇以延攬，嚴考覈以責成，務使各展所學，服務於無線電界，為終身之事業。同時並與國內各大學聯絡合作，隨時與高級學生以練習之機會，庶於作育上收事半功倍之效。

(乙)電台設立日多，則報務機務人員需才孔亟，本會已設各台，幸有無線電報務人員養成所畢業者供給應用。此後該所之設辦，與夫訓練之謀改進，及程度之謀增高，均為急務，必須積極賡續辦理。此外如營業人員以及各項任事人員，均應繼續施以嚴格之訓練，必須訂定切實辦法施行。

(丙)研究科學無止境，即興辦事業無止境，歐美各國科學昌明，無線電之設施，日新月異，我國取法列強，已有望塵莫及之勢，若故步自封，則前途即無發展之可言。此後每年應遴派專門人員，分赴國外，考察無線電工程技術管理等項新設施，源源貢獻，藉備採擇，兼宏作育。

(四)整訂法規

無線電各項法規，關係至重，本書第十一章所列，係就最要者，陸續制定施行。其中有立法院尚未審查完竣，而應實際上之需要，暫先引用者。此後爲統一法規起見，應將所有各項條例章則，彙齊加以釐訂，並爲法規完備起見，再將應行增加者一律制定，以免簡陋參差之弊。蓋本會主管無線電，爲時未久，開辦之初，一切均有試驗性質，迨至成績昭著，不能不力求改進，以達於盡美盡善之域。故對於制定無線電法規，草創潤色，先由試驗推行，再進而求統一與完備，以爲設施之標準。

(五)督察民營無線電事業

民營無線電事業，本會尚覺調查未周，統計未詳，取締及獎進，亦尚未獲極大之效果。此後應根據本會所制定之各項稽查章程，積極賡續辦理，務使民營事業，日臻完善，足以輔助國營事業之進展。

(六)力謀民衆福利引起社會人士之贊助發展

國家興一事業，無非爲民衆謀福利，未有民衆得蒙福利，而對於新事業不表示信任者。更未有旣得民衆之信任，而不得社會人士之贊助者。本會廣設電台，開放商報，抱定供應需要便利商民之旨，無論經過如何阻力，始終不渝。此後民智日開，公用日緊，凡百設施，一方在爲人民謀福利，一方在得社會之贊助，庶幾需要可供，發展能速。茲將本會所規畫者列左：

(甲)欲謀便民，必先減其經濟之負擔。商報價目，必須逐漸減低，萬不能增加報價，致違便民之旨。蓋現時所定報價，以世界各國報價相衡，尚非最廉。且此後商民享用通訊便利之慾望，日漸發達，斷不能使向隅者獨多。故減價爲一定之趨勢，而增價實無施行之可能也。

(乙)國家庶政，應取公開主義，使人民咸得聞知。而無線電爲新興事業，尤應使人民有充分之了解及信任。此後一切設施，隨時明白宣示，使社會人士多所明曉，多所貢獻，多所贊助，事業前途，賓以發展。

第十四章 管理職權移轉始末

第一節 中央執行委員會決議案

十八年六月十七日第三屆中央執行委員第二次全體會議，討論關於確定行政事項之統屬一案決議案第二款；「建設委員會所管之無線電，移轉於交通部，其移轉辦法，由行政院妥定之。」本會祇悉之後，以主管之無線電事業，正在積極進行，關於移交手續自屬繁重，必須預定妥善辦法，以便執行順利。特將移交重要問題，擬具意見五項：於六月二十八日呈奉行政院指令照辦，並由院派政務處處長陳融，交通部派電政司司長莊智煥，無線電報話管理處處長于潤生，本會派秘書處長霍寶樹，無線電管理處代理處長徐恩曾，組織移交委員會，妥定移交手續，嗣奉國府訓令飭遵中央決議辦理移交，當將組織移交委員會辦理情形，備文呈復。茲特將上列各項有關係之文件，照錄於左，以資參閱。

（一）本會呈行政院原文（六月二十八日）

爲呈請事，竊查職會所主管之無線電事業，業經二中全會議決，移轉交通部管轄，其移交辦法，並議定由鈞院核定施行，等因。職會自應靜候訓令遵行。第以職會主辦之國內國外無線電通訊事業，正在積極進行，事務工程方面，千頭萬緒，移交手續，亟應事前預先討論，妥慎擬訂，實行時方不致發生障礙，影響事業之進行。職會一再思維，對於移交重要問題，謹擬具意見五項，爲鈞院縷晰陳之：(一)職會經辦之無線電大電台，及各省長短波電台二十餘處，所有一切已完未完工程，暨內外交涉事項，頗形複雜，移交手續，自極繁重，仍應先由鈞院派員會同交通部及職會所派各員組織移交委員會，將關於交涉事項，分別詳加研究，妥擬方案，呈奉鈞院核定後，再爲執行，以昭慎重，而免糾紛。(二)職會自奉令主管無線電事業後，即積極籌設國內各省電台，以濟公用。尤以鑒於國際通訊，操諸外人之手，喪權辱國，莫此爲甚，遂急籌設國機大電台。嗣因工程浩大，建造需時，乃一面與菲律濱及德國協商國際通報事業，以資取締外人電台私收商報而維國權，今全國無線電事業，既歸交通部接管，則職會前訂之國際間之報務合同，暨訂購機件合同，為顧全國家權利信用計，應仍由交通部一一繼續履行。（三）職會建設國際無線電大線台，上年曾呈奉國民政府第七十次常務會議議決，由財政部撥發六十萬元，迄今未曾領到，而此項關係重大，刻不容緩，故職會仍積極進行，所有訂製機器圈購地基，需用之欵，均以人傑私人名義息借商欵墊付，約計四十餘萬元。今無線電事業，既移轉交通部接辦，則所有墊欵，應於移交前，由該部如數淸償，以釋個人債累。（四）所有職會辦理無線電對外所負一切債務，自移交後，應由交通部繼續負償還責任，以維持政府信用。（五）我國無線電事業，尚在萌芽，人才尤感缺乏。職會主管全國無線電以來，首先注重專才，竭力羅致，始得有相當之成績。今管理權雖經移轉，然同屬國家機關，施政方針，自無更變。所有職會無線電管理處及各省電局電台工作人員，似應由交通部予以相當保障，使仍繼續工作，以謀全國無線電台之發展。以上所陳各節，是否有當，理合具文呈請

鈞院鑒核施行，實為公便。謹呈

（二）行政院指令（七月四日）

呈悉。此案經提出本院第二十八次會議，決議建設委員會所提出五項辦法，准予照辦。派本院政務處處長會同交通部派員二人，建設委員會派員二人，組織移交委員會，妥定移交手續，已令飭本院政務處處長，暨交通部照辦矣。仰即遵照辦理。此令。

（三）國民政府訓令第六四一號（七月二十五日）

為令遵事。案奉

中央執行委員會函開，十八年六月十七日第三屆中央執行委員第二次全體會議，討論關於確定行政事項之統屬一案，決議（一）航空事業，統歸軍政部主管。航空郵運，及其經費，歸交通部主管。（二）建設委員會所管之無線電，移轉於交通部，其移轉辦法，由行政院妥定之。（三）海政歸海軍部管理，航政歸交通部管理，至其範圍之畫分，由行政院擬定逕呈中央政治會議核定。（四）全國鐵道之敷設，及其經費，歸鐵道部

統一籌辦。各省境內於經濟上特別有益之路線，得呈請鐵道部核准建築，在鐵道部監理之下依法經營之。(五)各省之公用事業，如電話電燈自來水等，歸各省市政府監理。(六)招商局與漢冶萍公司由國民政府特派專員負責整理，並組委員會負責指導，(七)各部會公款，及因各部會辦理主管事業而發行之公債，一律由中央銀行經理存儲，外債及以賠款作抵之公債，一律由中央銀行經理存儲，各部會不得自設銀行。(八)其他行政事項，應確定其統屬者，由中央政治會議按照本黨政策行政系統事項性質決定之。除原決議第八款業經函送中央執行委員會政治會議查照辦理外。其關於原決議第六款，相應函請政府查照辦理。至原決議第一款至第五款及第七款，併希查照轉飭行政院及有關係各部會各省市政府分別遵照辦理為荷，等因。奉此。經即提出本府第三十六次國務會議，決議漢冶萍案另擬專員名單。招商局案併另案核定。至原議決案第一款至第五款及第七款，均照轉行在案。除函復并分令外，合行令仰遵照辦理。此令。

(四)本會呈國民政府文(七月二十七日)

呈為呈復事。案奉

鈞府第六四一號訓令開，(全文見前)等因。奉此。遵查職會所管之無線電，業經遵奉議決案，由職會呈准行政院派員會同組織移交委員會議決移轉辦法，定期移交。奉令前因，理合具文呈請鈞府鑒核備案。謹呈

第二節 移交委員會決議案

移交委員會於七月十七日第一次開會，決議案共三條。七月廿四第二次開會，決議案共九條。茲分錄於左：

第一次會議決議案

(一)建委會對於事業上之款項，交通部可完全負責。

(二)建委會與中外商人所訂合同，繼續有效。

(三)無線電與有線電，當本獨立互助之精神，謀電信事業之發展。

第二次會議決議案

(一)整理設計委員會，因費時太多，決定不成立。

(二)交通部應歸還建委會委員長私人墊款三十萬元，於七月三十日前交付。

(三)建委會所屬各電台，均於八月一日起，移交交通部接管。其他移交事件，限自八月一日起，於一個月內辦理完畢。

(四)八月分各電台之收支經費，均由交通部負責，管理處經費，(在移交以前)在七月分收入項下先行撥付，如有不足，由交通部負責撥付。

(五)合併後電台之分配，建委會已擬具方案，由交通部容納參考。

(六)移交後、凡建委會因籌建國內國際電台而發生之債務及應付款項，應由交通部根據契約負責辦理。其他移交日前關於報務上之人欠欠人，由建委會自行負責辦理。

(七)合併後，原有建委會無線電管理處及各局台各級職員，須由交通部儘量任用。

(八)凡由交通部留用之建委會無線電人員，在未經鄭重考試甄別之前、一律仍支原薪。

(九)移交委員會須在雙方二管理處完全合併後，呈報結束。

第三節 本會無線電管理處遵辦移交及結束情形

本會於移交委員會第二次開會之後，卽令飭無線電管理處自八月一日起，辦理移交事宜。該處奉令後，當經代理處長徐恩曾副處長林士模督飭各部分主管人員將關於應行移交事項，妥速辦理，造具各種清冊，由交通部派該部無線電管理處處長王潤生攜帶公文前來接收。特先將國際無線電台籌備處完全移交清楚，隨將直轄之各無線電局台，及主管之一切事項，一併移交完竣。所有本會無線電管理處，卽於移交後取消、另組織無線電帳册清理處，清理八月以前之各局台營業賬項，及其他未了事宜，預定一月之後，卽可完全結束。至此次部會辦理職權移轉各事，雙方均出以周密之方法，與敏捷之手續，故進行極爲順利。當交替時，雙方重要之聲明及實施，厥爲下列三端：(一)一切合同，繼續有效。(二)各商家之預存報費，繼續有效。(三)各局台人員，照舊供職。處內人員，除本會調留者外，餘均由部繼續任用。茲將有關係之各種公文，分別照錄於左，以資參閱。

（甲）移交前之公文

（一）本會張委員長電令（七月卅一日）

無線電管理處及各電台全體職員同覽。本會無線電事業，自創辦以來，幸得諸同人之努力，始有今日之發展。現雖奉令移歸交通部管轄，同係國家機關，一切用人行政，自無軒輊之分，移交辦法刻經會商就緒，定八月一日實行移交。所有各電台經手事項，應即辦理結束，其各台人員，交部已允暫時概不調動。無線電本爲國家之事業，同人係爲國家服務，切盼始終維持本會向來固有之精神，繼續努力，以求事業之發展，國家幸甚。本會幸甚。張人傑陷印

（二）交通部代電（八月一日）

建設委員會勳鑒。查貴會籌墊無線電款項叁拾萬元，前經移交委員會議決由本部撥還，當經照數函送查收，並准函復塡送印收各在案。現在已屆移交之期，應請迅飭各台自即日起一律移歸本部管轄。除電飭無線電管理處長于潤生遵照接管外，至希查照。交通部東印

（三）本會復交通部代電（八月二日）

交通部勳鑒。東代電悉，敝會所轄各無線電台，業經遵照移交委員會議決案，訓令本會無線電管理處，並分電各台，飭於本月一日一律交由貴部接管在案。復請查照。建設委員會江印

（四）本會訓令無線電管理處文（八月一日）

本會無線電事業，業經移交委員會議決定於八月一日實行移交。

所有本會經辦無線電事業，應自八月一日起，實行移交交通部管轄。除另電知照外，合行令仰該處即便遵照辦理，並轉飭各電台一體知照，切切此令。

（五）交通部無線電報話管理處致本會無線電管理處公函

逕啟者，頃奉交通部東電開，查建會無線電，業經移交委員會議決於八月一日起移歸本部管轄在案。現在

爲期已屆，應由該處長迅即分別接管。除電建會轉飭遵照外。仰遵辦具報。等因，奉此。茲特前來貴處接收，即請查照爲荷。

(六)本會無線電管理處致交通部無線電報話管理處公函

逕啓者准貴處公函內開，（全文見前）等因。查本處辦理移交一案，業奉建設委員會訓令內開，本會無線電事業，經移交委員會議決，定八月一日實行移交交通部管轄。除另電知照外。合行令仰該處卽便遵照辦理，並轉飭各電台一體知照，切切此令。等因到處。茲特造具本處文卷清册，職員名册，工役警士名册，處內傢具清册，宿舍傢具清册，稽察電台傢具清册，處內各項押租押櫃清册，租用之房屋清册，圖書清册，各項合同契約單據清單，稽察電台機件清單，稽察科圖表印刷品圖書清單，各四份，各局台呼號地址清單，各電台資產表，各電台人員表，各二份，備函移交，卽請貴處查照接收。並請接收後由貴處長在各項册單表上，一一簽名蓋章，交還半數，以憑分別存報爲荷。再本處直轄之國際無線電台籌備處，茲爲交替便利及辦理迅速起見，已令飭該處先行辦理移交具報，合併函達。

(乙)移交時之公文

(一)本會無線電管理處致交通部無線電報話管理處公函(八月二日)

逕啓者，無線電管理職權交替，對於有關係之各外國公司，本處暨貴處雙方應去函聲明，以完手續。茲將本處擬就之函稿（以中文爲主另附英文信）送閱，卽請貴處查照此稿義意，用貴處名，備就中英文函信，以便今日午後國際電台籌備處交接時，雙方同時發出爲荷。

(二)交通部無線電報話管理處致本會無線電管理處公函

逕啓者。接本月二日貴函，具悉，關於各外國公司與貴處所訂合同，均由敝處接收，並呈請交通部追認繼續有效。除另函各該公司外。即請查照爲荷。

(三)本會無線電管理處通令(八月二日)

各局台長鑒。奉建設委員會第三七三號訓令內開，本會經辦無線電事業，自八月一日起，實行移交交通部接管，仰遵照辦理，并轉飭各電台一體知照等因。茲遵自八月一日起，將直轄各局台一併移交交通部接管。所有八月分起各局台收支款項由交通部負責。其應需之賬簿文具，紙張印刷品及應補充之材料機件，概由交通部供給。至各局台資產，仍由各該局台按照從前造送到處之資產表，負責保管。除分行並另先電知外合行令仰遵照具復。此令。

（四）本會無線電管理處、交通部無線電報話管理處會銜登報通告（八月一日）

為通告事。查無線電職權，業經二中全會決議，由交通部接辦。建委會無線電管理處暨各局台，業於八月一日起移交交通部辦理。一切業務，仍照舊進行。至各商號前在建委會各局台所繳之預存報費，及其他款項，仍繼續有效。恐未週知，特此通告。

（五）本會無線電管理處、交通部無線電報話管理處會銜通電（八月二日）

各局台長均鑒。無線電職權，業經二中全會決議，由交通部接辦。建委會無線電管理處暨各局台，業於八月一日起移交交通部辦理。一切業務，仍照舊進行。至各商號前在建委會各局台所繳之預存報費，及其他款項，仍繼續有效。除登新申各報通告外。仰各局台長知照，並登當地各報。建委會無線電管理處交通部無線電報話管理處江印

（六）本會無線電管理處致各外國公司商行通函

逕啓者。案奉建設委員會訓令，飭將全國無線電管理職權，交由交通部無線電報話管理處接管，等因。遵於本年八月一日正式辦理移交，所有建設委員會前與貴公司行簽訂之合同，業於同日移交交通部無線電報話管理處。相應函達，至希查照是荷

（丙）移交後之公文

（一）本會無線電管理處通電（八月三日）

各局台均鑒。一年以來，本處秉承建設委員會意旨，主管全國無線電事業成績甚著，信譽日彰，全由於各

局台人員，對於報務及營業，通力合作，咸盡厥職。今遵令移歸交通部接管，自應賡續努力，俾我國無線電通訊事業，繼長增高，堪與列強頡頏。本處行將結束，對於各局台人員，既體念已往之卓著勤勞，復期望此後之益加奮勉。除已將移交日期及辦法先後電令分別通知外。合再通電勗勵，希各遵照。處江印

（二）交通部無線電報話管理處致本會無線電管理處公函（八月八日）

逕啓者接第三三二五號貴函具悉，查貴處所造各項移交清册，計十八種，均經點收。並於接收時，在各項册單表上，一一簽名蓋章，交還半數。相應函復查照爲荷。

（三）本會無線電管理處呈文（八月九日）

爲遵令辦理移交清楚，呈送清册，敬祈鑒核事。前奉鈞處第三七三號訓令內開，本會無線電事業，業經移交委員會議决，定自八月一日起，實行移交交通部管轄。除另電知照外。合行令仰該處即便遵照辦理，并轉飭各電台一體知照。切切此令。等因。并准交通部無線電報話管理處處長于潤生遵奉交通部電令攜帶公函，來處接收。當經恩會士模督同各科主管人員，分別將應行移交之職員文卷圖書傢具等項，及直轄各局台應行移交之職員，資產等項，造具清册，交由交通部無線電報話管理處處長于潤生接收，於八月七日完全交替清訖。職處卽於是日結束，遵令將無線電賬册清理處組織成立。除另文呈報外。理合檢同移交清册十三份，呈送鈞會鑒核。

再此次無線電管理職權移轉，關係重要，一切手續，自應辦理周密。所有從前關於無線電設施上對外一切合同契約，經於移交之前，分別函知有關係之各公司，聲明職權移轉。並於移交交通部無線電報話管理處接收時聲明此後應繼續有效，以維對外信譽，當據該處正式函稱，呈請交通部追認繼續有效，等因前來。又各局所收之各商家預存報費，亦經會同交通部無線電報話管理處雙方登報聲明繼續有效。此外應行雙方會辦之手續，均經妥辦完訖。至職處結束後，應行繳銷之關防印章等件及應行繳存之文件簿册等項，當於清理處辦理完竣時，一併繳呈。又國際無線電台籌備處，於八月二日遵職處令示辦理移交清訖，合併呈報

第十四章 管理職權移轉始末

。附呈清册十三份。

第四節 本會鄭重聲明

關於本會移交事項，辦理已告結束，特將一年以來主管無線電之經過情形，擇要編輯，公諸衆覽，期國人咸能明瞭眞相。惟本會尙有不能已於言者。則爲本書第十三章所述之將來規畫，實爲本會未竟之設施，深冀此後主管者參攷此項規畫，次第施行，當移交委員會第一次開會時，本會出席人員，提出無線電與有線電合作互助一案，衆意僉同，列爲決議之一，今後務當本此決議使無線電與有線電各本其特殊之設備，及獨立之精神，宏著功能，而系統不雜，交相利賴，而軒輊不分，庶幾我國電信事業，日新月異，進展於發輝光大之境。本會管理無線電職權，今已移轉，而期望此新興事業之猛進，一如往昔，因念規畫與設施，責任政府，監督與贊助，責在人民，追溯已往之陳跡，藉促前途之進步，是用不嫌詞費，於本章之末，鄭重述之，幸閱者垂察焉。

附錄

國際無線電台購機合同

中華民國十七年即西曆一千九百二十八年十一月三日，美國無線電合組公司（此爲賣方，係按照美國[illegible]法律所組織之公司。）與中國建設委員會（此爲買方，係代表中華民國國民政府。）爲購買無線電機事，經友好協議訂立合同如次：

一　無線電機件項目

第一項　發報電台

高週率晶體控制短波發報機 High Frequency Crystal Controlled Short Wave Transmitters兩具，與附屬說明書所載ET—145—A 式相同，其電力通常在二十至三十五啟羅華特之間，波長十五至三十米突，其輸入電力得用二百二十至三百八十伏脫之三相交流，週率五十或六十，其所包要目如次：

勵電機二具 Exciters (2)，

控制盤二具 Control Panels，

晶體發波機與低力放大器二具 Crystal Oscillators and Low Power Amplifiers，

中間放大盤二具 Intermediate Amplifiers，

整流器二具 Rectifiers，

發報機真空管兩套 One Complete Set of Vacuum Tubes for each Transmitter，

走向天線兩套(無支柱物) Two Directive Antenna Systems, less supports.，

水平對立天線兩套(無支柱物) Two Horizontal Doublet Antennas, less supports.，

冷水散熱器 Water Cooling Equipment，

波長表 Wave Meter，

附錄 二

尋波線圈 Exploring Coils，

收報監察器 Monitoring Receiver，

其他裝置材料 Installation Materials。

備貨

分格箱子兩只，內置備貨如晶體 Crystals，電容器 Condensers，漏電耗阻 leaks等，

發報機真空管備貨一全套 Vacuum Tubes。

第二項　收報電台

如附件說明書內所載之短波收報機三具，其所包要件如次：

射電週率放大器三具 Radio Frequency Amplifiers，

AR—1492式短波配諧器三具 Short wave tuners, Model AR—1492，

AA—1454—A式成音週率放大器三具 Audio Frequency Amplifiers. Model AA—1454—A，

收報機架一具 Receiver Rack，

成音電路控制盤一具 Tone Control Board，

蓄電池與電池架 Storage Batteries and Battery Rack，

充電機 Battery Charging Equipment，

充電控制盤 Switch Board for Controlling Charging Equipment，

成音計量器 Audibility Measuring Equipment，

其他附件與備貨 Accessories and Spare Parts，

定向收報天線兩套（無支柱物） Directive Receiving Antennas Systems, less supports，

非定向收報天線一套（無支柱物） Non-Directive Receiving Antenna, less supports，

真空管備貨一套 1 Set Spare Tubes。

第三項　中央控制處機件

中央控制處機件所含要件如次：

發報桌 Transmitting Tables 三座，連同自動發報機 Auto Transmitter，鑿孔機 Perforator，印時機 Time Stamp，及其他附件，

收報桌三座，連同墨水，印號機，捲紙盤，撑紙橋，拉紙器，打字機，印時機，校對器 Checking Equipment，電報架，及其附件，

抄謄桌全套 Transcribing Table, Complete，

成音放大器三具 Tone Amplifiers，

監察裝置 Monitoring Equipment，

成音電路控制盤 Tone Control Board，

蓄電池與電池架 Batteries and Battery Rack，

充電機 Battery Charging Equipment，

配電盤與附件及備貨 Switch Board, Accessories, Spare Parts，

控制遠距離發報機之電報控制盤 Telegraph Control Board for Controlling Distant Transmitters，

各種雜件 Miscellaneous Equipment。

二　工程

賣方願於裝置電台時，免費供給無線電專門工程師一名，代買方裝置機件，以三個月為限。三個月後，機件如不能裝置完竣，而責在賣方時，如該工程師之免費工作應照樣延長，但責在買方，如欲留用該工程師，應由買方另訂聘約，供給每日美金二十五元，或每年美金五千元之薪俸，再給由上海回紐約之川資及適當之生活費。

買方應另聘美國無線電合組公司無線電專門工程師一名，以二年為期限，年俸美金五千元，以該工程師離紐約之日起至回抵紐約之日止計算，並另給由紐約至上海及由上海回紐約之旅費與適當之生活費。

賣方於第一次付款後三十日內，應將各種關於建築尺寸之說明郵寄買方，並在第一次付款六十天後，須將各項圖樣郵寄買方，以便建築裝置無線電機之基礎。

三　付款辦法

買方應收第一節訂定之無線電機價目美金十七萬元，按照下項辦法分期付給賣方。

簽訂合同時，應付美金五萬六千六百六十六元。

運貨單寄到上海時，應付美金五萬六千六百六十七元。

無線電機運到上海後六個月內，應付美金五萬六千六百六十七元。

四　交貨

本合同內所訂機件預備齊全，由紐約裝運上海，紐約碼頭費由賣方擔任，並應於訂合同之日起，八個月內儘早交貨。

五　擔保

賣方擔保此項機件一年內無製造上之缺點，期內如有發見此等缺點情事，均應更換，並擔任至上海之水腳保險費。

此項發報機按照美國無線電合組公司最新之裝置及運用方法，當全力輸入天線時，可與同樣之收報台通訊，其距離如次：

(一)用約十六米突之波長：

全電路皆在日間，可達六千五百英里。

全電路皆在晚間，可達九千英里。

(二)用約二十五米突之波長：

全電路在日間，可達二千五百英里。

全電路在晚間，可達六千英里，

雙方及其繼承人、或合法代表，或讓與者，皆應遵守本合同所賦與之義務及其權利。

玆特證明兩方已在上海將本合同於上述月日訂立並施行。

美國合組公司駐中國代表　A. B. Tyrell

中國建設委員會主席　張人傑

證　人　Roy E. Delay

證　人　王崇植

中美無線電報務合同

中華民國十七年，即西曆一千九百二十八年，十一月十日，美國無線電合組公司（此爲第一造，係按照美國德萊衛州法律所組織之公司。以後簡稱合組公司）與中華民國建設委員會（此爲第二造，以後簡稱建委會。）爲訂立合同事。查合組公司於美國太平洋岸及大西洋岸設有無線電台多座，收發國際電報，建委會現欲於最近期間，在上海建立能與合組公司所轄無線電台通訊之電台，茲因兩造欲使第一造在美國太平洋岸之一座電台或多座，與第二造將在上海設立之電台聯成直接通達之無線電路，以人工及高速率自動雙工之方法，收發商用無線電訊，爲此兩造協議，訂立合同如下：

第一條　合組公司與建委會對於其電台各須置備最新式之機件，以適當及有效之方法維持之。中美雙方須能同時收發電報，並須備有充足及訓練純熟之職員，以供調遣。自後於雙方互願之業務及日夜時間內須在各該電台儘先從速收發其所有之無線電訊。

第二條　合組公司對於其統轄範圍內所有之電報，凡拍致中國，或由中國轉遞者，除由發報人自行規定路由者外，皆應由上述之無線電路拍發。但建委會於上海設置之中央營業處，至少須有與其他相與競爭之水線公司營業處有同等之便利。同時建委會必須以上述電台專供商用。

第三條　建委會對於其統轄範圍內所有之電報，凡拍致美國，或由美國轉遞者，除由發報人自行規定路由者外，皆應由上述無電線路拍發。但合組公司業在舊金山成立之中央營業處，至少須有與其他相與競爭之水線公司營業處有同等之便利。同時合組公司必須以上述電台專供商用。

第四條 除本合同所規定外，其無線電通訊業務之執行，記帳，及結算辦法，悉須按照國際電報公約之業務規則，及該項規則此後之修正條文辦理。

凡經上述電路之電報，其每字報費分配如下：

甲 無線電路在上海終點以外之報費，

乙 無線電路費，

丙 無線電路在美國終點以外之報費，

(甲)無線電路在上海終點以外之報費，應全歸建委會處理。(乙)無線電路費，應由兩造均分。(丙)無線電路在美國終點以外之報費，應全歸合組公司處理。兩造帳目，每三個月以金法郎爲單位，結算清楚，其差額應交由兩造同意之機關滙兌之。依照上項規定，建委會對於在上海用上述電路拍發之電報，其報費收入之應劃歸合組公司者，須按日存入信託機關內。同時合組公司對於在舊金山用上述電路拍發之電報，其報費收入之應劃歸建委會者，亦須按日存入信託機關內。

第五條 凡經過上述電路之電報，其每字報費以金法郎爲標準，由兩造協議規定，但不得高過其他相與競爭之通信機關之價目。對於遲緩電報，新聞電報，及其他特別業務電報之減價辦法，應由兩造協議規定。對於中美政府之官報，其無線電路兩端間之無線電費，應減收半價，但該項官報所有之外線費，仍應照收全價。至兩造之業務公電，應完全免費。但遇不能直接通達時，則所有業務公電報費，應各自擔負之。

第六條 於上項無線電路之報務太形擁擠，或延滯時，爲公衆利益起見，兩造得將電報迻交其他電訊機關拍發。如無線電路費與該項電訊機關之電費有參差時，其差額應歸入兩造應均分之帳目內。對於此條任何一造得隨時通知他造，於相當時間後撤銷之，或於任何一造，每月之此項差額，得加以限制。

第七條　如遇任何收報或發報電台之本身，或該項電台相互間、或電台與中央營業處間之電線有中阻或毀壞等情事，應竭力設法恢復其原狀，或於最短期間內重行建設。

合組公司願以其所有國際無線電通訊組織，供給建委會傳遞該會國境內發出或轉遞之電報，同時建委會願以其所有之通訊機關，供給合組公司傳遞在美洲各國發出之電報，或在合組公司設有良好通訊機關之國內所發出之電報。

第八條　兩造應互相協助，以謀所聯合經營之電路之成功及獲利。

第九條　如遇戰事或公衆危險時，美國政府如將第一造之上述電台收歸管理，或建委會暫時停止第二造之上述電台，具前規定與合組公司間之商用通信，或將該項通信大行減縮，則在此收歸管理，暫停通信或縮小營業時期內，本合同暫停實施．但一俟收歸管理．暫停通信．或縮小營業等情終止，本合同應即有效。

第十條　兩造自後應以友誼之態度，調停及免除兩造對於履行本合同之爭端，如對於本合同上之爭端不能調停或解決時．該項爭端應付之公斷，由一造請定公斷人一人。以書面通知他造．並請他造亦請定公斷人一人，他造於收到書面通知後十日內，應請定第二公斷人一人，以書面通知第一造，再由被任命之兩公斷人選請第三公斷人一人。如第一造收到請定第二公斷人之通知後二十日內，兩公斷人尚不能協同選出第三公斷人時，則兩公斷人應公請瑞士盤恩國際電報公會會長，或其他高級職員選任第三公斷人。兩造對於爭端之決定、如係公斷人一致主張，或多數主張者應謹遵守之義務。公斷會議之時地，應由公斷人決定、所有公斷費用，應由敗訴一造擔承，或由公斷人指定兩造應分擔之成數。

第十一條　兩造皆得自由與其他各國訂立無線電報務合同，但亦不得違背本合同第二第三兩條之規定。

第十二條　本合同自上述合組公司及建委會之無線電路開收商報日起實行，於實施日起，以十年爲本合同之有效期間，十年後．得繼續有效　每次以五年爲限。但於原定十年期滿，或以後任何繼續有效之五年期滿，至少於期滿一年前得由任何一造以書面通知他造，聲明廢止本合同。

第十三條　兩造及其承繼者，或合法代表者，或讓與者，皆應遵守本合同所賦與之義務，及權利。本合同對於合組公司及建委會之義務及責任，應遵照美國紐約州及中華民國法律說明解釋及實行。

第十四條　本合同繕具中英文各二份，兩造各執一份，互相印證無誤。但中英文意義如有歧異時，應以英文爲準。

茲特證明兩造對於本合同已由兩造合法職員自訂合同之日起實施。

訂立合同者　美國無線電合組公司　(Signed) A.B. Tyrell

中華民國建設委員會　(Signed) George F. Sheezlen

證人　張人傑

證人　王崇植

中德無線電報務合同

中華民國十七年，即西歷一千九百二十八年，十一月十日，德國柏林海陸無線電交通公司（此爲第一造，以後簡稱海陸公司。）與中華民國國民政府建設委員會，（此爲第二造，以後簡稱建委會。）爲訂立合同事，查海陸公司於德國置有無線電台多座，收發國際電報，建委會現欲於最近期間，在上海建立能與海陸公司所轄無線電台通訊之電台，茲因兩造欲使第一造在德國之一座電台或多座，與第二造將在上海設立之電台，聯成直接通達之無線電路，以人工及高週率自動雙工之方法，收發商用無線電訊，爲此兩造協議，訂立合同如下：

第一條　海陸公司與建委會對於其電台，各須置備最新式之機件，以適當及有效之方法維持之。中德雙方，須能同時收發電報，並增加各種設備，以便應時利用傳跡無線電報，無線電傳影，無線電話，及其他新發明。兩造須備有充足及訓練純熟之職員，以供調遣，自後於雙方互願之業務及日夜時間內，須在各該電台儘先收發其所有之無線電訊。

第二條 海陸公司對於其統轄範圍內所有之電報，凡拍致中國，或由中國轉遞者，除拍致東三省，及由發報人自行規定路由者外，皆應由上述之無線電路拍發。但建委會於上海設置之中央營業處，至少須有與其他相與競爭之水線公司營業處有同等之便利，同時建委會必須以上述電台專供商用。

第三條 建委會對於其統轄範圍內所有之電報，凡拍致德國，或由德國轉遞者，除由發報人自行規定路由者外，皆應由上述無線電路拍發。但海陸公司業已成立之中央營業處、至少須有與其他相與競爭之水線公司營業處有同等之便利，同時海陸公司必須以上述電台專供商用。

第四條 除本合同所規定外，其無線電通信業務之執行，記帳，及結算辦法，悉須按照國際電報公約之業務規則，及該項規則此後之修正條文辦理。

凡經上述電路之電報，其每字報費分配如下：

甲 無線電路在上海終點以外之報費，

乙 無線電路費，

丙 無線電路在德國終點以外之報費。

(甲)無線電路在上海終點以外之報費，應全歸建委會處理。(乙)無線電路費，應由兩造均分。(丙)無線電路在德國終點以外之報費，應全歸海陸公司處理。兩造帳目，應按月以金法郎為單位，遵照一九二五年巴黎電報公約執行條例第七十八條第八十一條之規定，結算清楚，其差額應交由兩造同意之機關滙兌之。依照上項規定，建委會對於在上海用上述電路拍發之電報，其報費收入之應劃歸海陸公司者，須按日存入信託機關內。同時海陸公司對於在柏林用上述電路拍發之電報，其報費收入之應劃歸建委會者，亦須按日存入信託機關內。

第五條 凡經過上述電路之電報，其每字報費以金法郎為標準，由兩造協議規定，但不得高過其他相與競爭之通信機關之價目，對於遲緩新聞電報，及其他特別業務電報之減價辦法，應由兩造協議規定。對於中德政府之官報、其無線電路兩端間之無線電費，應減收半價。但該項官報所有之外線費，仍應照收全價。至兩造之業務公電，應完全免費。但遇有不能直接通達時，則所有業務公電之報費，應各自擔負之。

第六條　於上項無線電路之報務太形擁擠或遲滯時，為公衆利益起見，兩造得將電報送交其他電訊機關發拍。如無線電路費，與該項電訊機關之電費有參差時，其差額應歸入兩造均分之帳目內，對於此條，任何一造得隨時通知他造，於相當時間後撤銷之。或於任何一造每月之此項差額，得加以限制。如遇任何收報或發報台之本身，或該項電台相互間，或電台與中央營業處間之電報，有中阻或毀壞等情事，應竭力設法恢復其原狀，或於最短期間內重行建設。

第七條　海陸公司願以其所有之國際無線電通訊組織，供給建委會傳遞該會國境內發出或轉遞之電報，同時建委會願以其所有之通訊機關，供給海陸公司傳遞在歐洲各國發出之電報，或在海陸公司設有良好通訊機關之國內所發出之電報。

第八條　兩造應互相協助，以謀所聯合經營之電路之成功及獲利。

第九條　如因不可抗力，（如罷工，封鎖，無辯論係地之政府合法命分，革命或其他情形。）以致德國政府將第一造上述電台收歸管理，或建委會暫時停止第二造之上述電台，以前規定與海陸公司間之商用通信，或將該項通信大行減縮。則在此收歸管理，暫停通信，或縮小營業時期內，本合同暫停實施。但一俟收歸管理，暫停通信，或縮小營業等情終止，本合同應即有效。但兩造電台之一，如有因工程上，或其他缺點，以致業務停頓，而該造又不以同等之電台代替時，則本合同於業務停止六十日後，應即作為撤銷。

兩造為便利收送電報起見，應將電台設備，與各該國之電報電話有充足之直接聯絡，所有此項費用由兩造各自擔任之。如建委會因故不得與該國之電報電話聯絡時，或該項電報電話不能妥速傳遞內地電報時，建委會應於國內各要埠設立分台。

第十條　兩造自後應以友誼之態度，調停及免除兩造對於履行本合同之爭端，如對於本合同上之爭端不能調停或解決時，該項爭端應付之公斷，由一造請定公斷人一人，以書面通知他造，並請他造亦請定公斷人一人，他造於收到書面通知後十日內，應請定第二公斷人一人，以書面通知第一造，再由被任命之兩公斷人選請第三公斷人一人，如第一造收到請定第二公斷人之通知後二十日內，兩公斷人尚不能協同選出第三公斷人時，則兩公斷人應公請瑞士盤恩國際電報公會會長，或其他高級職員，選任第三公斷人。兩造對於爭端之決定，如係公斷人一致主張，或多數主張者，應盡遵守之義務，公斷會議之時地，應由公斷人決定，所有公斷費用，應由敗訴一造擔承，或由公斷人指定兩造分應擔之成數。

第十一條　兩造皆得自由與其他各國訂立無線電報務合同，但不得違背第二第三兩條之規定。

第十二條　本合同自上述海陸公司及建委會之無線電路開收商報之日起實行，於實施之日起，以六年爲本合同有效期間，六年後，得繼續有效，每次以一年爲限，但於原定六年期滿，或以後任何繼續有效之一年期滿，至少於期滿三個月前，得由任何一造以書面通知他造，聲明廢止本合同。

第十三條　兩造及其承繼者，或合法代表者，或讓與者，皆應遵守本合同所賦與之義務及責任，應遵照德國及中華民國法律說明解釋及實行。如德國郵電部將海陸公司之電台收歸自用時，則該郵電部應加入本合同，但郵電部及建委會均得於郵電部收回海陸公司之電台後十二個月內，以六個月前之通知，聲明廢止本合同。

第十四條　本合同繕具中英文各二份，兩造各執一份，互相印證無誤，但中英文意義如有歧異時，應以英文爲準。

茲特證明兩造對於本合同已由兩造合法職員自訂合同之日起實施。

訂立合同者　德國柏林海陸無線電交通公司　(Signed) H. Kocher

證　人　　張人傑

中華民國國民政府建設委員會　(Signed) J. Hansen

附　錄

證人 王崇植

中菲無線電報務合同

中華民國國民政府建設委員會（自後簡稱政府。）與菲律濱無線電公司，（該公司，係按照菲律濱羣島法律所組織者，自後簡稱公司。）為各以自有之無線電台直接通訊事，訂立合同如下：

第一條　合同目的

政府與公司互願以所有在上海及小呂宋附近之無線電台，城內之營業處控制線，及音聲線等，開放中國與菲律濱間之公共無線電通訊業務。

第二條　通訊辦法

兩造對於其電台應有妥速之雙向業務，且當視營業發展之情形，以時增加改良各項設備，務使適合當時技術之進步，更須備有充足之訓練純熟人員，並與各該國無線電或電報通訊網切實連絡，及應備有本地電話之利便，並於雙方同意之日夜時間內，收發所有之商報。若因不可抗力，或兩造不能阻止之事實，如罷工，封鎖，政府命令，以致業務中止者，不受上項規定束縛，但於恢復原狀後，應即繼續履行本合同。兩造對於其電台全部之一切費用，或向各該國政府應納之費用，應各自擔任之。

第三條　規則

兩造於執行業務時，應遵照國際電報公約國際無線電報公約兩約所附之業務規則，及以後之修正條文辦理。但以不違背本合同，或中美菲三方曾經簽字之其他國際公約之規定者為限，同時應遵照兩政府當時有效之法律行之。

第四條　報務

電報之價目種類，通達地點等項，應由兩造協定之，其他特別業務，無論其是否有國際規定者，得由兩造同意舉行之。

兩造對於各該造管轄範圍內傳至中國或菲律濱羣島之電報，應完全由上述電路傳遞之。

兩造均得自由與其他政府或公司訂定無線電報務合同，但須遵照上節之規定。

此項規定，對於雙方用上述電路轉遞中菲二地以外之電報，並不禁止。

凡兩造臨時協定辦法之電報，由上述電路傳遞時，雙方應代為收受，並用妥速之辦法代為轉送，以達收報者之手。

第五條　轉路

兩造應互相協助，以求所聯合經營電路之成功與獲利，並須竭力聯絡各方廣為宣傳，於價目表內，將各項儘量列入，以推廣其營業，並須特雇專員與顧客聯絡，及解釋顧客對於業務上之申訴。

如遇第二條內之不可抗力而業務中止，則他造對於已收電報，得用其他最速方法傳遞，設價目較高，則由兩造分擔其差額，在應分帳內扣除之。

兩造報務公電，如須另由他路時，其報費由兩造分擔之。

第六條　價目

經過上述電路之電報價目，包括以下各項：

一無線電路在上海終點以外之報費，

二無線電路費，

三無線電路在小呂宋終點以外之報費。

無線電路費，係於總價內減去無線電路以外之報費而得，應由兩造均分。無線電路以外之報費，則歸由兩造各自處置。

電報價目，均以金法郎標準價計算之。

兩造對於終點間之中美菲之政務電報，應半費傳遞。

兩造之報務公電，及通達地點電局間之公電，皆應免費傳遞。

第七條　帳目結算

所有報費，應以金法郎結算，兩造如用各該處通用銀錢作價時，不得影響帳內金法郎之價目。

兩造於業務開始前，應在小呂宋選定某銀行開中非無線電報費存欵帳一戶，此後公司於每日夜半結帳後，應將當日應歸政府之無線電路費，及上海以外之報費，以與金法郎價值相當之非幣存入帳內。

同例，兩造於業務開始前，應在上海選定某銀行開中非無線電報費存欵帳一戶，自後政府於每日夜半結帳後，應將當日應歸公司之無線電路費，及小呂宋以外之報費，以與金法郎價值相當之中國銀元存入帳內，該項上海及小呂宋銀行內之存款，非得中非雙方主管人員同意，不得提取。

兩造帳目應每月經算一次。

第八條　繼承

兩造除法定承繼人外，非得雙方同意，不得將本合同內各項權利義務移轉第三造。

第九條　業務阻斷

一造如因工程上或其他缺點，致業務繼續阻斷在三十日以上，得由他造以收據電報通知對方，聲明本合同應作無效，（但遇第二條規定之不可抗力時，不在此例。）

一造於每月結帳後三十日內，不將應歸他造之報費餘額交割清楚者，他造得認本合同爲無效。

第十條　仲裁

兩造應以友善之態度及調停對於執行本合同之誤會，如遇不能調解時，應將爭點付之公斷，該項公斷庭，應由公斷人二人，公證人一人組成，雙方各請公斷人一人，再由兩公斷人公請公證人一人，如兩公斷人對於公證人之選請不能同意時，則三十日後應由盤恩國際電政公會會長，或其代表請定公證人一人，兩公斷人不得再行爭論，公斷庭取決於多數，其判決係最後的，雙方均應遵照辦理，公斷費用，由公斷庭指定各應擔負之成數，

第十一條　合同期間

本合同自簽訂之日起，繼續有效八年，此後繼續有效期每期爲二年，但任何一造，得於合同期滿，或每次繼續

期滿一年前，以書面通知廢止本合同。

兩造對於承繼者，或合法代表者，或讓與者，皆應遵守本合同所賦與之權利及義務。

兩造對於本合同之義務，應照中華民國及菲律濱羣島之法律解釋及執行。

本合同於中華民國十八年，即西歷一九二九年，二月十五日訂立於上海，繕具中英文各二份，又英文副本二份各存其半。

中英文意義如有歧異時，應以英文爲準。

中華民國國民政府建設委員會委員長 張人傑

菲律濱無線電公司副總理兼經理 (Signed) George F. Shecklen

證人 建設委員會無線電管理處處長 王崇植

證人 菲律濱無線電公司秘書 (Signed) A. B. Tyrell

附錄

中華民國無線電條例

第一章 總則

第一條 凡用赫志（Hertz）電波傳達之文字，信號，圖畫，言語，及其他一切音訊者，統稱爲無線電。

第二條 無線電事業包含以下各事項。

(甲)無線電行政事項；凡關於無線電法令之執行，人才之保育，研究之倡導，及其他行政事項皆屬之。

(乙)無線電交通事項；凡無線電報，無線電話，無線電廣播，無線電傳形，及其他關於無線電交通之事項皆屬之。

(丙)無線電製售事項；凡關於製造，及販賣一切無線電機器，及零件之事項皆屬之。

第三條 凡中華民國國內及國際間之無線電事業，統歸建設委員會無線電管理處管理監督。

第四條 凡關於國際間無線電會議，及其他協約規則之商訂接洽事項，建設委員會無線電管理處爲中華民國國民政府代表。

第五條 無線電台之分類如下：

一、公衆通訊電台。

(甲)國內公衆通訊電台。

(乙)國際公衆通訊電台。

二、移動電台。

(甲)船舶電台。

(乙)航空電台。

三、廣播電台。
四、試驗及業餘電台。
五、海陸空軍暨其他政府機關專用電台。
六、測向，定向，報時，氣象報告，及其他特別業務電台。

第六條 全國分五個無線電稽察區域，其分區規定如下：

區域	所轄省分	稽察所所在地
第一區	江蘇，浙江，安徽，	上海
第二區	河北，河南，山東，山西，熱河，察哈爾，綏遠，寧夏，	天津
第三區	廣東，廣西，雲南，福建，江西，	廣州
第四區	湖北，湖南，貴州，四川，西康，陝西，甘肅，青海，西藏，	漢口
第五區	遼寧，吉林，黑龍江，新疆，外蒙古，	瀋陽

第二章 空間秩序及取締

第七條 全國各電台之呼號，無論其屬於何種機關，一律均須由建設委員會無線電管理處指定，其現有呼號與下列規定不符者，得指定更正之。

第八條 根據一九二七年華盛頓國際無線電報會議之規定，中華民國治權所達到之電台之呼號，應在下列字母範圍以內。XGA—XUZ

第九條 凡固定或陸地電台之呼號、應為三個字母。

第十條 凡船舶電台之呼號。應為四個字母。

第十一條 凡航空電台之呼號，應為五個字母。

第十二條 凡私家試驗或業餘電台之呼號，應為X後隨一個數目字，及二個字母。

第十三條 政府機關之專用電台，其呼號爲二個字母，後隨一個數目字，數目字後得再加一字母。

第十四條 全國各電台之發電週率，（波長）無論其屬於何種機關，一律均須由建設委員會無線電管理處規定其週率，（波長）分配表另定公布之。

第十五條 凡電台之裝設使用，須以世界科學技術之進步爲標準，力求完善，並勿使干擾其他電台之業務，建設委員會無線電管理處，得派遣工程師隨時指導監督各電台之設計建築使用各事項，如認爲不合者得停止其進行。

第十六條 凡舊式電台經建設委員會無線電管理處，認爲其電波騷擾其他電台業務者，建設委員會無線電管理處，得暫停其業務，並通知其主管機關促其改良。

第十七條 無論何種電台之報務人員，不得利用無線電，以傳佈假僞消息，煽惑聽聞，擾亂船舶呼救，或公衆及軍事通訊，違者交由法庭依法懲辦。

第十八條 凡設置無線電收訊機之人民，不得私自截收軍事或其他方面消息，泄漏或發表其內容，違者交由法庭依法懲辦。

第十九條 全國各無線電台之報務人員，均須經無線電管理處依照國際規定程度考試發給執照，方得行使職務。

第二十條 遇必要時，建設委員會無線電管理處，秉承國民政府之命令，得收管或停止人民設立之一切電台。

第二十一條 凡置有無線電發訊機之電台，非經建設委員會無線電管理處核准發予執照，不得裝設使用，違者沒收其全部機器。

第二十二條 凡非中華民國國籍之人民，或團體，或機關，絕對不得在中華民國國境內設立置有發訊機之電台（試驗及業餘電台除外。

第三章 國營與民營

第二十三條 國內公衆通訊電台、及國際公衆通訊電台，爲政府所專有，由建設委員會無線電管理處直轄。

第二十四條 凡國內及國際間之無線電公衆通訊業務，應統由建設委員會無線電管理處經營辦理。

第二十五條 政府機關專用電台，由各主管機關直接管理。並由建設委員會無線電管理處監察指導。

第二十六條 凡政府機關專用電台，不得收發公衆通訊。其有開放公衆通信之必要者，應由建設委員會無線電管理處，及該主管機關會同管理之。

第二十七條 各省政府關於建設省內無線電事業之計劃，須經建設委員會審核後方得施行。

第二十八條 船舶電台，航空電台，廣播電台，試驗及業餘電台，得由人民設立。惟須向建設委員會無線電管理處呈請註册，經處查驗合格，給予執照後，方得裝設使用。

第二十九條 商辦各無線電機製造廠，及販賣無線電材料機件之商店，須向建設委員會無線電管理處呈報註册，經處批准後，方得開始營業。

第四章 船舶電台

第三十條 凡輪船所裝設之無線電收發訊機，專供航行通信者，統稱船舶無線電台。（以下簡稱船舶電台）

第三十一條 凡航行中華民國沿海各口岸及內河之輪船，在五百噸以上而載人逾五十名者，須一律安設無線電台。如違犯者，得由建設委員會無線電管理處通知海關，制止其航行。上項電台之設計建築使用等事項，應按照第二章第十五條之規定。

第三十二條 凡置有船舶電台者，應由所屬公司開具下列各項呈請建設委員會無線電管理處註册，經處派員會驗合格，給予執照、並指定呼號、方得使用。違者沒收其全部機器。

一、公司名稱。　　二、船名。

三、國籍。　四、載重噸數。
五、船長姓名。　六、航泊口岸。
七、註册年月。　八、常用機設備情形。
九、備用機設備情形。　十、天線高度及底脚電流。
十一、週率。(波長)　十二、執務時間。
十三、船舶報費。

領取船舶電台執照時，應繳納執照費國幣三十元。

第三十三條　凡新設船舶電台之電波，應爲等幅式。

第三十四條　凡沿海航行之輪船，其電力裝置，應備有常用與備用二種，其力源須截然分開。但備用機之裝設，經建設委員會無線電管理處認爲可以暫緩者得免之。

第三十五條　凡船舶電台變換機件之裝置，或改良電波之方式，應於工竣後，呈報建設委員會管理處，由處換給新照不另取費。

第三十六條　凡船舶電台機器於指定通用電波外，並須能收發六百及八百米突之斷續等幅波。

第三十七條　船舶電台在該船停泊口岸時，不得使用無線電通信。但遇他船危急呼救時，不在此限。

第三十八條　凡船舶電台調換主要報務員時應呈報建設委員會無線電管理處備案。

第三十九條　凡船舶電台使用時，應遵照國際無線電公約附屬規則之規定辦理，不得妨礙其他電台之業務。

第四十條　凡船舶電台得依國際無線電報規則之規定，向搭客徵收無線電報費。其屬於本國或他國海岸電台或其他船舶電台或有線電之費用，應備具賬目，按月呈送建設委員會無線電管理處核收，以便結算。倘有短欠浮收情事，船主應負其責任。

第四十一條　船舶電台之往來報底，至少應保存至一年。

第四十二條　凡遇建設委員會無線電管理處派遣工程師查驗船舶電台機件時，該台主管人員應聽其查驗，不得託故拒絕。

第四十三條　凡國際無線電報公約，及其附屬規則，有關於移動電台之各種規定，船舶電台均應遵守之。

第五章　試驗及業餘電台

第四十四條　凡個人或學校，或科學團體，所裝設之無線電收發訊機，專供科學試驗，及業餘研究，不以此謀利者，統稱試驗及業餘無線電台。(以下簡稱試驗電台或業餘電台)

第四十五條　凡居住中華民國之人民，或中華民國國籍人民，及所辦之學校與科學團體，得依本條例設立試驗電台，或業餘電台。

第四十六條　凡請求設立試驗電台，或業餘電台者，應先開具左列各項，呈報建設委員會無線電管理處，經處發給許可證，並指定周率，方得建築，如係個人，並須於呈請時，附具就近科學團體之保證書。

一、姓名，住址。或學校，或科學團體之名稱，及所在地。

二、機件方式，(包括收訊機)輸入力擬用週率。(波長)

三、主管人員姓名，及學歷。(此指學校或科學團體而言)

工竣後，並須呈請建設委員會無線電管理處註册，經處派員查驗合格，給予執照，並指定呼號，方得使用，領取執照時，應納執照費十元。其有效期爲三年。逾期另換新照，並照付執照費。

第四十七條　凡試驗電台，或業餘電台，呈請註册，經建設委員會無線電管理處認爲無庸查驗時，得逕給執照。

第四十八條　凡試驗及業餘電台之執照，不得移讓他人，或其他團體。

第四十九條　凡自願撤銷試驗電台或業餘電台執照者，應呈報建設委員會無線電管理處備案，並繳回執照。

第五十條　凡試驗及業餘電台所用之電波，須爲等幅式。

第五十一條　凡試驗電台或業餘電台之輸入力，不得過五十瓦特。但經建設委員會無線電管理處特許者，不在此限。

第五十二條 凡試驗電台或業餘電台，欲增加電力，或改換機器裝置時，應呈請建設委員會無線電管理處。

第五十三條 凡試驗電台或業餘電台之天線，或其他裝置，經建設委員會無線電管理處所派人員認爲不妥者，該台主管人員，應遵照其通知改良之。

第五十四條 試驗電台或業餘電台，遷移地址時，應呈報建設委員會無線電管理處備案。

第五十五條 凡試驗電台或業餘電台之主人，或其主管人員，必須具有相當之無線電學識，及收發技能。

第五十六條 凡試驗及業餘電台不得與軍用或商用電台通信，又試驗及業餘電台相互間之問答，以試驗中所必要者爲限，此外不論牟利與否，概不得傳遞任何消息，並不得洩漏或利用所聽得之無線電信。

第五十七條 凡試驗電台或業餘電台之使用，不得妨礙其他電台之業務。

第五十八條 凡試驗電台或業餘電台，應自備試驗登記簿，登記試驗之日期時間，試驗事項，及對方電台之名稱。

第五十九條 凡試驗電台及業餘電台，發射訊號時，應時時發出其呼號。

第六十條 凡遇建設委員會無線電管理處派遣工程師，查驗試驗電台，或業餘電台之機件，或試驗紀錄時，該台主管人員，不得託故拒絕。

第六章 廣播電台及收音機

第六十一條 凡無線電台，應用無線電話發射機，廣播言語音樂或信號者，爲廣播無線電話。

第六十二條 廣播電台，得由中華民國政府機關，公衆或私人團體，或私人設立，但事前須經建設委員會無線電管理處之特許。違者，由當地負責機關制止其設立。

第六十三條 凡公衆團體，或公司，或私人之欲設立廣播電台者，應備文向無線電管理處請求核准，其請求書內，應將下列各事詳細開列：

(一)請求人姓名，或團體名稱。(二)廣播電台之名稱。(三)電台地址，及其天線之經緯度。（經度以格林威區子午線爲標準。）（四）擬用之呼號。（五）擬用之發射週率。（波長）（六）擬用之最大電力。（變壓器入路內所量得者。）（七）發射機及收訊機之電路圖。（八）發射天線之式樣，高度，低脚電流，及本身波長。（九）機件之承辦人及製造者。（十）廣播時間。（十一）廣播節目之性質。（十二）建造預算。

第六十四條　凡政府機關之欲設立廣播電台者，除照前條所列各項，函請無線電管理處審查外，並得委託該處，承辦一切工程及管理事項。

第六十五條　無線電管理處，對於請求書內所開各項審查合格者，或經處更正後認爲合格者，得給予廣播無線電台營造證。

第六十六條　請求人於領得營造證一年內，應將廣播電台建造完備，呈請無線電管理處派員查驗。違者註銷其營造證。

第六十七條　廣播無線電台，經無線電管理處派員查驗後，如與營造證所開各項，並無不合者，得由處發給廣播無線電台執照，隨繳執照費四十元。

第六十八條　廣播電台之執照，自發給之日起，以五年爲有效期間，逾期須另換新照。

第六十九條　廣播電台之業務，以左列各項爲限。

（一）公益演講。

（二）新聞，商情，氣象，等項之報告。

（三）音樂，歌曲，及其他娛樂節目。

（四）商業廣告，但不得逾每日廣播時間十分之一。

第七十條　廣播電台，不得廣播一切危害治安有傷風化之一切事項。違者送交法庭訊辦。

第七十一條　廣播電台，對於無線電管理處派員入台檢查時，不得拒絕。

第七十二條　廣播電台執照，不准移轉於其他廣播電台。違者，註銷其執照。

第七十三條 廣播電台，對於執照內所開各項，非先得無線電管理處許可，不得任意更換，違者，撤銷其執照。

第七十四條 廣播電台，對於下列各點，應力求注意，並依技術之進步，隨時改善之。

(一)廣播時，須常用週率表，計量其電波之周率，對於執照內載明之數值，上下不得逾百分之一。

(二)發射電力宜力求穩定。

(三)竭力避免有害之複波，

(四)竭力避免與其他電台間之騷擾。

第七十五條 廣播電台，對於代播之廣告。得收取廣告費。

第七十六條 凡住居中華民國境內之人民，設置無線電收訊機，須向建設委員會無線電管理處，或其指定地點稽察所，登記領照。違者沒收其全部機器。

第七章 附則

等七十七條 凡國際無線電報公約，及國際電報公約，暨各該公約之附屬規則之與本條例不相衝突者，皆得適用之。

第七十八條 本條例自國民政府公布之日施行。

無線電管理處各科組織大綱

第一章 總則

第一條 無線電管理處各科，依據建設委員會無線電管理處組織條例第四條及第七條之規定組織之。

第二條 無線電管理處設總務，管理，營業，會計及稽察五科，分掌各項事務，其辦事細則另定之。

第二章 總務科

第三條 總務科設科長一人，承處長之命，綜理本科事務。

第四條 總務科設文書，編輯，庶務三股，分掌左列各項事務：

（一）關於承轉處長命令，及總彙各科意見事項。

（二）關於辦理政務上各種事項。

（三）關於本處人員任免調遣考核請假事項。

（四）關於編審條規表册事項。

（五）關於收發文件事項。

（六）關於審核文稿事項。

（七）關於保管印信事項。

（八）關於保管文卷事項。

（九）關於編製檔册事項。

（十）關於辦理處務會議，及各科股常務會議事項。

（十一）關於刊行專著法規事項。

（十二）關於編輯及發行無線電新報事項。

（十三）關於編輯處務報告事項。

附 錄

（十四）關於全處庶務事項。
（十五）關於辦理一切不屬於各科之事項。

第三章 管理科

第五條 管理科設科長一人，承處長之命，綜理本科事務。
第六條 管理科設考核，供應，統計三股，分掌左列各項事務；
（一）關於各直轄機關人員任免調遣考核請假事項。
（二）關於備用人員登記事項。
（三）關於核定年終獎金事項。
（四）關於供應業務材料事項。
（五）關於審核各項預算事項。
（六）關於調查編制全處各種統計表册事項。

第四章 營業科

第七條 營業科設科長一人，承處長之命，綜理本科事項。
第八條 營業科設報務，擴充，宣傳三股，分掌左列各項事務：
（一）關於計劃規定指導暨監察各地電報收發事項。
（二）關於擬訂各種營業規則事項。
（三）關於規定各電台通報時間事項。
（四）關於接洽國際通報事項。
（五）關於辦理新聞船舶賑務氣象等特別電報事項。
（六）關於調查各地營業狀況事項。
（七）關於籌辦各種無線電有連帶關係之營業事項。

（八）關於招徠推廣各種無線電營業事項。

第五章 會計科

第九條 會計科設科長一人，承處長之命，綜理本科事務。

第十條 會計科設出納，審計，簿記三股，分掌左列各項事務：

（一）關於辦理本處款項出納事項。
（二）關於登記及調撥各直轄機關款項事項。
（三）關於審核各項決算事項。
（四）關於審核各項營業收入事項。
（五）關於編制本處預算決算事項。
（六）關於編制本處及直轄機關之資產負債營業損益，及其他經濟報告事項。
（七）關於整理保管各項帳册事項。

第六章 稽察科

第十一條 稽察科設科長一人，承處長之命，綜理本科事務。

第十二條 稽察科設監査，考工，國際三股，分掌左列各項事務：

（一）關於監督指導各處電台之設計建築使用等事項。
（二）關於審査海陸空軍及各機關所設電台事項。
（三）關於調査無線電材料輸入納稅事項。
（四）關於監察民辦各項電台及發給執照事項。
（五）關於督促船舶裝設電台事項。
（六）關於取締私設電台及私通電訊事項。
（七）關於臨時收管或停止人民設立電台事項。

附录

（八）關於無線電訓練學校立案事項。
（九）關於各商辦無線電機製造廠之註册及監察事項。
（十）關於收音機登記事項。
（十一）關於無線電報人員考試及發給執照事項。
（十二）關於審查無線電工程師資格及其登記事項。
（十三）關於核給全國電台呼號及分配波長事項。
（十四）關於取締舊式機器及電波擾亂事項。
（十五）關於辦理獎勵無線電之發明及改進事項。
（十六）關於監督執行國際無線電公約，及國際交涉事項。
（十七）關於審議提出國際無線電議案，及報告公會事項。

第七章 附則

第十三條 各科依以上之組織，並視事務之繁簡，得設股長，科員，辦事員，僱員若干人，分掌各項事務。
第十四條 各科科長爲薦任職，股長，科員，辦事員，由處長呈請建設委員會委任，雇員由主管科長呈請處長雇用。
第十五條 各科如需用專門技術人員，得由處長調派技正，技士，技佐駐科辦事。
第十六條 本組織大綱如有未盡事宜，得呈請建設委員會修正之。
第十七條 本組織大綱自建設委員會核准公布日施行。

無線電管理處處務會議規則

一、處務會議，以處長副處長科長技正無線電機製造廠主任，及處長臨時指定列席之人員組織之。但列席人員無表決權。

二、處務會議，以處長爲主席，處長因故缺席時，由副處長代理主席。

三、處務會議地點，由處長指定，隨時通告。

四、處務會議，每星期六下午三時舉行一次。

五、應行出席人員，不得無故缺席。如因故不能出席時，須指定代表出席，先時呈明處長，於會議時報告之。

六、處務會議之編製議案，會場紀錄，及繕印議案等事，由總務科科長指定專員管理。

七、會議事件，爲處長之交議案，及應行出席及列席人員之提議案，其他全處及直轄機關職員得提出建議案，但須得各該主管長官之認可。

八、處務會議議決事件，由處長交各該主管人員辦理。

九、本規則如有未盡事宜，得由處務會議隨時修正之。

無線電管理處各科股常務會議規則

第一條 本會議以處長副處長各科科長股長技正技士組織之，以處長爲主席，各直轄機關主管人員得列席會議。

第二條 本會議設書記一人，司紀錄及整理保管議案之責，由總務科文書股長兼任。

第三條 本會議各出席及列席人員，得於本會議報告工作，發表意見討論及解決困難問題，以增進各部份分工合作之精神。

第四條 本會議各出席列席人員或其他職員，如有重要提議，須先造具意見書。交本會議書記於會議中提出說明，經過議決後，得呈請處長核奪施行。

第五條 本會議如遇處長缺席時，以副處長爲主席。

第六條 本會議每月開一次，於每月最後之星期五下午三時舉行，如遇必要時，得由主席臨時召集之。

第七條 本規則如有未盡事宜，得隨時提出討論修改之。

國際無線電台籌備處組織大綱

第一條 本處承建設委員會無線電管理處之命，籌設國際無線電台，依照本組織大綱，處理各事宜。

第二條 本處所籌設之無線電台，爲上海二十基羅瓦特短波大電台兩座，及滬漢津粤一千瓦特短波電台四座。

第三條 本處設主任一人，負責處理全處事務。

第四條 本處設總務課，掌理關於籌設電台之一切總務事宜，置下列各員；

一、課長一人，承主任之命，處理本課事務。

一、文牘員一人掌管印章文卷撰擬及收發文件。

一、會計員一人，掌管全處會計事項。

一、辦事員一人，司出納登記及庶務。

一、書記一人，司書寫校對。

第五條 本處設工程課，掌理關於籌設電台之一切工程事宜，置下列各員；

一、課長一人，(得由主任兼任之)承主任之命，統率各工程師辦理各項工程事宜。

一、無線電工程師一人，掌無線電工程事宜。

一、電機工程師一人，掌電力工程事宜。

一、土木工程師一人，掌土木工程事宜。

一、機械工程師一人，掌機械工程事宜。

第六條 工程課除規定之工程師外，得酌用輔佐工作人員，其額數由本處臨時呈請無線電管理處核定之。

第七條 本處得聘請專家擔任顧問，無定額。

第八條 本處所聘顧問，均爲名譽職。其他人員，如係兼任職務者不兼薪津。

附録

第九條　本處各項辦事細則，另行規定，呈由無線電管理處核准頒布。

第十條　本處籌備時間，以所籌設之各電台完全工竣之日爲止，屆時即行取消，由無線電管理處派員接管。

第十一條　本組織大綱，自呈奉核准公布日施行。

上海無線電機製造廠組織大綱

第一條　本廠直隸於建設委員會無線電管理處。製造及修理各種無線電機件，以供給建設之需要。並隨時商承無線電管理處營業科，辦理關於無線電機件之一切營業事宜。

第二條　本廠設主任一人，主管全廠事務，下設左列各員。

(一)材料管理員二人

(一)工場管理員一人

(一)文書兼收發一人

(一)會計一人

(一)庶務一人

(一)錄事一人

(一)打字員一人

第三條　前條所列員額，主任得隨時體察工作及事務情形增減之。

第四條　本廠設總工程師一人，商承主任，主持全廠工程事宜。下設左列各員

(一)工程師

(一)助理工程師

(一)工務員

(一)繪圖員

(一)實習員

第五條　前條所列各員無定額，由總工程師體察工作情形，商承主任，呈請無線電管理處任用之。

第六條　前條所列各員，應依次秉承總工程師之命，主管所掌各事。

第七條 本廠爲各項製造工作，得雇用各項工匠，無定額。

第八條 本廠應設購料委員會，以無線電管理處處長爲主席，無線電管理處副處長及各科科長並本廠主任及總工程師爲委員。

第九條 本廠應設廠務會議，以主任爲主席。由主任於必要時召集會議。除本廠應行列席之人員外，並得邀請無線電管理處處長，及處長以下有關係之各員列席。

第十條 本廠各項辦事細則另行規定，呈請無線電管理處核准施行。

第十一條 本組織大綱如有未盡事宜，得隨時呈請修改之。

第十二條 本組織大綱自奉核准公布日施行。

無線電報務人員養成所簡章

第一條 本所隸屬建設委員會無線電管理處，定名建設委員會無線電管理處無線電報務人員養成所。

第二條 本所以造就無線電收發無線電台原動機及電機之管理及修理等人才爲宗旨。

第三條 本所修業期限定爲六月。

第四條 本所學科如左：

(一)油引擎 (二)直流圈 (三)交流圈 (四)直流機

(五)油引擎實習 (六)無線電 (七)收發 (八)電律

(九)交流機 (十)電機實習 (十一)無線電實習 (十二)電台實習

第五條 投考新生須宗旨純正，體質健全，具有高中畢業，或相當程度之證明書，而年齡在十八歲以上二十二歲以下者。

第六條 新生於入學時，應填具志願書，並覓同住居上海相當保證人，來所填具保證書，呈送本所訓育股核存。(保證人對於所保學生在所一切事件均須負責)。

第七條 新生於入學時，應檢體格，合者方准入所肄業。

第八條 本所供給各生宿舍，不收宿費。惟膳務由學生自理。書籍亦由學生自備。

第九條 本所學生應修功課完滿，成績及格者，給予證書，分別甲乙，派至各電台服務，由報務生升至報務員，以服務成績之優良爲斷。

第十條 本所畢業生派遣各報台服務，不得託故推諉，違者嚴懲。

第十一條 本所學生聲稱退學，或犯規開除學籍，應按月追繳費用洋三十元。但經事務會議議決認爲特殊理由可予免費退學者，不在此限。

第十二條 學生申請退學，或經本所開除學籍，須俟手續完竣後，方得出所。

第十三條　凡學生平時成績一科在四十分以下，或平均在五十分以下者，應分別情形，令其退學。

第十四條　學生須絕對遵守本所內各項規則，服從師長之教誨，違者分別懲誡。

第十五條　操行分甲乙丙丁戊五等甲乙丙等爲合格，丁等應加誥誡，戊等應令退學。

商辦無線電機製造廠營業特許章程

第一條　凡商辦各無線電機製造廠，均應遵守本章程之規定。

第二條　中華民國國境內凡以製造無線電機件爲營業者，均須呈請建設委員會無線電管理處批准註册，發給執照後，方得開始營業。

前項執照，由無線電管理處製發，每張徵收執照費國幣五十元。

第三條　凡製造無線電機件者，於呈請登記時，應將下開各項塡表送查：

(一)廠名。　(二)國籍。　(三)資本。

(四)廠主姓名。　(五)技師姓名。　(六)是否股份公司，曾否在工商部註册。

(七)營業性質及範圍。　(八)創辦年月。　(九)設廠地點。

第四條　各商辦無線電機製造廠，經處註册特許後，遇有擴張營業範圍，或縮小，或歇業，或易主者，均須隨時報明建設委員會無線電管理處備案。

第五條　凡製造無線電機者，須依下開各項每三月呈送無線電管理處，以備查核。

(甲)電機之名稱：

(一)線路方式。　(二)波長。　(三)電力。

(乙)出品數目。

(丙)定價。

第六條　無特許執照私營無線電機製造業者，送法庭懲辦。

第七條　商辦無線電出品章程，及販賣無線電品營業特許章程另定之。

第八條　本章程如有未盡事宜，得隨時修正公佈之。

第九條　本章程自公佈日施行。

販賣無線電品營業特許章程

第一條 凡以販賣無線電機件爲營業者均應遵守本章程之規定。

第二條 凡在中華民國之境內以販賣無線電機件爲營業者，均應呈請建設委員會無線電管理處批准註册，發給執照後，方得開始營業。

第三條 前條執照費分三等繳納，每年於七月一日以前換領新照。

(甲)資本在十萬元以上者，應繳執照費國幣五十元。

(乙)資本在十萬元以下者，應繳執照費國幣三十元。

(丙)資本在五萬元以下者，應繳執照費國幣十二元。

第四條 凡販賣無線電機件者，應於呈請登記時，將下開各項塡表送查：

(一)商號。 (二)國籍。 (三)資本。

(四)總經理姓名。 (五)創辦年月日。 (六)商號所在地。

(七)販賣物品之種類及範圍。 (八)曾否在工商部立案。 (九)是否股份公司。

第五條 各販賣無線電機件之商號，經處特許註册後，如有擴充營業範圍，或縮小，或歇業。或易主者，均須隨時報處備案。

第六條 凡販進或賣出無線電收訊機或發訊機全套者，應依照下列各項，每三月呈報無線電管理處一次，以備查核。

種類	式樣	何廠出品	販進數目	賣去數目	賣價	備考

第七條 無特許執照私爲販賣無線電機件營業者，經處查出，得酌量情形，送交法庭懲辦。

第八條 本章程自公佈之日施行。

無線電管理處視察員規則

第一條 本處爲明瞭各所轄機關狀況起見，隨時指派處內人員，前往各處視察情形，以資興革。每處每月至少一次。

第二條 視察員出差時，由本處發令文壹紙，每到各局各台各處，得憑文調閱文卷帳簿表冊等件。

第三條 視察事項分四欵，甲管理，乙報務，丙工務，丁其他。

第一款 管理方面

一、關於員司辦事勤惰及有無浮冒事項。

二、關於員司遵守各項法規事項。

三、關於辦事紀律事項。

四、關於推廣營業事項。

五、關於節省消耗事項。

六、關於收入及支出款項，是否詳細登記，有無虧欠挪借事項。

七、關於材料傢具與表册是否相符事項。

八、關於清潔衛生事項。

第二款 報務方面

一、關於收發速度及有無錯誤事項。

二、關於報務員生勤惰及有無嗜好事項。

三、關於傳遞電報有無積壓事項。

四、關於信差送報有無躭擱事項。

五、關於調查當地商業情形事項。

第三款　工務方面

一、關於電台設置是否相宜事項。

二、關於電台內部機器裝設事項。

三、關於所用波長是否準確事項。

四、關於應用材料有無浪費及儲藏是否法得事項。

五、關於工匠是否得力事項。

六、關於工務方面改革事項。

第四款　其他方面

一、除上列三款外之其他事項。

第四條　視察員出發時由處核定銷差日期，不得故意逗留。其旅費按照旅費章程辦理。

第五條　視察員所到之處，不受該地各局各台一切供應。

第六條　視察員於必要時，得會同各局台主管人員，實行改良。並將情形隨時呈報。

第七條　視察員如有秘密調查事項，對於出發地點，及與本處來往文電，均應嚴守秘密。

第八條　視察員視察完畢回處後，應作成績報告送處核辦。但必要時，並應在視察地隨時報告。前項報告，視察員不得洩露於人。

第九條　視察員報告，應將原文抄送建設委員會備查。

第十條　本規則自建設委員會核准公布之日施行。

無線電報局組織大綱

第一條　建設委員會無線電管理處依據組織條例第四條及第七條之規定，呈經建設委員會核准，得於各地設立無線電報局。

第二條　無線電報局分爲左列三等：

(甲)　一等無線電報局。

(乙)　二等無線電報局。

(丙)　三等無線電報局。

第三條　各局等級均由無線電管理處，視業務之繁簡，及營業之大小，隨時以處令規定，並呈報建設委員會備案。

第四條　各局設局長一人，綜理全局事務，下設工程師，收發主任，及其他職員，其編制如附表一，及附表二所規定。

第五條　各局局長，由無線電管理處呈請建設委員會委任之，其他職員，由無線電管理處委任或僱用。

第六條　各局辦事細則另定之。

第七條　本組織大綱，如有未盡事宜，得隨時由無線電管理處呈請建設委員會核准修正之。

無線電報局人員考績章程

第一條 本會考核直轄無線電報局人員成績，悉照本章程之規定。（匠役之考績，由各局長秉承處令分別辦理。）

第二條 薪給等級分列如左：

職別＼等級	局長	工程師	報務主任	副工程師 收發主任 報務稽查 報務員	會計	各項辦事員	機務員 報務生 助理員	練習生
一	300	280	240	160	140	80	55	30
二	275	260	220	150	130	75	50	25
三	250	240	200	140	120	70	45	20
四	225	220	190	130	110	65	40	15
五	200	200	180	120	100	60	35	10
六	190	190	170	115	95	55	30	
七	180	180	160	110	90	50		
八	170	170	150	105	85	45		
九	160	160	140	100	80	40		
十	150	150	130	95	75	35		
十一	140	140	120	90	70	30		
十二	130	130	110	85	65			
十三	120	120	100	80	60			
十四	110	110	95	75	55			
十五	100	100	90	70	50			
十六		95	85	65	45			
十七		90	80	60	40			

附錄 ・四四

附註 局長至會計各員(報務員除外)最高薪級，一等局至一級爲止，二等局至五級爲止，三等局至九級爲止。

一等局之報務副主任，其待遇與二等局之報務主任同。

二等局之報務副主任，其待遇與三等局之報務主任同。

第三條 各局人員，每半年考核一次，六月及十二月底，由局長出具詳細考語，呈由處長核定，分甲乙丙三種。

第四條 考語除平日辦事勤惰外，並據左列各事，分別考核之：

一、請假日數。 二、冊報勤惰。 三、工程效率。 四、阻礙次數。 五、收發緩捷。

六、收發確誤。 七、賬目明混。

第五條 經處長核定後，列甲等者記一功，列丙等者記一過。

第六條 每功進一級，每過降一級。

第七條 各局人員進至最高級後，記功時得酌給獎金。

第八條 各局人員，經處長認爲成績特殊優異時，得記以一次以上之功數，並在考核時期之外予以升級。

第九條 每年年終營業情形極佳時，得發給獎金，其辦法另定之。

第十條 各局人員成績在丙等以下，或降級至兩次者罷黜之。

第十一條 各局人員請假事宜，悉照政府職員給假條例辦理。其施行細則另定之。

第十二條 本章程有未盡事宜得隨時以處令修正之。

第十三條 本章程自公佈日施行。

無線電報收發規則摘要

第一章 總則

第一條 建設委員會無線電管理處所轄無線電台，收發國內外電報，均依據本規則辦理。凡現行萬國無線電報通例，及交通部電報條例之與本規則不相抵觸者，亦得適用。

第二章 電報種類

第二條 電報分左列兩類：

(甲)國內電報　(乙)國外電報

第三條 國內國外電報區別如左：

(一)同城電報，即同一城邑內，各處互相往來之電報。

(二)同省電報，即同一省內，各處互相往來之電報。

(三)隔省電報，即甲省與乙省互相往來之電報。

(四)國外電報，即發往國外之電報。

第四條 國內國外電報分為六類：

(一)官電　(二)公電　(三)急電　(四)尋常商電　(五)納費公電　(六)新聞電

第五條 官電公電，另訂條例辦理之。

第六條 急電尋常商電納費公電，無論中外人民，均得發寄。惟新聞電，以報館為限。

第三章 電報書法

第七條 凡欲寄電報，可向就近無線電報局，取用電報紙，或自備端正潔淨紙張，將電文書就，送交營業處或電台照發。

第八條 凡發寄電報，如係華文，發報人將電稿照通用電碼本逐字繙譯成碼，用電報紙或自備尋常紙謄寫清楚。如係洋文，則毋庸繙譯。

第四章 電話種類 字數計算

第九條 電報分華文洋文兩項。華文由電報碼本譯出字碼，書法分別如左：

(甲)一，二，三，四，五，六，七，八，九，〇。或1，2，3，4，5，6，7，8，9，0，代替之。

以上字碼，每電報一份，祇准採用一種書法。

洋文以羅馬字母或阿拉伯數目字拼成。其字母及數目字記號，分列如左：

(甲) A，B，C，D，E，F，G，H，I，J，K，L，M，N，O，P，Q，R，S，T，U，V，W，X，Y，Z。

(乙) 1，2，3，4，5，6，7，8，9，0。

第十條 電報字數計算，華文普通，照有線電電碼，以四個碼爲一字。華文密語，至多以五個碼爲限。洋文明語，以習用之字計數，但以十五個字母爲限，如超過十五字碼，即作兩字計費。密碼則以十個字碼爲一字。電台名稱，統作一字計算。

第十一條 發報人所用密碼，本處各電台認爲必要時，得索該密碼本檢閱。

第五章 報費 譯費 掛號費

第十二條 國內華洋文尋常電報，每字價目，除特別規定者外，暫定如左

(一)同城電報華文明語 銀元三分

華文密語或洋文 銀元五分

(二)同省電報華文明語 銀元五分

華文密語或洋文 銀元一角

(三)隔省電報華文明語 銀元一角

華文密語或洋文 銀元二角

第十三條 內外各商輪無線電報費，另訂條例規定之。

第十四條 新聞電，無論本省隔省，華文每字收費二分，洋文每字收費四分。

第十五條 報費不足，得向收報人追繳。溢收時，亦可發還之。

第十六條 華文明語電報，經收報或發報人請求代爲繙譯時，得收取譯費，無論本省隔省或出洋電報，每字收費銀元五厘。

第十七條 凡欲掛號者，須向所在地方之無線電報局，說明某字作爲本人姓名住址或商號名稱。其掛號之字，作一字計費。其辦法另定之。

第六章 特種電報

第十八條 緊急電報 發報人願將所發之電提前先發者，即爲緊急電報。此項電報，照原價加費兩倍，（原價一角加爲三角）以『急』或 Urgent 一字爲標識，寫在電文之首。

第十九條 校對電報 發報人如恐電文錯誤，請求發電報轉知收電台，將收到之原碼，逐字發回校對，即爲校對電報，照尋常報費加收四分之一。此項電報，以『校』或 TC 爲標識字樣。

第二十條 預付回電費電報 發報人欲收報人發寄回報，願爲預付報費者，得於發報時，預付報費，交於原發報台，此項電報，以『回…』或 RP…（空格書預付回電費字數）爲標識字樣。如欲付緊急回報費，以『回急…』或 RPD…（空格書預付緊急回報費字數）爲標識字樣。每次預付之字數，務須注明，否則不爲代收。

第二十一條 分送電報 發報人如欲將電報分送與二人以上，同在一埠或分居數埠，而歸一收報台所轄者。或寄於一人分送數處，同在一埠或不在一埠，而歸一報台所轄者，祇收費一份。其收報人姓名住址，按字計算，除原電外，每加送一份，由發報台按百字加收費銀元二角。（不及百字者以百字計）緊急電報抄費，加倍收取，此項電報以『分送…』或 TM…（空格書份數）爲標識字樣。此項電報投送時，每份祇列收報人一人之姓名住址，餘均不錄。欲全錄者，須由發報人聲請之，並於每一收報人姓名住址之前加註『全錄』或 CTA 字樣，按此計算，此項電報，務須由發報台向發報人詢明分送份數，塡註明白，否則不代分送。

第七章　退費　查閱抄錄

第二十二條　凡遇左列各項情事，得請退全費：

(一)凡因電台之錯誤，致電報不能交到收報人者。

(二)因收發阻滯，電報稽留未發，經發報人要求註銷者。

(三)因電台之錯誤，致電報達到較遲於郵遞者。

(四)凡電報因電台傳遞錯誤，而成無用者。

(五)因原電錯誤而發之查問電報費，如查其錯誤屬於電台者。(如錯誤不屬於電台者，不能退還。)

第二十三條　發報人有因第二十二條所載情由，而致他種損失者，電台不爲賠償。

第二十四條　凡電報傳遞錯誤，而用納費公電更正者，祇得請退所納之公電費。其原電費不在退還之例。更正電報，不用納費公電，由電台往復查詢，而由收發報人自相以電報往來查詢者，其報費不在退還之例

第二十五條　發報人或收報人，得分別向電台請求查閱或抄錄報底。但非認爲必要時，不能允許。

第八章　附則

第二十六條　本規則摘要有未盡善處，得由本處隨時修改公布之。

官電收發規則

(一)凡中央及省市最高級黨部，中央各府院部會，各級司令，總指揮，各省市地方政府，以及經建設委員會無線電管理處核准有案之各機關最高級官長，蓋有關防及官印之電報紙，發寄關於政務或軍務緊要電報者，得照本規則發遞國內官電。

(二)官電照商電減半收費。華文不論明碼密碼或緊急電報，本省每字二分五厘，隔省每字五分。洋文不論明語密語或緊急電報，本省每字五分，隔省每字一角。

(三)官電報費一律收現，其經聲明記賬者，得於每十日清結一次，逾期不結算者，停收電報。

(四)官電電文如有涉及私事，經收報電台查覺者，仍須按照商報價目收費。如於拍發後查覺者，仍須照商報價目，向發報機關追繳所差電費。

新聞電報章程

第一條　無線電報之電文，如純係預備刊登新聞紙或期刊之消息或新聞，不作別用，並以後實在登出者，得照本章程作爲新聞電報傳遞，並減價收費。

第二條　凡新聞報館期刊報館或通信社之訪員，欲發寄新聞電報，須向各地無線電報局，領取願書，依式塡寫明白。如須掛號者，並連同掛號願書，一同呈送建設委員會無線電管理處，或請由上開之無線電報局，轉呈管理處核發新聞電報執照。

願書上應開具左列各項：

(甲)收報電台所在地。

(乙)收報之新聞報館，期刊報館，或通訊社名稱暨地點。

(丙)電報上所用之收報者姓名住址或掛號。

(丁)塡寫請願書負責人及訪員之姓名住址。

(戊)發報人付費或收報人付費。

第三條　開放新聞電報各地，暫以無線電管理處公佈者爲限。

第四條　新聞電報執照之有效期間如左：

(甲)執照之核發日期在當年六月三十日以前者，至本年年底爲止。

(乙)執照之核發日期在當年年底以前者，至次年六月三十日爲止。

第五條　新聞電報執照每張收手續費銀元一元，於呈送願書時交付之。

第六條　新聞電報執照每張應貼印花稅票銀元一角，由領照人自備之。

第七條　新聞電報執照內收報電台地名，每張以一處爲限。

第八條　緊急電不適用於新聞電報。

第九條 訪員發寄新聞電報時，須將執照及派司簿繳驗。

第十條 新聞電報若用署名者，須用執照上註明訪員姓名。

第十一條 新聞電報祇用華文明碼或英文明語書寫。如有應用密碼之必要時，須經管理處之特許，並須將所用之密碼册，送發報電台備查。

第十二條 新聞電報收報人姓名住址之前應註「新聞」或"Press"字樣，作一字計費。

第十三條 華文新聞電報，每字收銀元二分，英文新聞電報，每字收銀元四分。

第十四條 新聞電報內不得含有私事性質之文句，並不得夾雜藉可收取銀錢之廣告或消息。惟關於刊登該電之註語，可以書在電文前後，以括弧表示之，此項註語字數至多不得逾電文全數百分之五，且不得逾十字，所用括弧一律計費。

第十五條 新聞電報內所載銀錢兌換價目及貨物市價，無論有無說明字樣，得照新聞電報減價收費。

第十六條 發報局對於電文所載之連綴數目字，是否為銀錢兌換價目，得向發電人查詢，並得令其據實證明。

第十七條 新聞電報概由發報人付費。惟經建設委員會無線電管理處特准者，得由收報人付費，但收報人須在收報局先付預存報費洋五十元至一百元，由其通知發報局給與發報人派司簿一本，憑簿發報，隨時核算，至存款垂盡時，由發報局通知發報人，轉請收報人，續存前數，否則停止拍發。如由發報人付費者，欲預付報費，亦可照辦。

第十八條 新聞電報以發寄執照內註明之新聞報館期刊報館或通訊社為限，若寄與他人或其他報館通訊社者，均不能以新聞電報論。但新聞電報可分寄同一城市之各新聞報館期刊報館及通訊社，除原電照章收費外，其餘抄送之報，一律照抄送尋常電報辦法，收取分抄費。

第十九條 凡新聞電報如有違背本章程第九第十二條內之規定者，應照尋常電報價目收費。又新聞報不載入新聞紙或期刊而別作他用者，亦須照尋常電報價目收費。其應找補之報費，概向收報人收取。

第二十條 各訪員發寄之新聞電報，倘有報告失實或探及謠傳，有妨大局者，一經查出，即行扣留，不為遞送。

第二十一條 凡經建設委員會無線電管理處認可准發新聞電報之報館及通訊社及其訪員，如有違背本章程情事，一經查出，即由管理處斟酌情形，將所發執照註銷。

第二十二條 凡無線電報收發規則之與本章程不抵觸者皆適用之。

第二十三條 本章程如有未盡事宜，得隨時由建設委員會無線電管理處修正公佈之。

第二十四條 本章程自公佈日起施行。

公益電報免費章程

第一條 凡因報告災情、籌辦賑務，防止瘟疫，以及其他各種公共慈善事業所發之電報，統稱爲公益電報。

第二條 公益電報之因臨時特別情形所發者，得由發報人請求免收報費。如無特別情形，或含有永久性質者，不得據以爲例。

第三條 本章程適用於辦理第一條所載各種公益事件，曾經國民政府或省政府許可立案之慈善團體，其他各官署，概不適用。但因臨時特別情形，經建設委員會之特許，亦可援照本章程辦理。

第四條 前條規定之團體發寄公益電報，請求免費時，須向本處請發免費執照。並於請求書內聲明左列各項。

(一)機關之名稱及所在地址。

(二)主管人之姓名及職業。

(三)代表之姓名及職業。

(四)公益電之種類。

(五)曾向何處立案，及立案之年月日。

(六)期限。

第五條 公益電報免費執照，每張收手續費銀一元，印花稅費銀一角。

第六條 公益電報免費，以國內電報爲限。

第七條 發寄免費公益電報時，應由發報人將執照繳局查驗。

第八條 每一團體請領之免費執照，每地限定一張。其有效期間，以三個月爲限。

第九條 免費執照如有遺失或被竊等情事，應即由領照團體呈報本處，聲請註銷。

第十條 公益電報，以簡短而不夾雜他事者爲限。其浮泛不急，或文義不明之字句，均應删去。

第十一條 公益電報，限用華英文二種，且以明語爲限。華文每電總計不得逾百字，英文每電總計不得逾五十字，發報人並不得因電文冗長，將原文截割，分作數起傳遞。

第十二條 華文公益電報，收發處所概不代譯。發報人須將電碼自行譯出，並於電碼旁註明文字。如不將電文譯出，或不註明文字，或文字與電碼不符者，均不得按照免費公益電發寄。

第十三條 各電台查核免費公益電報，如遇有違反第六第七第十第十一各條之規定者，得向發報人照章收費，或即將電報退回，或隨時扣留不發。

第十四條 免費公益電報，須由發報之團體及其代表人於報底上加蓋印章或簽名。

第十五條 免費公益電報，以尋常電報爲限。並不適用一電分抄數份之辦法。其附註欄內，應註『益』或『BR』字樣。

第十六條 本章程如有未盡事宜，得由本處隨時呈准建設委員會修改之。

第十七條 本章程自公布日起施行。

氣象電報免費章程

一、各地氣象測候所，在當地本處直轄電台拍發氣象電報，須經本處核給執照後，方准免費。

二、氣象電報免費執照之有效期間如左：

（甲）執照之核發日期在當年六月三十日以前者，至本年年底爲止。

（乙）執照之核發日期在當年年底以前者，至次年六月三十日爲止。

三、各地氣象測候所，於請領氣象電報免費執照時，每張應繳執照費國幣一元印花稅費一角。

四、各地氣象測候所，拍發免費氣象電報時，應將執照呈驗。

五、免費氣象電報，以OBS爲標識，有效期內，每日祇准拍發二次。

六、免費氣象電報，以OBS爲標識，列在收報地址以前，其拍發次序，在加急公電之後，加急商電之前。

七、免費氣象電報，除OBS標識及收報掛號地址外每次電文以四字爲限，每字以五個號碼組成。

八、各地氣象測候所，不得將免費氣象電報，作爲營業或其他牟利之用。

九、各地氣象測候所，對於免費氣象電報，如違背上列各條之規定，本處得撤銷其執照，並得斟酌情形，追繳以前所免之報費。

十、本章程如有未盡事宜，得隨時修改。

十一、本章程自十八年二月一日起施行。

無線電報掛號辦法

一、收報人欲將詳細姓名住址減爲一字，藉省報費者，可向該地無線電報局掛號。以後發報人僅須電報內開明掛號字樣，不必另錄收報人姓名住址。即可照發。

二、本處掛號，概不取費。

三、凡合於下列規定者，均得向本處掛號。

甲、商店，公司，報館，及各項營業機關。

乙、官署及公共機關。

丙、當地商會會員。

丁、凡個人之曾經服務機關或所營事業之名義證明者。

四、凡不合第三條內丁兩項之規定，而欲請求掛號者，須交納保證金十元，於發報時陸續扣除之。

五、華文掛號以四個電碼爲限，洋文掛號以十個字母爲限。均須經處審查，並無雷同字樣之後，方爲有效。

六、洋文掛號之字，不得與各國國名，及城鄉村鎮街道名稱同。

七、華文掛號得拍洋文電報，洋文掛號亦得發華文電報，概照電文文字種類計費。

八、掛號後，半年內並無來去電報者，本處即將掛號取消。

附則

一、凡前在本處曾經掛號者，得繼續有效。

一、凡已在當地有線電報局或大東大北太平洋公司掛號者，得向本處請求掛同樣號碼。惟與本附則第一條所規定之掛號有重複時，得請其更改之。

本辦法自十八年七月一日起施行。

納費公電辦法

(一)納費公電中之第一組字，表明某電第幾字須查復(Repeat)或改字(Correct)，或第幾字之後加字(Add)，此第幾字之數法，係連地址而言。

(二)納費公電所查復或加改或改送地址之字，如係洋文，則全電統作洋文價目收費。如係華文，則全電統照華文收費。

(三)納費公電，均以四等商電明語計算收費。

(四)查復電(Repeat)，其第一組字表明某電第幾字，第幾字須查復者。此組字之計費法，查復一字至二字者，作一字收費，連(Repeat)一字共應收二字費。查復三字者作二字收費，連(Repeat)一字共應收三字費。餘照此推算。

(五)查復電，不得過五字。

(六)查復六字以上者，或全體電文者，作原電半價收費。

(七)查復新聞電者，字數照商報價目收費。

(八)查復新聞電者，不得超過六字。

(九)原電如係轉報者，其書寫格式，照轉報登記說明辦理。

(十)凡查復之納費公電收費時，先給予臨時收據。俟復電到後，如錯誤不屬於電台者，將復電及正式收據送交，調回臨時收據，即作營業收入登賬。如錯誤確係屬於電台者，應將收費退還，取回臨時收據。(加字改字、或改送地址之納費公電，此條不適用。)

(十一)納費公電，祇准在原電拍發後一月內行之。

來去報登記手續

(一)凡一切收費去報，經收報員譯電員手續之後，即交登記員。

(二)登記員在去報報頭右角，黃色收據，及去報登記表上，同時註明去報總數後，即將去報送往電台拍發。至於去報登記，可於暇時，根據黃色收據，逐項填入。至於終結之時，向電台借用去報底與全日去報登記，逐項校對，以免遺漏，並將去報發出時日，報務員姓名，及附註等項，一一補錄。然後再將全日去報底，送還電台存查。

(三)凡去報送往電台之後，電台遇有別種困難情形，不能於相當時期內拍出，須退還發報人或送他台拍出者，登記員須於附註項下，註明「取銷」(Cancel)或「改由某某電台發」。(Cancel, try V: X………)字樣。

(四)登記電台去報，依照去報隨時登錄簿說明辦理。

(五)凡一切納費來報，應將來報正頁，經譯電派送等手續之後，即行送出副頁(來報底)交登記員逐項登入來報登記紙，隨時將來報底送回電台存查。

(六)來報登記員於每日終結時，須對照信差送電時刻稽查表，補錄派送員姓名，送到時刻，以及附註等項。

(七)凡免費之公電，或公務電報另行登記，暫照常辦理。

辦理新聞電報簡要手續

一，發報人付費

（甲）發報台於本處通知發給某報訪員新聞電報執照之後，俟發報人到台拍報時，應將執照審查無訛，方可發報。否則，不得照新聞電報拍發。但本處有令通知准予先行拍報者，不在此限。

（乙）發報人或隨時交納現款。或預存報費均可。惟不得記賬。

二、收報人付費

（丙）此項新聞電報，除照第一條甲項之規定，審查執照外，並須待收報人在收報台遵章爲發報訪員預存報費，由收報台通知前來，發給派司簿，然後拍報。否則雖有執照，亦不予拍發。（經本處特准月終結賬者，不在此限。）

（丁）至預存報費將盡時，發報台應通知發報訪員，轉知收報人續存。否則，至存款用盡時，卽停止拍報。

（戊）收報台，收到預存報費後，應即電知發報台。

（己）預存報費，每一地點，每一訪員，至少須存國幣五十元。

三、掛號

（庚）發報台凡遇新領執照之新聞記者，拍發電報時，除審查其執照外，倘用掛號者，須向發報人索取收報人之詳細住址，塡入去報紙附註欄內拍出。收報台接到此項電報後，即查核該收報人已否掛號，及是否符合。如尙未掛號，應卽依照登記。如與別家掛號雷同，應通知收報人更改後，知照發報台。

附錄

國際電報來去報費帳單登記辦法 附國際電報Mc號數登記辦法

第一條 賬單內所列來去報兩方之前五項，均照國內登記辦法登記。

第二條 來報除前五項之登記照第一條之規定外，其餘各項辦法如下：

(一)每字報價，照本處規定之辦法計算，將每字本國報費登入此項。

(二)本國報費

(甲)實收數 國際報費，以法郎計算，尋常電報，由國外各地發至我國內地者，按照發至上海之國際報價，由國外報局，加收法幣五十生丁，(50 Centimes)作爲本國報費，以此類推，每一電報，其本國報費之總數，用法郎計算，合成國幣者，登入此項。(法郎兌價，日有上下，每季由本處規定。茲定本季兌價，每法郎合國幣四角二分，故本國報費，以法郎計算，尋常電報，每字合國幣二角一分，急電六角三分，遞緩電報一角，以後如有更改，隨時通告。)

(乙)應收數 每一電報，其本國報費之總數，照本處『國內收發國際電報辦法概要』計算者，登入此項。

(丙)相差數 實收應收兩數相較後，實收數大時，將餘數登入「益」字項下，應收數大時，將餘數登入「損」字項下。

第三條 去報除前五項之登記，照第一條之規定外，其餘各項登記辦法如下：

(一)每字報價，將去報每字之完全報費登入此項。

(二)報費

(甲)收入總數 每一去報之完全報費總數，登入此項。

(乙)本國報費 本國報費總數，登入此項。

(丙)國際報費 國際報費總數，登入此項。

附 Mc 號數登記辦法

國外來報，均有Mc號數，即係小呂宋發至中國之號數。各局應將此項號數及滬台去報數號，登入來報登記原來號數項內。倘遇查報，亦須將兩種號數一併敘明電滬，以使查對。

附录

華文電報計字辦法

(一)華文電報，以華文數目字，(一，二，三，四，五，六，七，八，九，〇，)或阿拉伯數目字，(1，2，3，4，5，6，7，8，9，0，)拼成之。以上兩種字碼，於每份電報中，祇准採用一種書法。

(二)華文電報，分明語，暗語，兩種。

(三)華文明語，以四個字碼爲一字。按照普通習用之明碼電報書爲根據。如不照以上之辦法者，作暗語論。

(四)每份華文明語電報，滿五字者，得許含有暗語一字。滿十字者，得許含有暗語二字。滿十五字者，三字。餘類推。惟所含之暗語字，須以四個字碼者爲限。

(五)凡每份華文明語電報中，不滿五字而含有一暗語字者。或不滿十字，而含有二暗語字者。或不滿十五字，而含有三暗語字者等等。此類電報，除收報人姓名地址作明語外。其他電文，悉作暗語收費。

(六)華文暗語以五個字碼爲限。逾此，每五字加算一字。不及五字者，亦作一字計算。

洋文電報計字辦法

(一)洋文電報，以羅馬字母，或阿拉伯數目字拚成之，其字母及數目字記號，分列如左。

(甲)A,B,C,D,E,F,G,H,I,J,K,L,M,N,O,P,Q,R,S,T,U,V,W,X,Y,Z.

(乙)1，2，3，4，5，6，7，8，9，0

(二)洋文電報分明語，暗語，綴字三種。

(三)洋文明語，以普通習用之字，或字典中之字，按照英利吉，德意志，法蘭西，意大利，荷蘭，葡萄牙，西班牙，或臘丁文爲限。如上之普通習用文字，拚合成語者，仍應分別按字計算。

(四)洋文明語，每字以十五個字母爲限，逾此，每十五個字母加算一字。不及十五個字母者，亦作一字計算。

(五)洋文電報中(地址或電文。)遇有此類字，如街路園坊里鄉村城鎮道省等等，如與其名辭分別書寫者，亦應分別按字計算。如拚成一字者，每十五個字母作一字計算。逾此，以二字計算。惟街路園坊里鄉村城鎮道等名辭，不得互相合拚一字。否則，亦應分別計算。

(六)洋文電報中，如遇有縮形字，獨立之數目字號誌，度量，以及普通書信，或商業所習用之縮寫字，概不含有秘密之意義者，作明語一字收費。

(七)洋文暗語用羅馬字母拚成，而含有秘密之義意，無論所用者爲眞字爲杜撰，凡用五個字母之電碼者，必須有一母音字。(a,e,i,o,u,y,)用六個字母，七個字母，或八個字母者，須有二母音字。用九個字母，或十個字母者，須有三母音字。如不照以上拚法者，一概作爲綴字論。

(八)洋文暗語，以十個字母爲一字。逾此，而不過二十字母者，以二字計算。餘類推。

(九)凡用羅馬字母拚成，而不照暗語電碼規定之拚法者，或全用阿拉伯數目字者。或羅馬字母，與阿拉伯數目字母，以及號誌等間雜拚成者，一概作爲綴字。

(十)洋文綴字，以五個字母，或五個數目字，皆以五位爲一字母。逾此，而不過十位者，以二字計算。餘類推。

（十一）洋文電報中含有明語，暗語，或明語，暗語，綴字，三種者，凡遇明語，應作明語計字辦法收費。凡遇暗語，應作暗語辦法計字收費。凡遇綴字，應作綴字辦法計字收費。

拍發公電辦法

一、公電以關於本處或本處直轄機關之來往公務電報爲限。

二、公電共分三種：一急公電AD，二公電A，三遲緩公電AFC，拍發公電機關，應視其事務之緩急，而分別應用之。

三、本處拍發公電，除用本處關防，或各科科章之印電紙外，其用職銜拍發公電者，須蓋章或簽字爲憑，並以下列人員爲限：

(甲)本處處長，(乙)本處副處長，(丙)本處各科科長，(丁)本處直轄機關主任，(戊)本處出差人員。

四、各局拍發公電，限於下列人員：

(甲)局長，(乙)工程師，(丙)報務主任，(戊)收發主任。

五、公報員，因執行職務，得以電台名義拍發公電。惟事後須經收發主任，或報務主任補行簽字或蓋章。

六、建設委員會，及本處核准有案之各機關，拍發公務電報時，得作公電論。惟未經蓋有機關關防，及主任長官之印信者，不得引用本條辦法。

七、報務主任，報務稽查，有隨時查核來往公電之責。如有違背本辦法之規定者，應呈處核辦。

八、以私人電報，混充公電拍發者，一經查出，即向發報人追繳報價，加倍收費，以示儆戒。

九、本辦法如有未盡事宜，得隨時以處令修正之。

不納費來去報登記表登記法

(一)凡公電公益電氣象電以及其他免費電報，均屬於不納費電報。

(二)爲便利檢查不納費電報起見，每 通報電台用登記表兩份。來報，登入來報登記表。去報，登入去報登記表。

(三)去報登記表時間項內之交拍時間，係發報人送到收報處之時間。拍出時間，係電台將該報發出之時間。所費時間，即自交拍至拍出之時間。

(四)來報登記表時間項內之收到時間，即報務員收到電報之時間，送出時間，係派送員將該報送出之時間，交到時間，係收報人收到電報之時間。所費時間，即自收到至交到之時間。

(五)倘係去報，則在去報登記表內去報編號項下，塡註去報號數。如係來報，則在來報登記表內原來號數項下，塡註原來號數。

(六)字數項內，塡註電報字數。

(七)種類項內，塡註電報類別，如公電公益電氣象電等。

附例

例一 第28097號來報爲二十五字氣象電報，其收到時間爲12.00，送出時間爲12.10，交到時間爲12.20，則所費時間當爲(12.20—12.00＝.20)。

例二 第21804號去報爲三十六字公電，其交拍時間爲14.07，拍出時間爲14.13，則所費時間當爲(14.13—14.07＝.06)。

例三 第28098號來報爲四十字公益電。(時間一項，同前塡法)。

例四 第21805號去報爲二十四字氣象電，(時間一項，同前塡法)。

參看後表

附註

(一)不納費電之來去報底，須另外安放，不與納費電放在一處。

(二)來報報底與去報報底須分開安放。對於來去報中有關係之電報，須於報底上註明其參照號數。如天津來電號數爲S950，詢問上海溫度，而上海復電號數爲5579，則在來報底電文後加S5579，而在去報底電文後加R8950。

(三)來去報報底，每滿百張應即編訂成册。

……………電台不納費來報登記表

登記電台……………登記員……………

	月/日	時間 收到時間	送出時間	交到時間	所費時間	原來號數	種類	字數	備考
例一	4/9	12.00	12.10	12.20	.20	28097	氣象	23	
例二	,,	16.12	16.17	16.28	.16	28098	公益	40	

……………電台不納費電去報登記表

登記電台……………登記員……………

	時間				去報編號	種類	字數	備考
	月日	交拍時間	拍出時間	所費時間				
例三	4 9	14.07	14.13	.06	21804	公電	86	
例四	,,	16.50	16.54	.04	21805	氣象	24	

電台工務月報表塡法

一、工務月報表，由工程師每日照表一一塡註，會同台長簽名蓋章，於每月月終交郵呈報管理處管理科查核。

二、本表應塡兩份，一份呈處，一份存台備查。

三、開機時間，係指開動汽油機充電或發報時所需時間。如係購用電燈公司之電，亦須將每日用電時間塡入。

四、材料摘要欄內，記載本日機務上之消耗，如硫酸，汽水，棉紗之類，如有其他特別消耗，亦應列入。

五、阻礙報告欄內，應將各項機件之阻礙，凡致使報務發生停頓者，均詳細列入。

六、機器情形欄內，記載各種機器使用時良好窳敗各情形。

七、電池狀態欄內，須將電池充電，放電，以及平時各情形詳細記入。

八、附註欄內，應將本台工務方面之不能列入其他各欄者列入。

九、本表不惟爲報台之具文，舉凡人員考績，報務稽查，及機件之添置修配各事宜，皆係根據於此。各員應用心塡註，準時寄呈。

各電台向無線電機製造廠購料付款辦法

一、本廠送貨至各電局台時，附有白色黃色送貨單二紙。白色一紙，由電局台收執。黃色一紙，須即簽字蓋章，並塡註收到日期後，寄還本廠。

一、各電局台接到本廠開送發票後，核算總數無誤，應即塡具請領材料費收據一紙，從速寄給本廠。再由本廠轉請無線電管理處照數撥還，各電局台可毋庸直接向本廠還欠。

一、本廠發票，奉無線電管理處訓令，准作各電局台決算憑單。

一、各電局台所欠本廠材料費，經無線電管理處撥還本廠後，本廠製有正式收據，逕送無線電管理處查收，請爲黏入各電局台決算單據簿內。以省周折。

一、各電局台凡購料非呈由無線電管理處轉飭本廠照發者，不得適用上項辦法。

一、各電局台，除特別情形外，每月請撥材料以一次爲限，以省本廠多次寄運貨物之煩。

調查全國電報掛號戶名辦法

本處辦理無線電事業，旨在便利民衆，所有報務收費手續等等，業經次第改善，獨掛號字碼，各電訊機關互相岐異，尙無具體辦法，應由調查着手，加以編纂，務於最短時間完成統一，玆依進行步驟臚列辦法如次：

第一節　調査

第一項　統計

統計方法，可根據(A)平時對於當地商戶與報務關係之觀察，(B)拍報戶職別統計表兩種，求得何種職業與報務關係最密，何種職業平時絕少拍報。

第二項　通函

統計以後，對於與報務絕無關係之商戶，可暫行擱置外，其他即利用當地電話簿，或商業名錄，尋覓商戶字號或個人姓名住址，通函詢問，請其答覆。(詢問書分兩種，中國商人用中文，洋行用英文。來去郵票，每函兩個半分。(其一分統由本處負貼。))較大商埠之電話號數總數當在一萬以上，若一人抄寫信封，爲時至久，應由全體局員平均分配，同時抄寫，以期迅速。(抄寫一電話簿祇須一本，分配時可將訂線拆開。每寫一戶應在簿上註明符號，以便日後檢查有無覆信。)

第三項

通函以後，當有覆信，關於此項信札，應指派一人專任保存之責。每收一信，即在電話簿上另註符號。自發信之日起，經過一週後應檢查其有無覆信，不覆者，用電話詢問其不覆之理由。

根據各戶寄還之回信，逐一參閱本處原有之掛號碼，及同時寄來之回信有無雷同之處。有雷同者，令其更改，無衝突者，去函通知認爲正式登記。

第四項　彙編

彙齊以後，加以編纂。中文掛號，即在號碼檢查簿上印一符號，以資識別。洋文掛號，則將所有洋文，依AB

C順序編制成册，與中文號碼檢查簿一併寄交管理處營業科查核。營業科收到各局送來之號碼簿，迅加審核，印成若干份，分送各局。

第五項　登記

本處對於電報掛號戶，向有登記片及登記簿兩種。此次調查所得，各該局認爲合格之各戶，自通知承認正式登記後，亟應列入登記片及登記簿內，以備隨時檢查。

第二節　實施

第一項　收報時之注意

(一)凡收到有掛號碼之電報，在發報人未去之先，應檢查對方電局送來之掛號簿，有無此種號碼。

(二)凡收到有掛號碼之電報，務須注意其發報人地址姓名是否詳明，以備對方無法投送時，可向發報人追尋。

(三)凡收到有掛號碼之電報，而檢查對方電局之掛號簿無此號碼者，須令發報人註明收報人姓名住址，將此種住址加於附註欄內，拍往對方，並不取費。

(四)遇有第三目之事實，收報員應將此種新號碼隨即記於掛號簿上、

第二項　派報時之注意

(一)收報局派送員遇有上項第三目事實之來報，(附註欄內有收報人住址，而又有掛號碼者。)應補記於：：，A，登記片，B登記册，C，另備一册記錄。隨時通知管理處。由管理處用CQ通報全國。此時派送員幷應補送承認掛號書一紙，送交收報人。(中文掛號用中文)(英文掛號用英文)。

(二)每次有掛號碼之來報，應一一記於登記片上，月終檢察該號究有若干來報，倘半年以內，幷無來去報者，依辦法第八條辦理。

獎勵電報速譯辦法

(一)本處爲獎勵各局各台服務人員不用電碼書本默譯電報起見，特規定於本年七月起，每月月底各舉行考試一次。年終時，將成績平均計算，按等給獎。

(二)考試成績分別等級如左：

甲等	百分之九十以上無訛	丙等	百分之七十以上無訛
乙等	百分之八十以上無訛	丁等	百分之六十以上無訛

(三)凡非譯電員，而成績列甲等者，升叙一級。列乙等丙等者，酌予給奬。丁等或不及丁等者無奬。

(四)譯電員列在甲等者，酌予給獎。乙等以下無獎。

(五)本辦法所有升級給奬。均在考績章程規定以外分案辦理，并以一次爲限。

(六)本辦法所有考試，由局長台長舉行，本處得隨時複驗。

(七)本辦法自公布日施行。

各電台總會晤程序

一 各電台於每星期日八時正，應停止發報，靜候XGD電台之CQ呼喚。

二 各電台聞XGD停呼後，應按照下列次序向XGD回呼，（上海各台不必回呼以省時間）XGA, XGE, XGH, XGJ, XHA, XHB, XIA, XIB, XJA, XJB, XJC, XNB, XKE,

三 XGD聞各台應呼後，即將通電發出，並須複發一次。

四 各電台收到通電後，以次回答OK。其收到未準確者，亦應以縮語表示。

五 XGD發出縮語。命各台回復該時間原定工作。

六 通電時間，最長以一小時為限。

附則

一 該日如無通電XGD於發出CQ呼號後，即聲明本日無報。但電台仍須以次向XGD回呼後再散。

二 XGD對於聲明各電收聽不清之電台，應將該電由正當路由單獨發與該台，不必在總會晤時間再發。

三 如多數電台報告各電收聽不清，而所隔時間尚長者，應由XGD在總會晤時間內再發一次。其業經收到無誤之電台，可置不聽。

報時信號辦法

本管理處於每日上午八時，由上海 XGD 電台，用上海標準時刻，放送時間信號，共歷五分鐘，其信號如下：

第一分鐘——八時零分零秒至八時零分六十秒

零秒至二十秒，放送『CQ』二字母四次。二十秒至六十秒，放送『DE XGD XGD XGD XGD Shanghai Time Signal』等字。

第二分鐘——八時一分零秒至八時一分六十秒

放送T字（即一橫）十五次。每號及每空格各歷二秒鐘，最後一橫恰落於第六十秒上。

第三分鐘——八時二分零秒至八時二分六十秒

放送M字（即二橫）十次。每號歷時三秒，每空格歷時二秒，最後一橫恰落於五十秒之上。再歷十秒鐘之空格，在第六十秒上，放送一點。

第四分鐘——八時三分零秒至八時三分六十秒

放送O字（即三橫）六次。每號歷時六秒，每空格歷時四秒，最後一橫恰落於第六十秒上。

第五分鐘——八時四分零秒至八時四分六十秒

放送Ch字（即四橫）五次。每號歷時七秒，每空格歷時三秒，最後一橫恰落於第五十秒上，再歷十秒鐘之空格，在第六十秒上放送一點，然後放送結尾信號・・・━・━以表示工作完畢。

規定通報時間辦法

(一)各台通報時間，由本處訂定，塡列總表，通令分發各台遵照。如分發後爲日已久，經迭次之更改，則由本處於相當時期，另訂新表分發。

(二)各台接到新訂時間表後，應於實行期前，先與通報各台對照，以免誤會。

(三)各台每日時間，應一律根據上海 XGD 台八時至八時零五分發放之標準時間，校對準確，並須隨時與通報各台互相較對，以免參差。

(四)各台如有更改通報時間之必要時，須先期呈處。經處核准後，於每星期日八時至九時，交 XGD 通知各台，若遇特殊情形，得由本處先行通知有關係各台遵照，於星期日由 XGD 補行發表。

(五)凡關於通報時間之電報，應一律用校對電報。

(六)此項電報內，應以四個數碼表示時間，(自0000——2359)，前二碼指小時，後二碼指分鐘。

(七)規定 MS爲會晤之縮寫，CL爲取消之縮寫。舉例如左：

例一　如 XGA 與 XGC 之會晤時間增加0—2 6—7及9:30—10 三次，即由本處爲簡單之令文，通知各台如下：

XGA—XGC　M S.0000—0200,0600 -0700,0930—1000

例二　如XIA與XIB會晤時間內取消5—6:30 7:30—9兩次，即由本處爲簡單之令文，通知各台如下：

XIA—與XHB CL,0500—0630,0730—0900

例三　如17—18原爲 XIA與 XJB會晤時間，今改爲 XIA與 XGE 會晤時間，即由本處爲簡單之令文，通知各台如下：

XIA— XGE MS,1700—1800, XIA—XJB CL,1700—1800

例四　如 XJC與 XRC 原爲17—18及20—21兩次會晤時間，今改爲6—7,9—10及12—13三次，即由本處爲簡單之令文，通知台各如下：

XJC—XRC—MS,0600—0700,0900—1000,1200—1300 CL,1700—1800,2000—2100,

（八）各台於本處所發之空白通報時間表上，凡直轄各台呼號及時間，用藍字黑線，其他電台呼號時間，用紅字紅線，以爲標識。寫字劃線宜以鉛筆行之，以便更動時間時，易於擦改。

各種電費辦法

(甲)預付回電費電報

(一)發報人欲收報人回電答覆，願爲預付報費者，得於發報時預付報費若干字。

(二)收報員即以RP及字數書於收報人地址之前，以爲標識。如預付字數爲十二字。則以RP 12爲標識。

(三)發報人如欲收報人用急電回覆，願爲預付急電費者，收報員照例預收其急電費，並以RPD及字數爲標識。

(四)上項標識字樣如RP 12或RPD 12，應按原電價目，作明語一字收費。

(五)凡營業處或收發處收到前項電報時，應由派送員或譯電員負責，於附註欄內，書明RPx或RP Dx等標識，(x代表字數)並須附送預付回電憑單(白色)一紙，註明發報人已付回電費若干字。送與收報人，憑此復電，此項憑單，自塡發之日起，以四十二日爲有效時期。

(六)凡持前項憑單發電者，以答復原發報人電報，並拍致原電發報人所在地點，或原發報人所指定之地點者爲限。

(七)凡持前項憑單發電者，須於憑單上簽名蓋章，方能有效。

(八)如收報人認爲無用電報，可將前項憑單寄交原發報人，請其持單向原領收回預付之款。但以六十日爲限，逾期無效。

(九)如收報人他往，通報台應電知發報台，將預付回電費退回發報人。

(十)如復電費超過預付之數，復電人應照數補繳。如復電費不滿預付之數，無論原發報人或復電人，不能取找。

(十一)電復預付回電之電報，以RPR爲標識。如復電字數超過預付字數者，則以RPR及超過字數爲標識。例如超過四字者，以RPR4註明之。

(十二)凡原電為華文者，預付字數以華文價目收費。原電為洋文者，以洋文價目收費。預付字數悉以明語為標準。如復電用密語者，其價須與預付明語字數等。逾額補繳，不足不能取找。

附則

去報或來報登記員須知RP為預付回電之標識。電文為華文者，不論明密，於預付費項下，照登華文明語預付數字之費。如電文為洋文者，不論明密，以洋文明語價目計費。同省電報以同省價目計費。隔省電報以隔省價目計費。RPD以急電價目計費。RPR為復電之標識。其字數或價格與預付之數相等。此項電報，除其他應記事項照常登於收費項下，以紅線橫斷外，並於去報登記紙附註項下，註明預付回電憑單號數，於來報登記紙附註項下，註明原電號數。如復電註有超過預付字數者，即以超過之數，登作報費，其他照例登記。

(乙)收據電報

(一)發報人欲知所發之報於何日何時送到者，得由收報台用電報或用郵函知照之。如欲用電報關照者，每電加收尋常商電費五字，以PC為標識。如發報人要求用急電關照者，應加收急電費五字，以PCD為標識。如欲用郵函關照者，每電加收郵費洋二分，以PCP為標識字樣。

(二)收報員以PC或PCD或PCP等標識，書明於收報人地址之前，應按原電價目作明語一字收費。

(三)凡電文用華文者，不論明密，悉照華文明語五字收費。洋文電報亦依洋文明語五字收費。

(四)凡收報台送到前項電報之後，即以送到時日電復發報台，發報台即書明「某電於某日某時送到無訛」，或用洋文，此項電據，即時送交發報人收領。

(五)凡欲郵函關照者，電文內須有發報人住址，或電文後註有發報人之掛號碼，以便收報台憑此以郵函知照之。

(六)收報台營業處送報時，應隨帶二分明信片一張，塡明發報人及收報人姓名住址，及送到時日，由收報人於明信片上簽名或蓋章，帶回營業處查核寄出。

附則

去報或來報發記員見有 PC PCD 或PCP等標識者，應於雜項欄內，登載應收欵目。於附註項下，分別註明 PC PCD或 PCP等標識。

(丙)校對電報

(一)發報人爲防電文錯誤起見，可請求發報台轉知收報台，將收到之原文，逐字拍回校對。此項電報應按尋常商電或急電費，加收四分之一。

(二)前項電報以TC爲標識，收報員應將TC 書於收報人地址之前，應照原電價目作明語一字收費。

附則

前項電報於收發已畢之時，收報台報務員應即時將原文逐字拍回校對，如發電台認爲無誤，即以OK 復之。雙方均須於報尾下面註明「校對無誤」，或Repeated Back O.K. 等字樣。

去報或來報發記員見有 TC 標識字樣者，應於校對項下登載欵目，其數爲原電報費四分之一。

(丁)分抄電報

(一)發報人如欲將其電報分送與同在一埠之二人以上，或寄與一人分送數處者，除原電外，每加送或加抄一份，不論何種電報，由發報台按百字加收抄費銀元二角。(不及百字者以百字計。)收報員以 TM 字樣爲分抄標識。註明分抄份數，如 TM3 。此項電報投送時，每份祇列該收報人一人之姓名住址，餘名不錄，如發報人聲請全錄者，須以 TMA 爲標識。此類 TM 或CTA 標識於收報人地址之前，應按原電價目作明語一字收費。

附則

去報或來報發記員見有CTA 或TM3 等標識者，應於分抄費項下較明應收款目，於附註欄內，註明抄份數，或TM3等字樣。

凡華文電報已註有「分送」字樣者。收報員即向發報人聲明以 TM 等字樣代之，並將「分送」字樣隨即劃去。

(戊)譯費電報

(一)華文明語電報，經發報人或收報人請求代為繙譯成碼或成字時，得收取譯費，無論本省隔省或出洋電報，每字收費銀元五旈。

(二)凡收報員遇有發報人請求代為繙譯時，須詢明此處繙譯成碼後，是否於收報台更須繙譯成字。

(三)凡在發報台繙譯一次者，於去報紙附註欄內註明 TF 為標識。如須收報台再為繙譯者，以 TFT 為標識，(參觀例三)每字收費銀元一分

附則

去報紙之附註欄內註有TF或TFT等標識者，為此項電報收過譯費，此項標識並不收費，惟須拍發並載明來紙內，以便登記，及譯電員翻譯去報或來報。登記員見TF或TFT等標識者，應於譯費項下載明之外，於附註欄內註明TF或TFT等字樣。凡收報台遇有TFT標識之電報，須經譯電員繙譯之後，方可送出。

(七)郵轉電報

(一)凡在未設無線電台而有一二等郵局之地方，欲由鄰近無線電台拍發無線電報者，可將電報及電費，由郵局匯寄鄰近之電台拍發。

(二)凡欲寄電報至未設無線電台而有一二等郵局之地者，得將電報交由無線電台拍至距收報地點最近之電台，轉交郵局投送之。

(三)凡交郵局寄轉電台拍發之電報，應由發報人書寫二份，電文內須詳細書明收報人姓名住址，以便投送。至發報人姓名住址，亦須詳細註明，以備查考。

(四)郵轉電報電費，悉照無線電商報收費規則辦理。其由收報台交郵轉寄者，不論掛號快信，每份電報均應加收郵資一角九分。如須經郵局轉遞二次者，其郵資應加倍收取。

(五)華文或洋文電報之收報人姓名住址，應寫在收報電台地名與 Post 字之後，收報電台地名及 post 字均按原電價目作明語一字收費。

(六)凡在未設一二等而有三等郵局之地方，如發報人請求郵轉電報者，無線電台亦得以尋常信件辦法，為

之郵轉。

(七)凡電報如因郵局遞送遲緩。而致延誤，無線電台不負責任。

附則

去報或來報登記員，見有Post之標識，應於雜項欄內登載一角九分郵費，於附註項下註明爲Post字樣。

國際電報字數計算法

一、洋文電報，以羅馬字母，或阿拉伯數目字拼成之，其字母，數目字及記號，分列如下：

(甲)普通字母

ABCDEFGHIJKLMNOPQRSTUVWXYZ

(乙)重音字母

Ä Á Å É Ñ Ö Ü

(丙)數目字

1 2 3 4 5 6 7 8 9 0

(丁)記號

。句號(Full Stop)，點號(Comma)；半冒號(Semicolon)：冒號(Colon)！驚嘆號(Exclamation Mark)

？問號(Note of interrogation)，略號(Apostrophe)()插號(Brackets)“”引號(Quotation Mark)－連號或分隔號(Hyphen or dash)/分數記號(Fraction Bar)底劃(Underline)

二、上節規定之各種記號，除插號引號，分數記號，底劃，四種外，如來經發報人請求拍發者，概不照拍，其經發報人之請求者，須由收電員於記號之下加一底劃，以資區別，

三、洋文電報，分明語(Plain Language)密語(Secret Language)二種。

四、洋文明語，係國際電報業務規則上所准用文字之一種，或二種以上貫串成文，意義顯明者。(國際電報業務規則准用英吉利，德意志，法蘭西，意大利，荷蘭，葡萄牙，西班牙，及臘丁文等八種文字。)

五、洋文明語，每字以十五個字母為限。逾此而不過三十個字母者，加一字計算。CH作一個字母計算。

六、洋文電文中，遇有街，路，園，坊。里，鄉，村，鎮，城；省等名字，如拚成一字者，每十五個字母作一字計算，逾此以兩字計算，如寫作數字者，應分別按字計算，惟街與路，或城與省等名字，不得互相拚成

一字。

七、洋文明語電報中，如有掛號住址，商業標記，兌換市價，與普通習用之縮寫字，如FOB,CIF,COD,等，以及其他類似之字樣者，概不以含有秘密之意義論，

八、凡字母或數目字之連成一起者，以及商業標記，皆以五個字母為一字，逾此而不過十個字母者，應加一字計算，

九、住址內之收報電台所在地名稱，及國名，省名，城名，街名等寫作兩字或兩字以上者，應分別由收電員連成一字，作一字計費，其在電文內者，不予合併，應按字收費，

十、(甲)各個字母，記號，或數目字，之不與其他字母記號或數目字相連續者，概作一字計費。

(乙)句號。點號，冒號：分隔號一，及分數記號，等之與其他數目字或字母連成一起，經發報人請拍者，作一個字母計算。

(丙)插號()引號,,,，底劃一，及經發報人請求照發之其他各種記號，除乙項規定者外，均作一字計算。

(丁)凡字之有略號，或連號分隔者，應分別計算之。

十一、門牌數內之數目字及字母等，得各作一個字母計算。

十二、各種收費之電報標識皆作一字計算。

十三、洋文明語電報中，如有將各字任意併合違反普通用法者，應將各該字分別計算。

十四、洋文密語分暗語及綴字兩種。

十五、洋文暗語係國際電報業務規則上所准用文字（德意志，英吉利，西班牙，法蘭西，荷蘭，意大利，葡萄牙，或臘丁文字）之一種，或兩種以上，按照習用之拚音法拚成，而意義不明瞭者。

十六、洋文綴字分為二類：

(一)係用阿拉伯數目字或字母，連成一起或分組繕寫，而有秘密之意義者。

(二)所用之文字，名詞，辭句，及連綴之字母，不照第四條及第十五條之規定者。

十七，重音字母，如：Ä Å Á É Ñ Ö Ü 不准用於綴字或杜撰暗語中。

十八、以數目字與字母攙合爲一組，含有秘密之意義者，不准引用，惟發報人允將數目字與字母分別計算者，亦得引用。

十九、洋文暗語，每字以十個字母爲限，逾此而不過二十個字母者，加一字計算。

二十、洋文綴字之計算照第八條辦理。

廿一、CH在暗語眞字內，得作一個字母計算；在暗語杜撰字或綴字內者，作二個字母計算。

廿二、洋文電中，有明語暗語間雜并用者，概以暗語計算，如尙有綴字在內者其綴字應照第八條計算，明語與綴字間雜并用者得分別按照明語及綴字計算。

廿三、數目之用文字表明，將千百十等字樣省去，而合於普通用法者，得照明語或暗語例計算。

廿四，暗語電報，或明語間雜之電報，其住址內之字數，除第九條之規定者外，概照第五條計算。

國內各電台收發國際電報辦法概要

第一條 國內各電台收發國際電報，應依照本概要規定各條辦理。所有國際電報，概歸上海國際電台轉遞。

第二條 國際電報，暫以尋常商電，急電，官電，公電，遲緩電報。夜間電信，六種爲限。此外如納費公電，及預付回報費電報，並其他種種電報，概不收受。

第三條 國際尋常商電及急電之標識，並其拍發次第，與國內電報所規定者相同。

第四條 國際官電，依下列之規定辦理：

(一)國際官電，不論尋常加急，凡未經發報人聲明可與尋常商電同時拍發者，皆以S爲標識。其拍發次第，與國內加急官電同。

(二)國際官電之經發報人聲明可與尋常商電同時拍發者，以E爲標識。其拍發次第，與國內尋常官電同。

(三)國內官電之S及E標識，收發時應特別注意，以免與國內之S及E電報相混。

第五條 公電以A字爲標識。其加急者以AS爲標識。其拍發次第，均在S官電之後。

第六條 遲緩電報依下列之規定辦理：

(一)遲緩電報之電文，祇限三種：(一)發報人所在國通用文字。(二)收報人所在國通用文字。(三)法文。

(二)遲緩電報，以明語爲限。

(三)用發報人所在國通用文字之遲緩電報，以LCO爲標識，作一字收費。

(四)用收報人所在國通用字文之遲緩電報，以LCD爲標識，作一字收費。

(五)法文遲緩電報，以LCF爲標識，作一字收費。

(六)凡由國內發往國外之遲緩電報，在國內電台拍交國際電台時，其拍發次第，與尋常商電同。

（七）遲緩電報由國內電台轉到國際電台後，方照遲緩電報次第拍發。

第七條 夜間電信，依下列之規定辦理：

（一）夜間電信，以二十個字爲最少限度。不滿二十字者，亦作二十個字計算。其超過二十字者，按字照加。

（二）夜間電信，以華文明語及英文明語爲限。

（三）凡未訂夜間電信價目各處，概不適用夜間電信之規定。

（四）夜間電信，以NLT爲標識，作一字收費。

（五）凡由國內發往國外之夜間電信，在國內電台拍交國際電台時，其拍發次第，與尋常商電同。

（六）夜間電信由國內電台轉到國際電台後，方照夜間電信次第拍發。

第八條 國際電報，不論華洋明密，概照下列規定收價：

（一）尋常商電及遲緩電報，照國際電報價目表之規定，每字加收本國報費銀二角。

（二）官電不論中與外，其國際報費、概照尋常商電減半收費，另加本國報費每字銀一角。但發往地點之國有，或民有電信公司，不承認此官電半價辦法者，收費完全與尋常商電同，並不減半。

（三）夜間電信之國際報費，照第七條第一項之規定。根據電報價目表收費，另加本國報費每字銀二角。此項本國報費，應按字計算，並無最少字數之限度。

（四）緊急電報之國際報費，照尋常商電三倍收費，另加本國報費每字銀六角

第九條 電報登記辦法，依下列之規定辦理：

（一）去報登記，應依照國內現行之去報登記表，以國際電台爲單位，於表上「去報登記」字樣之前，塡註「國際電台」四字，每去一報，依次列號。至於表內之「發往地點」一項，應塡收報人所在地，以備查考。

（二）來報登記，應依照國內現行之來報登記表，以國際電台爲單位，於表上「來報登記」字樣之前，塡

註「國際電台」四字。每來一報，依次列號。至於表內之「發報台」一項，應填發報人所在地，以備查考。

(三)來去報登記表內「報費」項下，僅註本國報費。所有國際報費，悉數填入「雜項」欄內。

(四)國際來去報，經上海各電台或其他電台轉遞者，其承轉台編號及登記各項，悉照國內轉報辦法辦理。

第十條 國際報費，依下列之規定處理之：

(一)國際電報之報費，應悉數列入報費收入項下。

(二)國際電報費之賬目，應分三項：(一)收入總數，(二)本國費，(三)國際報費。

(三)本國報費之結算辦法，與國內電報同。

(四)國際報費，應悉數撥歸國際電台。其款項由各台暫存，於每月月終結算後，匯解本處核辦。

(五)各台如有本條第二項之收入，應於每日營業日報(Daily Evening Report)內，另加s.I.I.三項。S為第二項第一節之總數，I為第二項第二節之總數，I為第二項第三節之總數。其詳細賬目，應逐日郵寄呈處。

第十一條 其他一切手續，在本會規定以前，凡國內電報收發辦法之與本概要不相抵觸者，均適用之。

附　　例

電　　文	字數
附 Unconstitutionality（見第五條）	2
Saint James Street（見第六條）	3
錄 Saintjames Street（見第六條）	2
Saintjamesstreet（見第六條）	2
StjamesStreet（見第六條）	1
New York（在住址內者由收電員併成Newyork見第九條）	1
New York（見第九條）	2
New york（見第八條）	1
Cauhe（應改作二字拍發見第十三條）	2
Einchf（見第二十條）	2
Aujourd'hui（法文成語見第十條丁項）	2
Aujourdeui（見第五條）	1
Aujouud'oui（見第二條及第十條丙丁兩項）	3
Deux Pourcent（見第四第五兩條）	2
Deuxpourcent（見第五條）	1
C H F（見第十條甲項）	3
CHF（見第八條）	1
C. H. F.（見第二條及第十條乙項）	3
RP 2.50（見第十二條）	1
15A（房屋號數見第十一條）	1
Frankfurt Main（在住址內者由收電員併成Frankfurtmain見第九條）	1
Emvthf（商業標記或密語見第八第二十兩條）	2
八九 Unlikelessness（見第十五及十九兩條）	2
Unlikelessness（見第十條丙項）	3
Doyou（應改作兩字拍發見第十三條）	2
Allright（或Alrishi應改作兩字拍發見第十三條）	2
1300 A（房屋號數見第十一條）	1
Bubbling Well Road（在住址內者由收電員併成Bubbling wellroad見第九條）	1

電文	字數
ShanghaiKiangsu（見第六條）	2
Housemate（見第五條）	1
Seventwosixty（見第十五條及第十九條）	2
Seventwosix（見第二十三條）	1or2
May/August（見第十條甲項）	3
A—t—il（見第十條丁項）	3
A—t—il（見第十條丙丁兩項）	5
$\frac{A\ P}{M}$（見第十條乙項作四個字用論）	1
5ABH（見第十八條）	2
5ABH（商業標記見第四條）	1
Hnmeaibtw（見第十六條第二項及第二十條）	2
Chigoradio（見第十五及十九兩條）	1
4832（見第十六條第一項及第二十條）	1
Lessnesscioue（見第十九條）	2
Btyan（見第十七條）	（不准引用）
524789（見第十六條第一項及第二十條）	2
Threetwentyone（見第五第廿三兩條）	1
Thirtytwoone（見第十五十九兩條）	2
5BD6H（見第十八條）	4
LCO（見第十二條）	1

附錄

無線電夜信規則

（一）本處爲便利民衆起見，特加設無線電夜信一項。其拍發次第，在急電尋常電新聞電等之後，取費極爲低廉。

（二）無線電夜信，祇准用華英文明語。其有用暗語或綴字者，概不收受。

（三）華文電報，每十五字收費五角。不滿十五字，亦收五角。逾十五字收一元。逾三十字收一元五角。餘類推。

（四）英文電報每十五字收費一元。逾十五字收費二元，逾三十字收費三元。餘類推。不滿十五字，亦收一元。

（五）無線電夜信，以NLT爲標識，書於電文及住址之前，作一字計費。

（六）字數計算，悉依普通收發規則，即華文明語以四個號碼爲一字，英文明語每字以十五個字母爲限。

（七）本處現暫收以下各埠來往之夜信　上海漢口，上海北平，上海天津，漢口北平，漢口天津，南京漢口，南京北平，南京天津，餘埠暫緩開放。

（八）無線電夜信，如有錯誤，或遲緩情事，無線電報局不負查覆與質問等責任。故收據電報校對電報退費等章程概不適用。

（九）本處所頒發之無線電收發規則與本規則不相抵觸者，得適用之。

（十）無線電夜信自十八年六月一日起開放。

（十一）本規則如有未盡事宜得隨時修正之。

來去報核對份數字數辦法

第一條　每日結算來去報份數字數之起訖時刻，自零點起至二十四點爲止。

第二條　核對分下列兩種辦法：

(甲)當日核對　(乙)次日核對

第三條　當日核對祇核對當日來去報之總份數(轉遞之報一併在內)，其目的在校對任何直接通報兩電台間之來去份數，應分爲二類：(一)凡納費之各種電報之總份數(即急電，商電，納費公電，國外遞綫電報，新聞電，官電，夜信等項，毋庸分類核對，祗須結一總份數核對)，(二)凡公電等一切不納費電報之總份數。

第四條　當日核對由助理員照來報逐日水號碼表，依前條之規定，結出總份數，於對方電台最後一次通報終了時核對之，其式如下：

CK　R　92/15　Pse Cfm

上式即表明當日對方電台發來納費之各種電報總份數九十二份，不納費電報總份數十五份。倘助理員照來報逐日流水號碼表總結份數時，發現缺少電報二份，則核對電文應如下式：

CK　R　92M45,47/15　Pse ivst

上式即表明照流水號碼表，自一至九十二號中缺少四十五，四十七號電報兩份，M即表明失去之意 ivst 即 investigate 之縮寫。去報應由助理員依前條之規定，將當日去報總份數，查照去報逐日流水號碼結出，待對方收報台來電核對無誤後，即復電如下式：

CK　R/R

第五條　前條之差誤，雙方均須登入電報差誤記錄表內，並須查明差誤原因，具報各該台長或局長核辦彙報本處備查。

第六條 次日核對，核對上日之份數字數，其目的在校對電報收拍地點之電台與電報投送地點之電台兩台間份數字數有無遺誤，其辦法如下：

(甲)份數之結算

(一)不分電報類別，祇將上日之來去報，根據來去報登記表分別結出總份數，自某號起至某號止，所有經本台轉往他台或他台交本台轉遞之報，均毋庸列入。

(二)公電及其他一切不納費之電報，不結出核對。

(乙)字數之結算共分六類，(一)急電D，(二)商電P及納費公電ST，(三)國外遲電報LCD LCO LCF，(四)新聞電Z，(五)官電S及F，(六)夜信NLT，其排列之次序如下：

D | P,ST | LCD,TCO,LCF | S,F | NLT

第七條 LCD LCO LCF皆為國際遲緩電報，LCD係遲緩電報之用收報國文字者，LCO 係遲緩電報之用發報國文字者，LCF係遲緩電報之用法文者。

電報到達地點之登記員應逐日依照前條之規定，根據上日來報登記表，先結份數，再按各類電報之實在字數，送交報房於逐日雙方電台末次會晤時核對之，電文如下式：

CK　15/3　R　205—316

W100 | 830 | 0 | 500 | 230 | 0　Pse　Cfm

上式表明於三月十六日核對對方電台三月十五日全日發來之份數字數，份數自原來號數（即發報台之去報號數）二百零五號起，至三百十六號止。字數急電一百字，商電八百三十字，遲緩電無，新聞電五百字官電二百三十字，夜信無。

第八條 電報送達地點之登記員倘查得來報中對方電台之原來號數，自某號起至某號止，其中缺一號碼，未曾收到，則核對電文應如下式：

CK　R　15/3　205—316 M220 Pse ivst

第九條 電報收拍地點之登記員，應根據上日去報登記表，核對其份數字數有無差誤，如無差誤則復電如下式：

CK 15/3 SR (SR即份數無誤)

W R|R|R|R|R|R

如發現份數無差而字數有差則發電如下式：

CK SR WR|100 R|R|R|R|R

說明 凡註R者則與來電相符，註900者則因尋常商電之字數實係900，並非830也。

第十條 字數核對無誤後，登記員須分別登入來去報份數字數月報表各二份，一寄呈管理處，一存該局備查。

無線電管理處會計規程（本規程在辦理移交前正在修改未經脫稿故將最初原訂之條文登錄）

第一章 總則

第一條 凡本處及所屬各地無線電局或獨立電台，關於計上一切事宜，均應遵照本規則辦理。

第二條 本規則所定各種收支程序，會計科目，賬簿式樣，及登記方法，設非正式重訂，各職員應一律遵行，不得擅自更改。

第三條 本處遵照政府會計年度，從每年七月一日開始，翌年六月三十日終止。

第四條 本處以每年十二月三十一日及六月三十日為決算期，六月三十日之決算又為總決算。

第五條 本處以國幣銀元為記帳單位。收支上遇有銀兩，以及外國貨幣，均應按照市價，折合銀元入帳。登記銀元小數至分位為止，分位以下，四捨五入。

第六條 本處及各局所用帳簿表單之名稱格式，另章規定之。凡現款收付或轉帳收付，均應隨時分別科目，轉入各項帳簿。

第七條 各項帳單，發票，存根，及複寫副本等，須由各經手人，按日整理，交由會計負責保管。

第八條 本處會計人員之擔任收支款項事務者，須覓妥保，填具保證書。

第九條 各局會計人員交代時，應將現金物品，詳細造成交代清册，點交接管人員查收，並同時呈報本處。

第十條 本處直轄之國際電台製造廠，及報務人員養成所及其他臨時機關之會計規則另訂之。

第二章 預算結算及決算

第十一條 本處及各直轄機關之收支預算書，每半年編製一次，於每會計年度開始前一個月中，由本處處務會議編審決定後，送呈建設委員會核准。

第十二條 本處直轄各機關之預算書，應於每會計年度開始前一個月前，送呈本處，以便彙編總預算書。

第十三條　本處直轄各機關，對本處並須每月造具預算，於上月二十日前，呈送本處。

第十四條　前條預算書編造時，應附與預算有關之設施計劃書，或各項參攷說明書。

第十五條　本處如因必不可免之經費，須於預算外開支時，應造追加預算書，呈報建設委員會核准。

第十六條　本處直轄各機關如因必不可免之經費，須於預算外開支時，應造追加預算書，呈處核准。

第十七條　本處會計帳目每月應結算一次，作成試算表。每半年決算一次，作成資產負債對照表及損益表，呈報建設委員會。

第十八條　各局之會計須每日塡製逐日營業日報表，每月底編製開支決算表、營業月報表，及流動資產負債報告表。各塡三份，一份存局，留備參考，二份送呈本處。其發寄日期，不得過下月十日。

第三章　收支欵項手續

第十九條　本處向建設委員會領欵及繳款辦法，依照建設委員會所訂辦法辦理之。

第二十條　各直轄機關向本處領欵時應先造具預算書，送呈本處，交管理科審核。管理科審核後，備具核定命令，呈請處長批准簽字蓋章。發交營業科，再由會計股塡發撥款命令，經營業科長簽字，送請處長蓋章。其在預算範圍以外者，應備具追加預轄書，呈報本處處務會議通過後，再依上項手續辦理，並呈報建設委員會核准。

第二十一條　上條撥欵方法，得由營業科斟酌情形，或直接由本處匯劃，或發處令指定某局或某台滙劃。

第二十二條　領欵處於收到欵項之時，應即將收據寄呈本處。但其款若由本處命令指定某局或某台撥付者，領款之收據，應直寄撥欵處。由撥欵處將解款回條，連同領款處收據，呈送本處，交營業科存查。

第二十三條　各局台經手款項，除有特別情形經本處核准外，不得抵扣。

第二十四條　各局台向本處繳欵，其解款時間，得依距離之遠近，收額之多寡，需要之所在，由本處營業科斟酌情形，隨時塡發撥欵命令，呈請處長簽字，令其繳解或轉解他局。

第二十五條 本處及各局台收入各種款項，悉應塡具複寫收據三份，分白黃藍三色，白色收據交與付款人，黃色副本經過登記手續後，寄呈本處覆核，藍色存根則由收欵處保存。

第二十六條 本處所有收入欵項，應悉數存入銀行。一切付款，除零星開支在二十元以下，由零用資金中支付外，概用銀行支票。

第二十七條 本處支票簽付，應由處長蓋章，營業科長副署。

第二十八條 各局台經手款項，應於規定時期內，由各該局長負責，存放於可靠之銀行。

第二十九條 前條存欵，非經本處命令指撥，不得擅自支用，惟遇特別重要情形，未及呈請本處，必須先行提取時，得變通辦理，但同時須立將提取原由，用途，及數目，電報本處，核准後，補發命令。

第三十條 各局之銀行存款月底結算，應請銀行繕具兩紙：一紙存局，一紙逕寄本處。

第三十一條 本處零用資金，額定二百元。零用資金管理員，每日塡就帳單，並附各種支付收據，向會計股結算一次。會計股據以記帳，再由營業科長簽發支票，補足原額。

第三十二條 本處及各直轄機關各項支出，應有正當之收款人或其代理人之收據發票等爲憑。但實事上不能取得收據者，須由經手人聲敍事實，開單證明。

第四章 會計科目

第三十三條 本處及各局台之會計科目，分資產、負債，收益，費用，四大類。其名稱及編號如左：

第三十四條 錄於資產之科目 下列各科目，皆係統馭帳戶，以各局台爲子目，另設各局台補助總帳。

A1 發報機 凡機械及附件，爲發報用者，其原價，運費，裝置，人工，材料，及一切費用，至能發報時止，皆入本科目。

I.6 發報機減值準備 每期發報機之折舊額，未直接由前項科目中減除者，入本科目。

A2 收報機 凡機器及附件，爲收報用者，其原價，運貨，裝置，人工，材料，及一切費用，至能收報時止，皆入本科目。

L7收報機減値準備　每期收報機之折舊額，未直接由前項科目中減除者，入本科目。

A3 發電裝置　凡發電機，電池，及一切電力裝置之原價，運費，裝置，人工，材料，以及一切費用，至能發報時止，皆入本科目。

L8 發電裝置減値準備　每期發電裝置之折舊額，　直接由前項科目中減除者，入本科目。

A4 物料結存　凡工具，以及各種物料存留待用者，其原價，皆入本科目。

A5 土地　凡電台及營業處所在土地之原價，及購入，或建造時必要之費用，皆入本科目。

A6 房屋　凡電台及營業處所有房屋之原價及購入或建造時必要之費，皆入本科目

L9 房屋減値準備　每期房屋之折舊額，未直接由前項科目中減除者，皆入本科目。

A7 裝修　凡一切不能移動之裝修，可以經久者，其原價及購入時必要之費用，皆入本科目。

L10 裝修減値準備　每期裝修之折舊額，未直接由前項科目內減除者，入本科目。

A8 器具　凡一切生財及用具，可以經久者，其原價及購入時之必要費用，皆入本科目。

L11 器具減値準備　每期器具之折舊額，未直接由前項科目中減除者，入本科目。

A9 現金　凡各種金銀貨幣，支票，以及流行兌換券留存庫中者，皆入本科目。

A10 銀行存款　凡存入銀行之款項，皆入本科目。

A11 應收款項　凡應收報費，及應收各款，皆入本科目。

A12 應收票據　凡應收之票據，皆入本科目。

A13 暫付款項　凡臨時暫記付款，將來應可收回，以及預付而尚未報銷之帳，皆入本科目。

A14 車輛　凡一切車輛如汽車，人力車，自行車等，其原價及購入時必要之費用，皆入本科目。

L12 車輛減値準備　每期車輛之折舊額未直接由前項科目中減除者，入本科目。

A15 押租押櫃　凡房屋押租，及預支電燈，電話，自來水等之押櫃，皆入本科目，

第三十五條 屬於負債之科目——下列各科目，皆係統馭賬戶，以各局台爲子目。另設各局台補助總賬。

L1 應付欵項 凡所有各款項尚未付賬者，皆入本科目。

L2 應付票據 凡應付之各項票據，皆入本科目。

L3 暫收款項 凡臨時暫記收款，尚未有確定科目者，皆入本科目。

L4 預存報費結數 各用戶發報預存欵項，未經用去部份，皆入本科目，

L5 銀行透支 凡向銀行透支用款，皆入本科目。

L13 建設委員會暫撥款 凡由建設委員會暫撥之欵，皆入本科目。

L14 基本金 凡由建設委員會撥來之基金，及由政府撥來一切資產之作價，皆入本科目。

第三十六條 本處與各局台往來科目。

C1 管理處往來 此科目專爲各局台所用，凡各局台存欠本處欵項之結數，以本科目表現之。

C2 各局往來 本科目爲本處對各局所用，與前項科目相對待，凡各局存欠本處欵項之結數，本處用此科目表規之。

以上兩科目爲本處與各局往來所用。在決算時所作之合併資產負債對照表上，無此科目。

第三十七條 屬於收益之科目——下列各科目，皆係統馭帳戶，以各局爲子目。另設各局補助總帳。

P1 報費 凡收入電報正費，均入本科目。

P2 官報費 凡收入官報費，均入本科目。

P3 手續費 凡所有譯費，分抄費，校對費等均入本科目。

P4 回電費 凡所有回電費，均入本科目。

P5 掛號費 凡所有掛號費，均入本科目。

P6 執照費 凡所有執照費，均入本科目。

P7 雜項收入 凡上列各項收入以外之雜項收入，均入本科目。

P8 利息 凡本届收入之銀行存欵等利息，均入本科目。

P9 協欵 凡本届收入之政府機關協款，均入本科目。

第三十八條 屬於費用之科目——下列科目，皆係統馭帳戶，以各局爲子目。另設各局補助總帳。

E1 職薪 凡本届各職員薪金·津貼·等項，皆入本科目。

E2 工資 凡本届工匠工役等之工資，皆入本科目。

E3 電力 凡本届爲購買電力所用之款項，皆入本科目。

E4 添配零件 凡本届所需修理材料，皆入本科目。

E5 發電燃料 凡本届爲自備發電所用材料，如油煤等，皆入本科目。

E6 修理費 凡本届各種修理人工，皆入本科目。

E7 房租 凡本届各局房租費用，皆入本科目。

E8 文具紙張 凡本届所用各項文具，紙張，筆墨等費用，皆入本科目。

E9 印刷品 凡本届所用印刷品費用，皆入本科目。

E10 車旅費 凡本届職員，因公外出車資，旅費，皆入本科目。

E11 郵電 凡本届所用郵票·電話·電報等費，皆入本科目。

E12 燈水 凡本届所用電燈，火油，飲水等費，皆入本科目。

E13 蓬炭 凡本届所用以建築蘆蓬，或生火用炭各費，皆入本科目。

E14 廣告費 凡本届所用廣告費，皆入本科目。

E15 交際費 凡本届所用交際費，皆入本科目。

E16 宣傳費 凡本届所用之宣傳費，皆入本科目。

E17 雜捐 凡本届所有之各項雜捐，皆入本科目。

E18 運費 凡本届運送物件等費，皆入本科目。

E19 服裝 凡本屆制服等費用，皆入本科目。

E20 雜項費用 凡規定各用費科目以外之雜項費用，皆入本科目。

C3 退報費 凡本屆退回各戶之退報費，皆入本科目。

E21 印花稅 凡營業收據所用之印花稅費，皆入本科目。

E22 佣金 凡本屆所支出之佣金，皆入本科目

E23 改路報費 凡本處接收電報，轉向其他通訊機關拍發之費用皆入本科目。

E24 發報機折舊 凡本屆對於發報機之折舊額，入本科目。

E25 收報機折舊 凡本屆對於收報機之折舊額，入本科目。

E26 發電裝置折舊 凡本屆對於發電裝置之折舊額，入本科目。

E27 房屋折舊 凡本屆對於房屋之折舊額，入本科目。

E28 裝修折舊 凡本屆對於裝修之折舊額，入本科目。

E29 器具折舊 凡本屆對於器具之折舊額，入本科目。

E30 車輛折舊 凡本屆對於車輛之折舊額，入本科目。

第三十九條 損益科目

1 損益 每屆結帳時，所有各項收益，均轉入本科目之貸方；所有各項費用，均轉入本科目之借方。結算後，貸方總計超過借方之數爲純益。借方總計超過貸方之數爲純損。

2 利益滾存 凡每期純利益中，除去各種分配，如公積獎金等後，餘剩之數，轉入本科目。

第四十條 本規程自分布之日起施行。

各局台暫行會計規則

第一類 現行會計規程摘要

一、記帳單位，以國幣銀元爲主。收支上遇有他種貨幣，均應按照行市折合銀元入帳。小數至分爲止，分以下四捨五入。

二、各局台所用帳簿表單之名稱格式，由本處規定。凡遇收支，應隨時按照科目分別記帳。

三、各項帳單發票存根及複寫副本等，須由各經手人按日整理，交由會計負責保管。

四、各局會計人員交代時，應將現金物品詳細造成交代清冊，點交接管人員查收，並同時呈報本處。

五、本處直轄各局台，須每月造具預算，於上月二十日前呈送本處，並須隨附與預算有關之設施計劃書，或各項參考說明書等。

六、本處直轄各機關，如因必不可免之經費，須於預算外開支時，應造追加預算書呈處核准。

七、各局會計須每日拍發營業電報及塡製逐日營業報告表。每月底編製開支決算營業月報表及流動資產負債表各三份，一份存局留備參攷，二份送呈本處。其發寄日期，不得過下月十日。

八、各直轄機關向本處領款時，應先送具預算書呈送本處交管理科審核，備具核准命令呈請處長批准簽字蓋章發交會計科。再由會計科簽發支票或直接滙款。關於核准之追加預算之撥款手續，亦同時處理之。

九、各局台於收到款項之時，應即將收據寄呈本處會計科。

十、各局台經手欵項，除有特別情形經本處核准外，不得抵扣。

十一、各局台收入各種款項，悉應塡具複寫收據三份。分白黃藍三色。白色收據，交與付款人。黃色副本經過登記手續後，寄呈本處覆核。藍色存根則由收款處保存。

十二、各局台所有收入款項，應於規定時間內，由各該局長負責用管理處名義悉數存入本處指定之銀行。

十三、各局用處名存款銀行月底結單，應請銀行繕具二紙，一紙存局，一紙逕寄本處會計科。

十四、各直轄機關合項支出，應有正當之收欵人或其代理人之收據發票等爲憑。但事實上不能取得收據者，須由經手人聲敘事實，開單證明。

第二類　拍發逐日營業電報 Daily Business Report 辦法

一、該項逐日營業電報，Daily Business Report 係由從前之 Daily Eaining Reporrt 改成，惟字碼之代表物，已完全改動。

二、Daily Business Report 內分 A B C D N W I L 八字碼。A字碼係代表包含一日中一切現金及非現金報費，該金額須與同日逐日營業報告表中現金報費與轉帳報費相加之結數相等。B字碼係代表一切現金及非現金手續費，該金額須與逐日營業報告表中現金手續費與轉帳手續費相加之結數相等。C字碼係代表當日收入之預存報費，(並非用去預存報費)該數須與逐日營業報告表中收入預存報費數相等。D字碼係代表當日現金淨存數，即由逐日營業報告表現金部份收入總數減去付出總數之餘額(除遞國際電報在外)。N字碼係代表當日發出電報之份數。W字碼係代表當日發出電報之總字數。I字碼係代表當日打發之國際電報報費中他台及他國應得之總數。L字碼係代表當日所收之國際電報報費中本國應得之總數。

三、該項 Daily Business Repot 上所列之各項數目，須由各局台處會計人員負責供給，報務員至遲須在翌晨第一次會晤時間內拍出。倘拍出後，發生差誤，應立即來電更正，不得積壓。

第三類　營業收入存行辦法

一、每日營業收支狀況，由最後值班收發員於次晨造具清單，連同收入現金，彙繳會計。由會計員作成逐日營業報告表，送由局長或台長簽名蓋章寄發。其收入之現金，由局長或台長驗對後，悉數存入管理處指定之處戶銀行。(星期日及銀行例假除外)

二、銀行存摺，由銀行填註收款後，仍應由局長或台長負責核對，妥爲保存。

三、每日存入銀行數目，必須與 Daily Business Report 上「D」字所示數目。及逐日營業報告表中收入總數減去付出總數之結餘數相等。

四、每日收入現金之淨存數，不問金額之大小零整，須絕對存入指定銀行。至於營業上必需之尾數找頭，可在預撥經常費內墊用，每日結帳製表時歸還。

第四類　逐日營業報告表（附例題全份）

一、該表每日根據黃色收據填就，勿得稽壓，每隔三天付郵一次。

二、該表填寫方法，可以附寄例題說明爲藍本。

三、如遇特種情形，而自以爲不便列入該表者，於另紙上詳細說明附來，勿可強入任何科目。

例題　以上海局爲主體

（1）某甲拍電至南京，現付報費洋五元，手續費洋二角五分。

（說明）記在現金收入報費欄五元。手續費欄二角五分。

（2）總司令部拍電至天津。報費洋三元暫欠。

（說明）轉帳收項應收款項欄，及轉帳付項報費欄各三元。

（3）A公司預存報費洋壹百元。（給一號存摺）

（說明）現金收入預存報費欄壹百元。

（4）某乙拍電至雲南，現付報費洋四元。

（說明）現金收入報費欄四元。

（5）總司令部還前欠報費洋叁元。

（說明）現金收入應收款項欄三元。

（6）A公司拍電至寧波報費洋五元。（用去預存報費）

（說明）轉帳收項預存報費欄五元。轉帳付項報費欄五元。

(7)某乙之電，因種種關係不能傳遞，報費四元，如數退還。

(說明)現金付出退報費欄四元。

(8)B公司預存報費洋五十元。(給二號存摺)

(說明)現金收入報費欄五十元。

(9)漢口宏盛申莊拍電至漢口。報費洋六元。(此款在漢預付)

(說明)轉帳收項託收報費六元。轉帳付項報費六元。

(附註)漢口應記現金收入預付回報費欄，局名上海，金額六元。

(10)A公司拍電至漢口，報費洋一百〇五元。(超過十元)此條宜注意如何記法。

(說明)轉帳收項預存報費欄九十五元，應收款項欄十元，轉帳付項報費欄一百〇五元。

(附註)甲、預存報費摺上應隨時顯明預存若干，用去若干，尚餘若干。

乙、打報之價超過預存報費之餘額，應立向打報人找現金。若無現金，則不代打。

丙、間有機關不能如乙項之辦法者，應照式登記。

(11)愼昌漢口分行拍電至上海，報費洋二元。(此款在申預付)

(說明)現金收入預付回報費欄二元。

(附註)漢口局宜在轉帳收項託收報費欄登記，局名上海，金額二元。轉帳付項報費欄二元。

(12)A公司又預存報費洋一百元，(應扣除超過數)

(說明)現金收入應收款項十元，預存報費九十元。

(附註)此次存入之款，實在數爲九十元，其他十元，爲抵償上次欠數，故欲明示其已償十元欠款，應如上記。

(13)B公司虧本歇業，將預存報費如數收回。(計五十元)

(說明)現金付出退還預存報費五十元。

(14)北平日報駐滬訪員拍報至北平，報費洋九元六角，欵託北平代收。

(說明)轉帳收項，託收報費九元六角。轉帳付項，報費九元六角。

(附註)甲、北平如未收到此款，應記在轉帳收項應收欵項九元六角。轉帳付項，託收款項，局名上海，金額九元六角。若此欠款過數日即收到，即應記在現金收入應收欵項。

乙、北平立刻收到此款，而無欠帳，即應記在現金收入託收報費。

(15)申報駐津訪員拍電至上海，報費洋二元五角，款託上海代收。

(說明)轉帳收項應收款項二元五角。轉帳付項託收款項二元五角。

(附註)天津應記在轉帳收項託收款項欄，局名上海，金額二元五角。轉帳付項報費欄二元五角。

(16)張三拍電至宜昌，報費洋二元，付現並預付回報費洋一元八角。

(說明)現金收入報費二元，預付回報費一元八角。

(附註)宜昌應記在轉帳收項託收款項欄，局名上海，金額一元八角。轉帳付項，報費一元八角。

(17)月底收到申報館還津局報洋二元五角。

(說明)現金收入應收款項二元五角。

(18)黃四拍電至香港付洋十八元五角。但此報須由廣東轉，故付來之數中有八元五角爲酬廣東局作改路報費之用。(報未寄去)

(說明)現金收入報費十元。託收報費，局名廣東，金額八元伍角。

(附註)若廣東得此報後，即至有線電局改路拍至香港，用去八元五角，則廣東應登在現金付出改路報費欄，局名上海，金額八元五角。

(19)某甲自漢口拍電至德國，此電到上海後由本局向大北公司轉發，共用去十五元。

(說明)現金付出改路報費十五元，局名漢口。

(附註)漢口應記現金收入託收報費欄，局名上海，金額十五元。

(20)公大洋行拍電至武昌，計洋四元。但此報預由漢口郵轉，故亦向其收郵轉費一角九分。

(說明)現金收入報費欄四元。託收報費欄，局名漢口，金額一角九分。

(附註)漢口局收到此報後，即預輕寄至武昌收報人，並應記帳於現金付出改路報費欄，局名上海，金額一角九分。

填寫逐日營業報告表之說明

一、此表係根據會計貸借平衡(或收付平均)原則而製。

二、此表之用，僅限於國內營業報告。

關於國際電報，另有國際電報來去報發記表。

三、本表現金收入項下，專記一切現金收入，其下所列報費手續費預付回報費託收報費應收款項預報存費六項，均爲收入現金之相對科目，即用以表明現金收入之原因。

四、本表現金付出項下，專記一切付出之現金，其下所列退還預存報費改路報費退報費三項，均爲支出現金之相對科目，即用以表明現金付出之原因。(至於經常費支出各局，應另立帳册一一登記，至月終作決算報告。)

五、轉帳營業報告，專記一切無現金收付之各轉帳事項，收付兩方，完全以科目爲主體。例如張甲持存摺來處拍報，計洋五元，此種交易，在算時並無現金收付，填寫轉帳報告時，一面在轉帳收項預存報費內填寫其所用去之預存報費五元，一面在轉帳付項報費欄內記其拍報五元之數，蓋分錄原理固如此也。

六、關於轉帳營業報告之登記方法，尚有兩點，須特別說明者，即轉帳收付兩項之託收款項欄內之填寫方法。今再分述如次：

(A)轉帳收項之託收款項欄

此欄完全本局委託他局代收報費時填寫。例如　本日北平某報館駐滬訪員拍電至北平，計洋九元六角，此欵應由平局代向北平某報館收費，其記帳方法，即一面在轉帳付項報費欄內記入$9,60，一面在轉帳收項託收欵項內，記北平局$9,60。

(B)轉帳付項之託收欵項欄。（此欄即表上之轉帳付項之空白欄，遇需用時，參照轉帳收項託收欵項欄。）此項完全在受人委託時塡記。例如(I)設天津來信託代向A公司代收$3,00本局現在尙未能即刻收欵，其記法即一面在轉帳付項託收欵項欄內記明天津託收之$3,00，一面在轉帳收項應收欵項內，記入此尙未收得之$3,00。(II)如將來此欵如數向A公司收得現金，祇須在現金收入項下應收欵項欄內，記入$3,00即得。

七、(A)各處如有特殊之現金收入，其性質不屬於現金收入項下任何一欄時，製表人仍應即可隨表報告。其方法得擇用下列兩種方法之一：(I)借用收項六欄中任何未用之一欄，並劃去原有之科目，易以該事件相當之科目。(II)如收項六欄內均有記載，則可於表之反面將此欵收入之情形，扼要電告。但至少須具有下列三點：(1)此欵向何人收得。(2)收款原因。(3)金額。

(B)各處如有特殊之現金付出，其性質不屬於現金付出項下任何一欄時，製表人仍應即日報告。報告方法(I)借用付項三欄央任何未用之一欄，並劃去原有之科目而易以該事件相當之科目，(2)如付項三欄均有記載，則亦可在本表反面另書報告。但須注意下列三點：(1)此欵付於何人。(2)付欵原因。(3)金額。

八、轉帳交易，如有特殊情形發生，在表內不能登記，則應在表之反面註明下列三點：(1)簡要事實。(2)雙方轉帳之科目。(3)轉帳金額。

附註(一)

每日須將現金收入與現金付出之差額，悉數存入指定之銀行。

例　設現金收入爲

報費　合計　四十元

手續費　三元

預付回電費 四元

應收款項 三元

預存報費 五十元

共 一百元

現金付出

退還預存報費 二十元

退報費 二元

共 二十二元

兩抵結存七十八元

此七十八元，應存銀行，並每日電報本處。（即 Daily Business Report 之 D C）

附註（二）

每日各局應將以下各項電呈本處。（英文名此後改爲 Daily Business Report）

國內營業報告
- A 報費
- B 手續費
- C 本日預存報費
- D 本日營業收入結存銀行之現金

統計材料
- N 去報份數
- W 去報字數

國際去報
- I 國際電報他國應得之數
- L 國際電報本國應得之數

附錄

第五類 塡寄國際電報來去報費表辦法

一、國際來去報費須按日照表分欄塡記，每半個月或一個月一寄，均可。

二、收入之國際電費，除 Daily Business Report 中 I L 二字碼分別報告外，該項收入，亦須在 A 字碼中包含，切勿遺漏。

（附註） 塡註以上表報時應請注意下列各點；

一、各種表報務須塡寫清楚，不得任意塗改。

二、塡寫表報，必用墨水鋼筆，鉛筆塡註者，認為無效。

三、各種表報，除塡製員加章外，必須由局長或台長加章。

四、一切數字不得用象皮擦刀刮或用藥水消滅字跡。

第六類 處理改路報費辦法

近查各局處理改路報費科目，頗多各行其是，或以雜收入與改路報費對冲，或以雜收入與郵電費對冲，或以託收款項與改路報費轉帳，甚至既用改路報費付帳，而同時復在決算內報銷，此類情事，已屢見不鮮，於會計上既多窒礙，稽核時尤感困難。茲為劃一起見，規定處理該科目辦法，自六月一日起實行。

一、凡收入改路電報之郵資及電費，均須記入逐日營業報告表中現金收入部手續費欄內。但應註明改路字樣。

二、凡付出改路電報之郵資及電費，毋須登入日營業報告表，俟月終在支出決算內改路報費項下報銷。

第七類 更訂郵票印花月終報銷辦法

查本處直轄各局台處月終決算，郵票及印花稅票兩支出，常有將買入項與消耗項合併報銷情事，查買入整數，零星消耗合併，性質既未盡同，考核尤感不便，亟應更改。爰規自五月份決算報告起，關於上項報銷，一律報告實際支出之數，其買入而未經動用部份，概作現金。報告時，除照章附呈應有單據外，（快信囘執 掛號信收據等）另須依式塡註清單，（格式另附）不得仍以每月支出總數，攏統報銷。

附表式二種

(一)例設

○○無線電報局 月份支用郵票清單

月日	第號	收件人地址姓名	事由	信件種類	郵票	附件張數	經手人
	0095	上海會計科	覆0094號函	快	十六分	一	王鈞(印)
	0096	北平徐台長	詢報費收據	平	四分	○	某某(印)

民國 年 月 日 局長○○○(印) 報告

(二)例設

○○無線電報局 月份支出印花稅票清單

月日	第號	用途	印花分數	附件	經手人

民國 年 月 日 局長○○○(印) 報告

第八類 編製決算辦法

一、票據編號及塡表

甲、每屆月底，一切單據，須就所屬科目分類。每一單據上，應註明科目編號，並註明在本科目之號次。

例如本年一月份電燈費，應歸燈水項下，其科目編號爲E12該單據在本科目內之號次，爲5，則該單據上即應准作"E12—5"。(此號通常均應寫在票據之右上角。)又本科目單據之編號，以一個月爲度

乙、每月月底，除將所有單據依照甲項辦法，逐張編號外，應再分別科目依據單據號次塡寫分目詳單，更將各科目總數塡入支出決算表。

一。票據寄呈及留底

甲、決算表以正式票據爲根據，將正式票據，連同支出決算表，開支分目詳單，寄呈本處。

乙、原用票據粘存簿，即行作廢，另用本處特製之票據封套一種。外面註明科目張數月份金額，每一封套收同科目之單據七件，每滿七件，另易封套。平時依次保存，在寄決算表時，一併彙呈。

丙、所有票據，須在票據留底簿上按月依照科目分類註明號數及物價，幷將原票據在留底簿上蓋一騎縫印章，以作憑證。至於薪水收據原有存根可査，無須再用此項辦法。

二、塡寄營業月報表

每屆月底，必須塡寄營業月報表不得稍事遷延積壓。其塡寫辦法，係按照該表印就科目，將其總數依次塡入，如遇某科目本月不發生收付情形，則可任其空白。俟合數塡好後，其收付差額，則塡入本月營業淨收數額欄，如是收付相等。該表應塡三份，除一份自己備留外，二份均須寄科。

四、塡寄流動資產負債報告表

每月底將流動資產負債按照該表上印就各科目分別塡入如遇某科目不發生收付則可任其空白，其收付雙方差額則塡入管理處往來科目之收方或付方使之相等而行總結也。該表應塡二份，除一份自己備留外，二份

須均寄科。

五、塡寄支出決算表

每屆月底，必須塡寄支出決算表。該表分費用及資產購置二大類，凡一切費用，依照印就科目，將批准數及實支數，分別按欄塡入。至於票據數一欄，則照票據編號辦法，將其號數塡入。其本月用費總數，則記入合計欄內。資產購置一類，如有資產之購買，則照資產之種類列入A字某某號，（參考科目編號詳單）否則任其空白。最後將費用資產二項結一總數，塡入總計欄內，該表須塡三份，除一份自留外，餘二份均須寄科。

建設委員會無線電管理處

國內無線電報價目表

	類別	價目
報費	華文明語尋常電	同省每字五分，隔省每字一角。
	華文密語尋常電	同省每字一角，隔省每字二角。
	洋文尋常電	同省每字一角，隔省每字二角。
	急電	按尋常電三倍收費。
	校對電	按照尋常電費加收四分之一。
	收據電	每電加收五個字報費。
	郵轉電	每電加收郵政快信掛號信費。
	預付回報電費	字數等級由發報人酌定。
手續費	分抄費	每份每百字收銀二角。
	譯費	每字五厘
	掛號費	不收
	送力	不收
國際電報價目另有詳表		

說明 ◉ 華文電報用通用電碼譯本譯成文字後，意義明顯文氣連貫者，謂之明語；不然謂之密語。

華文密語電報內收報人住址之字數，仍作明語價目收費。

急電價目照尋常電三倍收費 例如，隔省華文明語尋常電字收一角，急電每字應收三角。

附錄 二一四

國際無綫電報價目表

CHINESE GOVERNMENT RADIO ADMINISTRATION

RADIOGRAM RATES PER WORD

"Via CGRA"

Effective July 1, 1929.

(ubj-ct to change without notice)

FROM INLAND PLACES IN CHINA

TO	"Via CGRA"	
ASIA	Ordinary	Deferred
	$ cts.	$ cts.
Dutch East Indies	1.45	0.75
Hawaii Islands:—		
Honolulu (all places on Oahu)	1.70	0.85
Other Islands	2.05	1.05
Philippine Islands:—		
Manila	0.70	0.35
Luzon, other places	0.80	0.40
All other places	1.10	0.55
Siam	1.35	0.70
EUROPE		
All Countries	1.90	0.95
(No Deferred Messages to Bulgaria & Turkey)		

TO	"Via CGRA" Ordinary	"Via CGRA" Deferred
NORTH AMERICA	$ cts.	$ cts.
Canada:—		
Alberta	2.25	1.15
British Columbia		
Zone 1. (Vancouver, Victoria) ..	2.15	1.10
Zone 2.	2.25	1.15
Zone 3.	2.30	1.15
Zone 4.	2.40	1.20
Cape Breton	2.35	1.20
Labrador	2.70	1.35
Manitoba	2.25	1.15
New Brunswick	2.35	1.20
Newfoundland	2.60	1.30
Nova Scotia	2.35	1.20
Ontario	2.35	1.20
Prince Edward Island	2.45	1.25
Quebec	2.35	1.20
St. Pierre and Miquelon	2.60	1.30
Saskatchewan	2.25	1.15
Yukon	2.85	1.45
Mexico	2.60	1.30
United States of America:—		
Alabama	2.20	1.10
Alameda	2.00	1.00
Alaska	2.65	1.35
Arizonia	2.10	1.05
Arkansas	2.20	1.10
Berkeley	2.00	1.00
California (San Francisco etc.)	2.00	1.00
Other Offices	2.10	1.05
Carolina (North and South)	2.25	1.15
Colorado	2.15	1.05
Columbia, District of	2.25	1.15
Connecticut	2.25	1.15
Dakota (North and South)	2.15	1.15

	"Via CGRA" Ordinary $ cts.	Deferred $ cts.
Delaware	2.25	1.15
Emeryville	2.00	1.00
Florida	2.25	1.15
Georgia	2.25	1.15
Idaho	2.10	1.05
Illinois	2.20	1.10
Indiana	2.20	1.10
Iowa	2.20	1.10
Kansas	2.15	1.05
Kentucky	2.20	1.10
Louisiana	2.20	1.10
Maine	2.25	1.15
Maryland	2.25	1.15
Massachusetts	2.25	1.15
Michigan	2.20	1.10
Minnesota	2.20	1.10
Mississippi	2.20	1.10
Missouri	2.20	1.10
Montana	2.15	1.05
Nebraska	2.15	1.05
Nevada	2.10	1.05
Newhampshire	2.25	1.15
New Jersey	2.25	1.15
New Mexico	2.15	1.05
New York	2.25	1.15
Oakland	2.00	1.00
Ohio	2.20	1.10
Oklahoma	2.20	1.10
Oregon	2.10	1.05
Pennsylvania	2.25	1.15
Piedmont	2.00	1.00
Rhode Island	2.25	1.15
San Francisco	2.00	1.00
Tennessee	2.20	1.10
Texas	2.20	1.10

TO	"Via CGRA" Ordinary	
	Ordinary	Deferred
	$ cts.	$ cts.
Utah	2.10	1.05
Vermont	2.25	1.15
Virginia & West Virginia	2.25	1.15
Washington (State)	2.10	1.05
Wisconsin	2.20	1.10
Wyoming	2.15	1.05
CENTRAL AMERICA		
Costa Rica:—		
Coloredo Bar	3.75	1.90
Port Limon	3.30	1.65
Punta Arenas	3.30	1.65
San Jose	3.30	1.65
All other Offices	3.30	1.65
Guatemala:—		
S. Jose de Guatemala	3.15	1.60
Other Offices	3.30	1.65
Honduras:—		
Belize (British Honduras)	2.80	1.40
All other Offices	3.30	1.65
Nicaragua:—		
San Juan del Sur	3.15	1.60
All other offices	3.30	1.65
Panama:—		
Ancon	3.20	1.60
Almirante	3.80	1.90
Bocas del Toro	3.80	1.90
Bálboa	3.20	1.60
Colon	3.20	1.60
Cristobal	3.20	1.60
Panama City	3.20	1.60
All other places	3.30	1.60
San Salvador:—		
La Libertad & all offices	3.30	1.65

TO	"Via CGRA" Ordinary	"Via CGRA" Deferred
WEST INDIES	$ cts.	$ cts.
Antigua	3.60	1.80
Aruba: via Newyork Radio	3.35	1.70
Aruba: via Haiti	3.95	2.00
Bahamas: Bimini	2.90	1.45
Bahamas: Nassau	2.90	1.45
Other Stations	3.05	1.55
Barbados	3.30	1.65
Bermuda	3.20	1.60
Bonaire: via Newyork Radio	3.35	1.70
via Haiti	3.95	2.00
Carriacou	3.70	1.85
Cuba: Havana	2.45	1.25
Santiago	2.60	1.30
Other Stationns	2.60	
Curacao: via Newyork Radio	3.35	1.70
via Haiti	3.95	2.00
Dominica	3.60	1.80
Grenada	3.60	1.80
Guadeloupe	4.00	2.00
Haiti: Cap Haitien &c.	3.25	1.65
Other Stations	3.40	1.70
Jamaica	3.30	1.65
Les Saintes	4.00	2.00
Marie Galante	4.00	2.00
Martinique	4.00	2.00
Montserrat	3.60	1.80
Porto Rico	3.25	1.65
St. Andrews Island	3.40	
St. Croix	3.50	1.75
St. Domingo: S. Domingo & Puerto Plata	3.25	1.65
La Romana	3.45	1.75
Other Stations	3.35	1.70
St. John	3.60	1.80
St. Kitts	3.60	1.80

	"Via CGRA" Ordinary	Deferred
	$ cts.	$ cts.
St. Lucia	3.60	1.80
St. Martia: via Newyork Radio	3.35	1.70
St. Thomas	3.50	1.75
St. Vincent	3.60	1.80
Swan Island	3.80	
Tobago	3.60	1.80
Trinidad	3.60	1.80
Turk's Island	3.40	1.70

SOUTH AMERICA

Argentine (Via R. C. A.)	3.35	1.70
Bolivia:—		
Ballivian	4.10	——
Cachuala	4.10	——
Cobija	4.10	——
D'Orbigny	4.10	——
Esperanza	4.10	——
Esteros	4.10	——
Riberalta	4.10	——
Trinidad	4.10	——
Villa Bella	4.10	——
All other office	3.55	1.80
Brazil:—		
Acre District (via R. C. A.)		
Via Belem Radio	4.40	2.20
Via Manaos Radio	5.30	2.65
Amazon River Stations		
Zone 1	3.95	2.00
Zone 2	4.65	2.30
Bahia	3.30	1.65
Ceara	3.30	1.65
Maceio	3.30	1.65
Maranchao	3.30	1.65
Para	3.30	1.65

TO	"Via CGRA" Ordinary $ cts.	Deferred $ cts.
Pernambuco	3.30	1.65
Rio Grande de Sul	3.30	1.65
Rio de Janeiro	3.30	1.65
Santa Catharina	3.30	1.65
Santos	3.30	1.65
Sao Paulo	3.30	1.65
Victoria	3.30	1.65
All other offices	3.30	1.65
British Guiana:—		
Akyma	3.75	1.85
Apoteri	3.85	1.90
Enachu	3.85	1.90
British Guiana (Continued)		
Mackenzie	3.75	1.85
Rockstone	3.75	1.85
Wismar	3.75	1.85
All other offices	3.60	1.80
Chile:—		
Bahia Catalina etc	3.65	1.85
All other offices	3.35	1.70
Colombia:—		
Buenaventura	3.25	1.65
Bogota	3.30	1.65
Cartagena	3.25	1.65
All other offices	3.35	1.70
Dutch Guiana (via New York Radio)	3.35	1.70
Ecuador:—	3.45	1.70
Falkland Islands:		
Fox Bay	4.40	2.20
Port Stanley	4.15	2.02
French Guiana	4.05	2.05
Paraguay	3.35	1.70

TO	"Via CGRA" Ordinary Deferred	N.L.T.
	$ cts.	$ cts.
Peru:—		
El Encanto	3.80	——
Iquitos	3.80	——
Loticia	3.80	——
Masisea	3.80	——
Puerta Mandonado	3.80	——
All other stations	3.60	1.80
South Georgia Island	4.70	2.35
Uruguay	3.60	1.80
Venezuela:—		
Via New York Radio	3.75	1.85
Via Trinidad Radio	3.75	1.85

FROM SHANGHAI

TO	"Via CGRA" Ordinary	Deferred	N.L.T.
ASIA:	$ cts.	$ cts.	$ cts.
Dutch East Indies	1.25	0.60	
Hawaii Islands:—			
Honolulu (all places on Oahu) ..	1.65	0.80	0.45
Other Islands	2.00	1.00	
*Hong Kong	0.20		
Philippine Islands:—			
Manila	0.45	0.25	0.15
Luzon, other places	0.60	0.30	0.15
All other places	0.85	0.45	0.25
Siam	1.15	0.60	
EUROPE:			
All countries	1.70	0.85	
(No Deferred Messages of Bulgaria & Turkey)			
NORTH AMERICA:			
Canada:—			
Alberta	2.10	1.05	0.70
British Columbia			
Zone 1. (Vancouver, Victoria)	2.00	1.00	0.65
Zone 2.	2.10	1.05	
Zone 3.	2.15	1.10	
Zone 4.	2.25	1.10	
Cape Breton	2.15	1.10	0.70
Labrador	2.45	1.25	
Mackenzie	2.75	1.40	
Manitoba	2.10	1.05	0.70
New Brunswick	2.15	1.10	0.70

TO	"Via CGRA"		
	Ordinary	Deferred	N.L.T.
	$ cts.	$ cts.	$ cts.
Newfoundland	2.35	1.20	0.75
Nova Scotia	2.15	1.10	0.70
Ontario	2.15	1.10	0.70
Prince Edward Island	2.25	1.15	
Quebec	2.15	1.10	0.70
St. Pierre and Miquelon	2.35	1.20	
Saskatchewan	2.10	1.05	0.70
Yukon	2.70	1.35	
Mexio	2.35	1.20	
United States of America:—			
Alabama	2.00	1.00	0.70
Alameda	1.75	0.90	0.60
Alaska	2.45	1.25	
Arizona	1.90	0.95	0.65
Arizona	1.90	0.95	0.65
Arkansas	2.00	1.00	0.70
Berkeley	1.75	0.90	0.60
California (San Francisco etc.)	1.75	0.90	0.60
Other Offices	1.90	0.95	0.65
Carolina (North and South)	2.10	1.05	0.70
Colorado	1.95	1.00	0.65
Columbia, District of	2.10	1.05	0.70
Connecticut	2.10	1.05	0.70
Dakota (North and South)	1.95	1.00	0.65
Delaware	2.10	1.05	0.70
Emeryville	1.75	0.90	0.60
Florida	2.10	1.05	0.70
Georgia	2.10	1.05	0.70
Idaho	1.90	0.95	0.65
Illinois	2.00	1.00	0.70
Indiana	2.00	1.00	0.70
Iowa	2.00	1.00	0.70
Kansas	1.95	1.00	0.65
Kentucky	2.00	1.00	0.70

TO	"Via CGRA"		
	Ordinary	Deferred	N.L.T
	$ cts.	$ cts.	$ cts.
Louisiana	2.00	1.00	0.70
Maine	2.10	1.05	0.70
Maryland	2.10	1.05	0.70
Massachusetts	2.10	1.05	0.70
Michigan	2.00	1.00	0.70
Minnesota	2.00	1.00	0.70
Missouri	2.00	1.00	0.70
Mississippi	2.00	1.00	0.70
Montana	1.95	1.00	0.65
Nebraska	1.95	1.00	0.65
Nevada	1.90	0.95	0.65
New Hampshire	2.10	1.05	0.70
New Jersey	2.10	1.05	0.70
New Mexico	1.95	1.00	0.65
New York	2.10	1.05	0.70
Oakland	1.75	0.90	0.60
Ohio	2.00	1.00	0.70
Oklahoma	2.00	1.00	0.70
Oregon	1.90	0.95	0.65
Pennsylvania	2.10	1.05	0.70
Piedmont	1.75	0.90	0.60
Rhode Island	2.10	1.05	0.70
San Francisco	1.75	0.90	0.60
Tennessee	2.00	1.00	0.70
Texas	2.00	1.00	0.70
Utah	1.90	0.95	0.65
Vermont	2.10	1.05	0.70
Virginia & West Virginia	2.10	1.05	0.70
Washington	1.90	0.95	0.65
Wisconsin	2.00	1.00	0.70
Wyoming	1.95	1.00	0.65

CENTRAL AMERICA

Costa Rica:—

Colorado Bar	3.45	1.75	
Port Limon	3.00	1.50	

TO	"Via CGRA" Ordinary	Deferred	N.L.T.
	$ cts.	$ cts.	$ cts.
Punta Arenas	3.00	1.50	
San Jose	3.00	1.50	
All other Offices	3.10	1.55	
Guatemala			
S. Jose De Guatemala	3.00	1.50	
Other Offices	3.10	1.55	
Honduras			
Belize (British Honduras)	2.60	1.30	
All other Offices	3.10	1.55	
Nicaragua:—			
San Juan del Sur	3.00	1.50	
All other Offices	3.10	1.55	
Panama:—			
Ancon	3.05	1.50	
Almirante	3.65	1.85	
Bocas del Toro	3.65	1.85	
Balboa	3.05	1.50	
Colon	3.05	1.50	
Cristobal	3.05	1.50	
Panama City	3.05	1.50	
All other places	3.10	1.55	
San Salvador:—			
La Libertad & all offices	3.10	1.55	
WEST INDIES			
Antigua	3.35	1.70	
Aruba: via Newyork Radio	3.15	1.60	
Bahamas: Bimini	2.65	1.35	
Nassau	2.70	1.35	
Other Stations	2.85	1.45	
Barbados	3.10	1.55	
Bermuda	3.00	1.50	

TO	"Via CGRA"		
	Ordinary	Deferred	N.L.T
	$ cts.	$ cts.	$ cts.
Bonaire: via Newyork Radio ..	3.15	1.60	
Carriacou	3.45	1.75	
Cuba: Havana	2.25	1.15	
Santiago	2.25	1.15	
Other Stations	2.40		
Curacao: via Newyork Radio ..	3.15	1.60	
Dominica	3.35	1.70	
Grenada	3.35	1.70	
Guadeloupe	3.80	1.90	
Haiti: Cap Haitien &c.	3.05	1.55	
Other Stations	3.15	1.60	
Jamaica	3.10	1.55	
Les Saintes	3,80	1.90	
Marie Galante	3.80	1.90	
Martinique	3.80	1.90	
Montserrat	3.35	1.70	
Porto Rico	3.05	1.50	
St. Andrews Island	3.35		
St. Croix	3.25	1.65	
St. Domingo:			
S. Domingo & Puerto Plata ..	3.05	1.55	
La Romana	3.20	1.60	
Other Stations	3.10	1.55	
St. John	3.35	1.70	
St. Kitts	3.35	1.70	
St. Lucia	3.35	1.70	
St. Martin: via Newyork Radio ..	3.15	1.60	
St. Thomas	3.25	1.65	
St. Vincent	3.35	1.70	
Swan Island	2.60		
Tobago	3.35	1.70	
Trinidad	3.35	1.70	
Turk's Island	3.10	1.55	

TO SOUTH AMERICA.	"Via CGRA" Ordinary $ cts.	Deferred $ cts.	N.L.T. $ cts.
Argentine (Via R. C. A.)	3.10	1.55	
Bolivia:—			
Bollivian	3.85		
Cachuala	3.85		
Cobija	3.85		
Dorbigny	3.85		
Esperanza	3.85		
Esteros	3.85		
Riberalta	3.85		
Trinidad	3.85		
Villabella	3.85		
All other Offices	3.45	1.75	
Brazil:—			
Acre Stations (Via R. C. A.)			
Via Belem Radio	4.25	2.15	
Via Manaos Radio	5.20	2.60	
Amazon Stations			
Zone 1	3.80	1.90	
Zone 2	4.50	2.25	
Bahia	3.10	1.55	
Ceara	3.10	1.55	
Maceio	3.10	1.55	
Maranhao	3.10	1.55	
Para	3.10	1.55	
Pernambuco	3.10	1.55	
Rio Grande de Sul	3.10	1.55	
Rio de Janeiro	3.10	1.55	
Santa Catharina	3.10	1.55	
Santos	3.10	1.55	
Sao Paulo	3.10	1.55	
Victoria	3.10	1.55	
All other Offices	3.60	1.80	
British Guiana:—			
Akyma	3.50	1.75	
Apoteri	3.60	1.80	

TO	"Via CGRA" Ordinary		
	Ordinary	Deferred	N.L.T
	$ cts.	$ cts.	$ cts.
Enachu	3.60	1.80	
Mackenzie	3.60	1.80	
Rockstone	3.60	1.80	
Wismar	3 60	1.80	
All other Offices	3.35	1.70	
Chile:—			
Puncta Arenas (Via Santiago Radio)	3.35	1.70	
All other Offices	3.10	1.55	
Colombia:—			
Buenaventura	3.05	1.50	
Bogota	3.10	1.55	
Cartagena	3.05	1.50	
All other Offices	3.15	1.60	
Dutch Guiana (Via New York Radio)	3.15	1.60	
Ecuador	3.25	1.65	
Falkland Islands:—			
Fox Bay	4.25	2.15	
Port Stanley	3.95	2.00	
French Guiana (Via New York or Barbados Radio)	3.40	1.70	
Paraguay	3.10	1.55	
Peru:—			
El Encanto	3 55		
Iquitos	3.55		
Loticia	3.55		
Masisea	3.55		
Puerto Mandonado	3.55		
All other Stations	3.30	1.65	
South Georgia Island	4.55	2.25	
Uruguay	3.30	1.65	
Venezuela:—			
Via New York Radio	3.50	1.75	
Via Trinidad Radio	3.50	1.75	

FROM AMOY

TO	"Via CGRA" Ordinary	"Via CGRA" Deferred
ASIA:	$ cts.	$ cts.
Dutch East Indies	1.25	0.60
Hawaii Islands:—		
Honolulu (all places on Oahu)	1.70	0.85
Other Islands	2.05	1.05
Philippine Islands:—		
Manila	0.60	0.30
Luzon, other places	0.70	0.35
All other places	1.00	0.50
Siam	1.15	0.60
EUROPE:		
All countries	1.90	0.95
(No Deferred Messages to Bulgarian & Turkey)		
NORTH AMERICA		
Canada:—		
Alberta	2.25	1.15
British Columbia		
Zone 1. (Vancouver, Victoria)	2.15	1.10
Zone 2.	2.25	1.15
Zone 3.	2.30	1.15
Zone 4.	2.40	1.20
Cape Breton	2.35	1.20
Labrador	2.70	1.35
Manitoba	2.25	1.15
New Brunswick	2.35	1.20
Newfoundland	2.60	1.30
Nova Scotia	2.35	1.20

TO	"Via CGRA" Ordinary $ cts.	Deferred $ cts.
Ontario	2.35	1.20
Prince Edward Island	2.45	1.25
Quebec	2.35	1.20
St. Pierre and Miquelon	2.60	1.30
Saskatchewan	2.25	1.15
Yukon	2.85	1.45
Mexico	2.60	1.30
United States of America:—		
Alabama	2.20	1.10
Alameda	2.00	1.00
Alaska	2.65	1.35
Arizona	2.10	1.05
Arkansas	2.20	1.10
Berkeley	2.00	1.00
California (San Francisco etc.)	2.00	1.00
Other Offices	2.10	1.05
Carolina (North and South)	2.25	1.15
Colorado	2.15	1.05
Columbia, District of	2.25	1.15
Connecticut	2.25	1.15
Dakota (North and South)	2.15	1.05
Delaware	2.25	1.15
Emeryville	2.00	1.00
Florida	2.25	1.15
Georgia	2.25	1.15
Idaho	2.10	1.05
Illinois	2.20	1.10
Indiana	2.20	1.10
Iowa	2.20	1.10
Kansas	2.15	1.05
Kentucky	2.20	1.10
Louisiana	2.20	1.10
Maine	2.25	1.15
Maryland	2.25	1.15

TO	"Via CGRA" Ordinary	
	Ordinary	Deferred
	$ cts.	$ cts.
Massachusetts	2.25	1.15
Michigan	2.20	1.10
Minnesota	2.20	1.10
Mississippi	2.20	1.10
Missouri	2.20	1.10
Montana	2.15	1.05
Nebraska	2.15	1.05
Nevada	2.10	1.05
Newhampshire	2.25	1.15
New Jersey	2.25	1.15
New Mexico	2.15	1.05
New York	2.25	1.15
Oakland	2.00	1.00
Ohio	2.20	1.10
Oklahoma	2.20	1.10
Oregon	2.10	1.05
Pennsylvania	2.25	1.15
Piedmont	2.00	1.00
Rhode Island	2.25	1.15
San Francisco	2.00	1.00
Tennessee	2.20	1.10
Texas	2.20	1.10
Utah	2.10	1.05
Vermont	2.25	1.15
Virginia & West Virginia	2.25	1.15
Washington (State)	2.10	1.05
Wisconsin	2.20	1.10
Wyoming	2.15	1.05

CENTRAL AMERICA

Costa Rica:—

Coloredo Bar	3.75	1.90
Port Limon	3.30	1.65
Punta Arenas	3.30	1.65
San Jose	3.30	1.65
All other Offices	3.30	1.65

TO	"Via CGRA" Ordinary $ cts.	Deferred $ cts.
Guatemala:—		
S. Jose de Guatemala	3.15	1.60
Other Offices	3.30	1.65
Honduras:—		
Belize (British Honduras)	2.80	1.40
All other Offices	3.30	1.65
Nicaragua:—		
San Juan del Sur	3.15	1.60
All other offices	3.30	1.65
Panama:—		
Ancon	3.20	1.60
Almirante	3.80	1.90
Bocas del Toro	3.80	1.90
Balboa	3.20	1.60
Colon	3.20	1.60
Cristobal	3.20	1.60
Panama City	3.20	1.60
All other places	3.30	1.65
San Salvador:—		
La Libertad & all offices	3.30	1.65

WEST INDIES

Antigua	3.60	1.80
Aruba: via Newyork Radio	3.35	1.70
Aruba: via Haiti	3.95	2.00
Bahamas: Bimini	2.90	1.45
Bahamas: Nassau	2.90	1.45
Other Stations	3.05	1.55
Barbados	3.30	1.65
Bermuda	3.20	1.60
Bonaire: via Newyork Radio	3.35	1.70
via Haiti	3.95	2.00
Carriacou	3.70	1.85

TO	"Via CGRA" Ordinary $ cts.	Deferred $ cts.
Cuba: Havana	2.45	1.25
Santiago	2.60	1.30
Other Stations	2.60	
Curacao: via Newyork Radio	3.35	1.70
via Haiti	3.95	2.00
Dominica	3.60	1.80
Grenada	3.60	1.80
Guadeloupe	4.00	2.00
Haiti: Cap Haitien &c.	3.25	1.65
Other Stations	3.40	1.70
Jamaica	3.30	1.65
Les Saintes	4.00	2.00
Marie Galante	4.00	2.00
Martinique	4.00	2.00
Montserrat	3.60	1.80
Porto Rico	3.25	1.65
St. Andrews Island	3.40	
St. Croix	3.50	1.75
St. Domingo:		
S. Domingo & Puerto Plata	3.25	1.65
La Romana	3.45	1.75
Other Stations	3.35	1.70
St. John	3.60	1.80
St. Kitts	3.60	1.80
St. Lucia	3.60	1.80
St. Martin: via Newyork Radio	3.35	1.70
St. Thomas	3.50	1.75
St. Vincent	3.60	1.80
Swan Island	3.80	
Tobago	3.60	1.80
Trinidad	3.60	1.80
Turk's Island	3.40	1.70

SOUTH AMERICA

Argentine (Via R. C. A.)	3.35	1.70

TO	"Via CGRA" Ordinary $ cts.	Deferred $ cts.
Bolivia:—		
Ballivian	4.10	——
Cachuala	4.10	——
Cobija	4.10	——
D'Orbigny	4.10	——
Esperanza	4.10	——
Esteros	4.10	——
Riberalta	4.10	——
Trinidad	4.10	——
Villa Bella	4.10	——
All other offices	3.55	1.80
Brazil:—		
Acre District (via R. C. A.)		
Via Belem Radio	4.40	2.20
Via Manaos Radio	5.30	2.65
Amazon River Stations		
Zone 1	3.95	2.00
Zone 2	4.65	2.30
Bahia	3.30	1.65
Ceara	3.30	1.65
Maceio	3.30	1.65
Maranchao	3.30	1.65
Para	3.30	1.65
Pernambuco	3.30	1.65
Rio Grande de Sul	3.30	1.65
Rio de Janeiro	3.30	1.65
Sanata Catharina	3.30	1.65
Santos	3.30	1.65
Sao Paulo	3.30	1.65
Victoria	3.30	1.65
All other offices	3.30	1.65
British Guiana:—		
Akyma	3.75	1.85
Apoteri	3.85	1.90
Enachu	3.85	1.90

TO	"Via CGRA" Ordinary $ cts.	Deferred $ cts.
Mackenzie	3.75	1.85
Rockstone	3.75	1.85
Wismar	3.75	1.85
All other offices	3.60	1.80
Chile:—		
Bahia Catalina etc.	3.65	1.85
All other offices	3.35	1.70
Colombia:—		
Buenaventura	3.25	1.65
Bogota	3.30	1.65
Cartagena	3.25	1.65
All other offices	3.35	1.70
Dutch Guiana (via New York Radio)	3.35	1.70
Ecuador:—	3.45	1.70
Falkland Islands:—		
Fox Bay	4.40	2.20
Port Stanley	4.15	2.05
French Guiana	4.05	2.05
Paraguay	3.35	1.70
Peru:—		
El Encanto	3.80	——
Iquitos	3.80	——
Loticia	3.80	——
Masisea	3.80	——
Puerta Mandonado	3.80	——
All other stations	3.60	1.80
South Georgia Island	4.70	2.35
Uruguav	3.60	1.80
Venezuela:—		
Via New York Radio	3.75	1.85
Via Trinidad Radio	3.75	1.85

CLASSES OF SERVICE

Full or Ordinary Rate

This rate applies to all messages requiring prompt transmission which rank in importance after Radiograms sent at urgent rate.

Urgent Rate

The Urgent Rate service is recommended for all messages of an extremely urgent nature, and 3 times the ordinary rate is charged for priority over all other commercial messages on the CGCA and connecting systems.

Deferred Rate

The Deferred, half-rate service is provided for a less urgent nature. Deferred-rate radiograms must be written in plain language of either the country of origin (LCO), country of destination (LCD) or in French (LCF)

Radioletters

Especially adapted for social and business correspondence which permits of some delay. Messages of this class must be written in plain Chinese figure-code or plain English Minimum of 20 words charged for in Radioletters (NLT)

Plain Language

Plain language is that which offers an intelligible meaning in one or more of the languages authorized for international telegraphic correspondence. Messages written wholly in plain language are charged at the rate of fifteen (15) letters to a word.

Code Language

Code language is that which is composed of words not forming intelligible phrases in one or other of the languages authorized for telegraphic correspondence in plain language. Code words, whether genuine or artificial, must be formed of syllables pronounceable according to the current usage of one of the following languages: English, French, German, Spanish, Dutch, Italian, Portuguese or Latin.

Code language is counted at the rate of ten characters to a word. Combinations of two or more plain language words, contrary to the usage of the language, are not admitted as single code words.

Cipher Language

Cipher language is formed either of Arabic figures, or groups of letters, or of words, names, expressions, or combinations of letters not complying with the conditions of plain or code language. Each separate group of figures or letters is charged for at the rate of five figures or five letters or any fraction of five to the word.

Figures and letters in the same group in a cipher message will be counted separately.

Figures

Figures in plain or code language messages are charged at the rate of five figures to a word: each group of figures is counted as a separate word, whether containing five figures or less. Decimal points, etc. are each counted as one figure in a group.

Combinations

In messages written in a mixture of plain, code and cipher languages, the passages in both plain and code language are charged as code language, and the passages in cipher language are charged as cipher. In messages written in plain language and cipher language, the passages in plain language are counted as plain language, and the passages in cipher language are counted as cipher language.

Counting and Charging

Every message must be prepaid, unless otherwise specially authorized. Each word in the address, text and signature, intended for transmission, is charged for.

The address should consist of at least two words, the first word indicating the name of the person or firm to whom the message is to be delivered and the second word the office of destination.

REGISTERED ADDRESSES

Abbreviated addresses for Radiograms may be registered at the Traffic office.

上海無線電機製造廠貸借對照表

民國十八年六月三十日

資產之部

現　　金		$　396.80	
工商銀行存款		13,927.54	
應收款項		38,697.69	
預付定貨款項		8,865.23	
存　貨：材　料	$　2,524.40		
配　件	54,333.71		
半製品	1,664.00		
製成品	5,010.00	63,532.11	
管理處往來		25,000.00	
押租押櫃		89.04	
試驗用品	$　3,280.11		
試驗用品折舊準備	656.02	2,624.09	
什　　器	$　1,338.20		
什器折舊準備	267.64	1,070.56	
工　　具	$　4,190.82		
工具折舊準備	838.16	3,352.66	$157,555.72

負債之部

應付款項		$　6,295.91	
暫收款項：			
雲南無線電報局	$　805.30		
汕頭電台	.38	805.68	7,101.59

資本金

前任移交經費	$ 77,734.78	
修理所歸併經費	17,047.35	
建設委員會撥款	5,000.00	
本期純利益	50,672.00	$150,454.13

上海無線電機製造廠損益計算表

民國十八年六月三十日

銷貨			$245,501.13
存貨：十七年十一月十六日			
材料	$4,417.87		
配件	60,959.48		
半製品	2,000.00		
製成品	4,895.00	$72,272.35	
進貨：			
材料	$12,869.86		
配件	142,286.63		
半製品	1,728.50		
製成品	242.05	157,127.04	
合計		$229,399.39	
存貨：十八年六月三十日			
材料	$2,524.40		
配件	54,333.71		
半製品	1,664.00		
製成品	5,010.00	63,532.11	
銷貨成本			165,867.28
總利益			$79,633.85
損失之部			
職員薪金		$10,665.00	
工匠工資		6,888.85	
公役工資		784.00	
房租		567.19	
電力費		426.37	
工具另件		373.76	
試驗用消耗品		.80	
油漆費		168.10	
運送費		253.12	
車旅費		189.02	
郵電費		106.92	
文具印刷		424.60	
燃料水電		464.76	
捐稅		1,168.38	
修理費		416.22	
會計師費		160.00	
雜費		481.93	
兌換損益		1,432.62	
廣告費		110.00	
什器折舊		322.23	
倒賬		2,360.00	
試驗用品折舊		656.02	
工具折舊		338.16	
總損失		$29,258.05	
利益之部			
進貨折扣	$59.84		
利息收益	233.36		
雜項損益	3.00	296.20	28,961.85
純利益			$50,672.00

無綫電與中國

王崇植
惲震 合著

民國二十年九月初版

無線電與中國目錄

總目

李序……………………………………………………I—II

第一章　初期之無線電……………………………………一—一六

第二章　歐戰中之無線電…………………………………一七—三〇

第三章　近十年來之無線電………………………………三一—五四

第四章　英美無線電之爭霸………………………………五五—七二

第五章　無線電之效用及其將來…………………………七三—八三

第六章　中國無線電過去之糾紛…………………………八四—九三

第七章　三年來中國無線電之勃興………………………九四—一〇九

第八章　今後中國國內無線電的整理與建設……………一一〇—一二八

第九章　建造國際無線電台與收回通訊主權……………一二九—一四三

第十章　結論………………………………………………一四四—一五二

附　錄……………………………………………………一五三—一八五

目次

第一章　初期之無線電……一——一六
（一）通義……一——三
（二）導成電磁波發現之科學工作……三——五
（三）馬可尼與其一鳴驚人之『S』……五——八
（四）船舶通信與海上安全……八——一一
（五）眞空管之初期……一一——一三
（六）初度應用之踰洋無線電報……一三——一四
（七）歐戰前之世界通訊形勢……一四——一六
第二章　歐戰中之無線電……一七——三〇
（一）等幅波發報機之應用……一七——一九
（二）無線電話之初露頭角……一九——二一
（三）德法二國之戰時通訊……二二——二四
（四）美國參戰時之努力……二四——二七

（五）真空管專利權之爭執……………………………二七—三〇

第三章 近十年來之無線電……………………………三一—五四

（一）廣播事業之發展……………………………三一—三七
（二）業餘無線電家之工作……………………………三七—四〇
（三）世界通訊之進步……………………………四〇—四六
（四）無線電話之新成績……………………………四六—四八
（五）短波與定向束射之新趨勢……………………………四九—五一
（六）無線電傳形及無線電視……………………………五一—五二
（七）一九二七年之無線電公約……………………………五二—五四

第四章 英美無線電之爭霸……………………………五五—七二

（一）全世界之水線狀況……………………………五五—五九
（二）馬可尼公司之組織及其對美發展……………………………五九—六三
（三）美洲無線電合組公司之成立及其工作……………………………六三—六七
（四）後生可畏之美國……………………………六七—六九

（五）英國水線與馬可尼無線電之合併……六九 七一
（六）無線電共管下之南美洲……七一 七二
第五章 無線電之效用及其將來……七三 八三
（一）無線電之基本特性……七三 七六
（二）同用事業之共存共榮……七六 七九
（三）無線電應用範圍之蠡測……七九 八一
（四）無線電之將來……八一 八三
第六章 中國無線電過去之糾紛……八四 九三
（一）第一期電台裝設之經過……八四 八四
（二）馬可尼無線電報借款及西北三台……八五 八六
（三）中華無線電公司……八六 八七
（四）中日雙橋無線電台合同……八七 八九
（五）中美無線電台借款合同……八九 九〇
（六）外人在華私設電台……九一 九二
（七）華府會議與中國無線電……九二—九三

（七）華府會議與中國無線電……………………九二—九三
第七章 三年來中國無線電事業之勃興……………九四—一〇九
（一）東北無線電通信網之試辦……………………九四—九五
（二）東北國際無線電計劃與實況…………………九六—九七
（三）北伐中軍用無線電之新發展…………………九七—一〇〇
（四）無線電製造事業………………………………一〇〇—一〇〇
（五）建設委員會管理下之無線電…………………一〇〇—一〇二
（六）邊陲電台之成立………………………………一〇二—一〇四
（七）交通部建委會職權之爭及其解決……………一〇四—一〇七
（八）國際通訊大電台成立始末……………………一〇七—一〇九
第八章 今後中國國內無線電的整理與建設………一一〇—一二八
（一）有線電之線路及其現狀………………………一一〇—一一七
（二）外國電報公司在華通報地點及其概況………一一七—一一九
（三）過去各種通訊計劃的缺點與今後之補救……一一九—一二一

(四) 海上和航空通訊……一二一—一二三
(五) 廣播政策……一二三—一二八
第九章 建造國際無線電台與收回通訊主權……一二九—一四三
(一) 通訊主權旁落之由來……一二九—一三〇
(二) 南滿及中俄中法中英交界之接線情形……一三〇—一三三
(三) 無線電國際通訊之必要與成功……一三三—一三八
(四) 國際無線電報務合同之簽訂……一三八—一三九
(五) 世界洋日之一九三〇年年底……一三九—一四三
第十章 結論……一四四—一五二
(一) 有線電與無線電之分工合作……一四四—一四六
(二) 國際通訊主權之自立……一四六—一四八
(三) 無線電研究與製造之提倡……一四八—一四九
(四) 空間之法律……一四九—一五二

附錄

附錄一　參考書目錄……一五三—一五四
附錄二　中國全國商用及專用電台調查表……一五五—一六二
附錄三　中國全國船舶電台調查表……一六三—一六六
附錄四　中美無線電報務合同(中文)……一六七—一七二
附錄五　中德無線電報務合同(中文)……一七三—一七八
附錄六　中法無線電報務合同(英文)……一七九—一八三
附錄七　統計圖(二幅)……一八四—一八五

序

民國十六年春，當國民革命軍到達上海之時，余方於役軍事交通，奉命辦理無線電製造及育才事宜，備北伐軍事通訊之用。一年之間，計成立軍用無線電台四十餘座，於龍潭及濟南各役，均著效用。十七年夏，中央建設委員會成立，鑒於有線電之通訊不暢，乃思異軍突起，創設新中國之無線電交通，以利民生。當時短波無線電，雖已有成效可言，惟在距離較短地點甚多之國內通訊網上，世界尚鮮有用之者。余等籌辦年餘，通訊到達之地點，有四十以上。而電文之準確可靠與其收發之敏捷便利，謬承時人贊許，竊自慰焉。同時國際電訊之開始收發，國際大電台之籌設，均努力進行，爲廢除水線公司不平等條約，作有力之準備。乃二年以來，人事變遷，未竟我志，殊怏怏也。閒居獨坐，每思著一書以紀其實，幷及世界通訊之實在情況，使國人知所警惕焉。

本年四月，余自長安南歸，惲君蔭棠王君崇植出示近著，題曰「無線電與中國」，余讀而樂之。本書以世界政治經濟眼光，對中國無線電通訊，作一有系統之研究，體裁賅要，材料翔實，誠爲不可多得之新著。全書分十章，章各數節。第一章「初期之無線電」，第二章「歐戰中之無線電」，第三章「近十年之無線電」，對無線電之發達史蹟應用範圍經濟價值等，陳述甚詳。第四章爲「英美無線電之爭霸」，篇中言英美兩國間無線電競勝，實有極嚴重之意義。

而國家通訊主權之重要，亦可於此見之。第五章「無線電之效用及其將來」，詳言電磁波之本身特性，進而作他日無線電應用範圍之蠡測。我國自國內無線電商報發達以來，社會人士，頗感有線電之地位搖動，以爲在最近之將來，有線電或將全成落伍。實則有線電無線電同屬近代通訊利器，一如火車汽車飛艇之同爲運輸工具，而各有其存在之價值也。第六章敘我國無線電之史料。第七章「三年來中國無線電之勃興」，作者亦爲身與其役之人，其所言信而可徵，持論亦至平允。第八第九兩章論「今後中國國內無線電的整理與建設」及「建設國際無線電台與收回通訊主權」，均爲我國電訊建設必要之圖。本書之重要主旨，亦在於是。第十章結束全書，對於大東北公司等水線登陸合同廢止之必要，再三申述，語重心長，足爲施政者之參考也。

據作者自言，本書所用參考材料，以一九三一年三月以前所得者爲限。萬國電報電話公司最近試驗傳形電報成功，用黑白二色，每分鐘可印二頁，每頁約五百字，其速率爲各種自働電報所未有。該公司復於本年三月底，在英倫海峽公開證實「極短波」無線電話之效用。英法二國間以十八公分長之電波，極微弱之電能，得相互通話，清晰一如晤對。今後之無線電，又將因此開一新紀元，而有出人意表之進步。此種重要資料，均以時間關係，未及插入。又水線交涉會議之詳細經過，尚未公布，書中八九兩章，關於此項材料，不能詳盡，亦一憾事，因並誌之。

民國二十年五月李範一序

第一章 初期之無線電

（一）通義

無線電通訊之歷史，雖僅祇三十年，然溯其理論之發源，及導成此事業之各個科學發現，則當以十六世紀爲起點。本章所述，爲無線電通訊之大意，及一八九六年馬可尼大發現前後之各種重要事實，直至歐戰爆發時爲止，所謂無線電之初期歷史是也。

無線電訊之傳遞，全賴太空中電磁波之放射與推行。電磁波無聲無臭，亦無形跡，簡稱「電波」，亦曰「無線電波」，又曰「郝氏波」，蓋以德人郝支(Hertz)對於此電波之試驗有重大之貢獻也。發射電磁波之器具，統名之曰「發射機」(Transmitter)。發射機之一部分爲產生「高週率電流」之機器，另一部分，即爲「天線」，以一根或數根之電線，高架於木桿之頂，或鐵塔之巔，以高週率電流通流其上，四週電子隨之振盪，即能發生「以太」波動，挾電能而四散放射，其速率與光波相同，每秒鐘十八萬六千哩。

在事實上，此等高週率電流在天線上往還生滅每秒鐘約自 15,000 次乃至 20,000,000 次，視發射機之設計製造而異。其週率較高者放射「短」波，其週率較低者放射「長」波，波長與週率之數量爲一定之反比例。天線上但有電流，電波即繼續放射，毫無間斷。苟以電鑰使此電流忽通忽斷，則有線電報上之莫爾斯符號，一點一劃，亦可使電波之動作做爲之。茍以傳音器節制電流，則音樂言語之顫動高下，胥可由是傳入空中矣。

欲求收察此波，則須於預定收訊之地，另架天線，裝置「接收機。」(Receiver)電波經過天線，一部分電能，爲所吸收，成爲一種極微弱之交流電，與原發射機，電流同一週率。換言之，即發射機若於每秒鐘放射二千萬個電波，則此二千萬個電波，將於接收電線上引起每秒二千萬週之電流。在接收機上，如此高週率電流，將無法使人耳得受何種感覺。因此，此種電流，必經改整，始能應用於話機之聽筒，或放音機。改整電流之器具曰「檢波器」(Detector)其種類極多。

有時在接收機天線上所感生之電流或太微弱，無法檢取，則另設一「放大器」(Amplifier)，以濟其窮。放大器之功能，在使所生微弱電流，擴大若干倍，而不失原來狀態，其地位則或在檢波器之前，或在其後。

人類之智慧，得無線電爲之傳遞，世界各國之交通軍事工商經濟，均起極大之變化。前人之努力，後人食其果，而後人更爲進一步之推爾努力，如此互爲因果，生生不已。在無線電學之初致實用，有人竟昌言將盡取有線電而代之。及應用時困難迭起，推行不廣，如空中之擾亂也，射向之不能規定也，射程之不可恃也，則又有人預言無線電之止境。時至今日，種種困難問題，皆獲得相當之解決，而新問題又相繼呈露，有待於後人之努力。故曩之所謂止境，固未可盡信，而前人萬能之說，又何嘗可恃。欲論將來，必先談過去，請就電磁學上之基本工作略言之。

（二） 導成電磁波發現之科學工作

述電磁學歷史，中外作者至夥。短篇略述梗概，舉要舍繁，每易輕重失平，或竟脫漏重要人物。今此節所述，其旨不求為一完善之紀載，僅欲舉其過程中之犖犖大端，以明來歷，決非科學論功之作，此讀者之所當知者。人類對於電磁學之知識，最先發現者為磁石之磁性。其次則兩物摩擦亦可生相扯相吸之現象，別名之曰『靜電』，自後乃知有所謂電流。經科學家之研究，復知電流可生磁性，而在相當情況之下，磁場亦可生電流，於是『電』與『磁』之交互關係以明。最後，以更換方向極速之電流通過一高架電線，乃得外射之電磁波，遂藉以傳遞遠程之通訊，此其大略也。

電學之始祖，追溯極難。初期之科學家，既無積貯之知識，又少精密之儀器，全憑赤手虛心，不畏不倦，孜孜以求之，故其所得祇能為局部的。研究靜電之學者，當數 Von Guericke (1672) 及 Helmholtz(1709)，初創光之波動說者，為荷蘭人 Christian Huygens (1678)。在 1719 年，德國教授 Musschenbroek 為積蓄電氣的試驗，創所謂『雷頓瓶』，即今電容器之一種。雷頓瓶之內外面，皆傳以金屬，若於積電後使內外金屬相連，則得放電之現象，其電流且爲高週率之交流電（又名振盪），以故雷頓瓶在無線電發明史上占一重要之位置。

自後意大利人伏爾泰（Volta）發明電池，美人富蘭克令（Benjamin Franklin）研究雷電，至174年，美國教授亨利 Joseph Henry 就「振盪的」雷頓瓶電流，使二百二十呎外之針得有磁性。英國教授法拉特（Faraday）對於電磁感應之原理，及電流與磁氣相乘而生之轉動力，發明定律多條，復與俄人 Ruhmkorff 各自創製感應圈一種。至此時，兩地不用電線之通訊，在想像上似已有可能性，然尚無人敢作肯定語也。

十九世紀之下半葉，學者如林，肩背相望，其突過儕輩，卓爾不羣者，厥惟蘇格蘭數學家馬克思威爾（James Clerk Maxwell）其所著『電與磁』一書，博大精深，凡世之深事電學者，罔不知之。馬氏以數學之分析，論斷振盪的放電，必能產生四射之電磁波，其性質與光相似。在馬氏之前，初無人爲此試驗，亦無人能爲此肯定的推論，故馬氏之紙上奇功，實爲科學史上破天荒之奇蹟。由是而引起郝支之實地試驗，證明馬氏之預測，若合符節，馬郝二氏，可謂相得益彰矣。

在郝支未證實電磁波以前，曾有多人在短距離內，不用電線而得通訊，然其所用之原理，仍不外電磁感應，與電波絕無關係。至1886年，德國教授郝支（Heinrich Hertz）完成一有系

四

統之試驗，指示電磁波之可以發射，可以檢收。彼更證明，波遇金屬面及導體則反射，遇絕緣體則直穿無阻，其波長可得而量。電波愈短，其性質愈近光波。郝氏之試驗器具，在現代觀之，至爲粗陋，力不能及遠，但彼證明其所得之現象，決非由於電磁感應，而爲電波放射。郝氏之發射機，僅爲一感應圈，用以發電，積電於二金屬片上；更以二金屬球，各接一片，球之相距一隙，即曰火花隙。積電既足，隙中放電，火花斷續，振盪電流斯生，電磁波同時放射。郝氏檢察電波，用一線圈，亦具一小火花隙，若置於電波射出之同一平面上，即可見微弱之火花；若線圈與電波成直角，即無所見。此外更以金屬回光鏡，三棱鏡，及其他器具，作各種試驗，證明如上文所述。

在郝氏試驗之前後，有人試驗金屬屑在雷頓瓶放電之附近，能自凝聚，以之檢驗電波，較郝氏所用之線圈而有火花隙者，靈敏多多。一時學者聞郝氏之風，羣起爲電波收發之試驗，力求新發現，自此而後無線電學之基礎始得確立，爲時至今尚不過四十年也。

(三) 馬可尼與其一鳴驚人之S

郝氏之成功既騰播於世，意大利少年馬可尼(Guglielmo Marconi)時方十八歲，聞而興起，立志爲繼續之探討。馬可尼試驗時，以火花隙之一端接地，他端連於矗立空際之銅片，復將凝屑檢波器加以改良，故其收效較宏，非前人可及。收訊機中，除凝屑器外，復有解凝器，轉遞器，英倫斯墨水記錄器，設備頗完美，每分鐘可收十個字以至十五個字。於一八九六年，馬可尼自赴英國之倫敦，謁郵政總局總工程師，作多次之公開試驗，其成績爲一又四分之三英里。同年，馬可尼即在英國請求其無線電線路及器械之專利，故一八九六年實爲無線電史上之重要紀念。

自是而後，馬可尼對於其各種試驗，益加興奮努力，設發射機於沿海小島，備一游艇，置收訊機，往來海面，以試射程之遠近，及訊號之强弱。至一八九八年，記錄已達十八英里，會愛爾蘭有競舟大會，馬可尼與報館合作，以無線電傳遞海上競舟勝負之消息，是爲第一次無線電在商業上之應用。

在無線電之初步試驗中，未嘗有人注意及於發射機與接收機之必須「配諧」。配諧者，應用同一波長之謂也。接收機本身之波長，苟與所收電波同一長度，則訊號强度最高，而接收最易。一八九八年，馬可尼將配諧之方法及器具，註册請求專利，並說明接收機天線之大小高低，不必與發射機天線相同，欲求配諧波長，祇須改動線路內之線圈，即可得任何所求之波長。馬可尼又發明收發電波之磁感交連法，使配諧更易，收取一處電訊時，不爲其他各處所擾亂。馬可尼此種工作，當然引起美國工程界之極大注意與歆羨。廿世紀開始，美國人士一時致力於無線電研究而向政府請求專利者，乃如風起雲湧，其中尤著者爲竇福勒（De Forest

弗生登（Fessenden）亞姆司脫朗（Armstrong）朗慕（Langmuir）及劈加特（Pickard）等。

一八九九年，美洲馬可尼無線電報公司成立於美國。翌年，馬可尼國際海上交通公司成立於英國。一九〇三年，畬福勒無線電報公司繼之而起，至一九〇七年，爲聯合無線電報公司所合併。此等公司，皆以擴充海上通訊事業爲目的，於大西洋太平洋及墨西哥海灣之海岸，擇地設台，以通船舶，數年之中，船舶之裝設無線電機者無慮數百艘。

是時，馬可尼之凝屑器解凝器已不甚適用，美國工程師多主用電話之聽筒，以收聽無線電訊號。馬可尼在一九〇二年創製「磁性檢波器」，用聽筒收聽，發訊台手打電文，任何速率，聽之皆無困難。於是弗生登教授發明「電解檢波器」，劈加特發明「晶體檢波器」，每次演變，皆見進步。關於火花式發報機，美國方面，不用感應圈，改用六十週以至五百週之交流電爲電源，火花音調，於收聽時遂較清朗。不久德國方面，又有Max Wien於一九〇六年發明應用瞬滅火花隙式報機，使發射愈臻完美。

上述諸公司，於一九〇三年至一九〇四年，隨時改善設備，猛力進行海洋通訊事業，同時在美國各大城市，設立電台，試驗無線電對於陸線有無競爭之可能性。海陸間之通訊，因機器之改良，遂漸增加其距離，社會之信仰亦日高，不復視爲科學游戲。故彼時陸地上無線電雖不占重要位置，而在海洋上，則已公認爲必不可少之設備矣。

馬可尼壯心未已，欲以無線電橫渡大西洋，乃於英國之普爾渡 Poldhu，造一大電台，電力供給爲十二基羅瓦特，樹桅二十根，高二百十呎，各垂一天線，其下相連。發射台既成，馬可尼乃攜助手二人，潛渡大西洋，於一九〇一年十二月六日在紐方蘭之St. Johns登陸，置收報機器於一陋室，以種種方法架設收報天線。至十二月十二日，馬可尼放一風箏，上繫收報天線，高飛至四百呎，日正午，馬氏各事皆齊備，惟靜坐室中守候英國來訊。馬氏臨行時，囑其留守之助手，俟得電告，即按時連續拍發「S」字母，「S」在莫爾斯電報符號爲三點。至是馬氏靜候半小時，尙一無所得，忽其助手驚呼曰「來矣」！迫而視之，則凝屑檢波器方拍拍跳動，連續不輟，儼然果二千英里外拍來之「S」符號也。

空前之試驗雖告成功，馬可尼尙不欲以之驚世，蓋恐不見信也。越二日，全世界報紙爭載其事，世人大譁，疑信各半，翌日，所載益詳，羣疑始冰釋。此偉大之事蹟，不僅爲無線電界百世所豔稱，蓋亦二十世紀第一年之珍聞也。

（四）船舶通訊與海上安全

馬可尼之初期試驗成功，實爲促進海上通訊事業之主因。在發明無線電以前，船舶入海，與陸地消息隔絕，苟遇危險，全船之生命財產，實無萬一之幸。古來覆舟之阨，史不絕書，飄洋過海，一去無消息者，尤不可以數計。此等不幸之船舶，苟於遇險時，得有方法，呼援於附近海岸，或相距不遠之過往鄰舟，則伊古以來，將有無限數之生靈不至寃沉海底。自無線電發明應用，此種恐怖，漸歸澌滅，海與陸地，息息相通，舟行所及，無不可以其所需要，索之於海岸電臺，海行之安全，頓得一重極鞏固之保障，此皆馬可尼之所賜也。

船舶之設置無線電機，最初目的，僅爲保障生命，遇險呼救，然同時給與旅客一極大之便利，無論公事私信，均可隨時傳發，因之海上通訊，遂成一至繁忙之事業。遇險呼救之符號，昔爲 CQD 三字，及一九一二年國際會議之後，各國同意一律改爲 SOS 三字母。凡海岸電臺及海上船舶電臺，聽得此呼號時，須各停止其原有工作，或逕赴救援，或轉爲呼救，直至確得赴救之船爲止。故無線電設備所費極微，而其關係於全船之生命財產，則所償殆不止千百倍也。

當二十世紀之初年，法國輪船 La Bourgogne 於北大西洋大霧中撞沉，以未有無線電設備，不能呼救，全船數百人，與舟俱遭滅頂，直至數日後，陸地上始知其事，談者皆爲色變。自後數年中，海上無線電事業，進步極速。至一九〇九年正月二十三日，復有一可紀念之事發生。美洲馬可尼公司所管理之 Nantucket 海岸電臺，是晨忽聞有 CQD 之呼聲，跡之乃知爲白星公司之巨舶名 Republic 者所發，與貨船相撞，且下沉矣。於是急爲代呼救援，五分鐘內，竟得五船前往赴救，盡移沉舟之船員旅客於他船，無一死者。此事既刊載報章，舉世驚歎，以爲希有。無線電之功效日益彰著，每遇海上出險，無線電卽得一機會以自表襮。至一九一〇年，美國國會議決，凡載客之船強迫設置無線電機器。一九一一年，美國商務部之無線電局組織成立，從事於電臺及報務員之攷核。至一九一二年，運貨之船，亦規定裝設無線電機，船上電源，除常用者外，尙須設備用者一種，以策萬全。

無線電之法規，必須具有國際性，始能有效，蓋電波之傳受，初無國界之分，而船舶往來，海洋通訊，亦宜有共通之規律，互爲遵守，否則各執一詞，紛擾將無從解決。一九〇三年八月，德國政府召集第一次國際無線電報會議於柏林，起草國際規約，以英意二國之反對未能通過。一九〇六年，第二次會議仍在柏林開會，與會者除英，美，法，德，意，奧，俄，丹，西班牙，瑞典，日本，中國，挪威外，（是時中國僅派一留學生列席）餘多爲列強之屬地及居留地，通過公約及業務規則。至1912年，無線電又見進步，規約漸不適用，乃於六月四日在倫敦召集第三次國際會議，修改舊約，加訂新章，煥然大備，其內容如下：

一、詳細業務規則

二、組織與使用

三、業務時間

四、無線電報之辦理手續

五、報費及收費辦法
六、無線電報之拍發與投遞
七、特種無線電報（如預付回電費等）
八、登記及報底收藏
九、記賬結賬辦法
十、國際公會
十一、氣象報告之傳遞
十二、其他規則
十三、附錄標準縮語表

所謂國際公會者，乃指附設於瑞士盤恩國際電政公會之無綫電部分而言，其職務由公約規定，專爲搜集及分散各種材料及消息，無决定權，亦無執行權，然其責任則至重要。其費用由簽約各國分攤。一九一二年後，因世界大戰，會議停開。一九二三年在美京華盛頓開預備會議，草擬新國際公約，分送各國，徵求意見。至一九二七年，始在華盛頓正式開第四次會議，其工作成績，更可讚美，當於第三章詳述之。

（五）眞空管之初期

一二

檢波器第一須感覺敏銳，第二又須穩定可恃，而二者往往不可得兼，自凝屑檢波器以至晶體檢波器，皆不能滿足此兩條件。一九〇五年英國弗蘭明教授（J. A. Fleming）公佈其新發明之眞空管兩極檢波器，一時科學界之目光，皆爲之轉移。眞空管之爲物，最早爲愛迭生氏（Thomas A. Edison）所注意，但彼時之試驗，管內並非眞空，僅於普通電燈泡中，另加一不連屬之銅絲，燈外若以電池接連，則可察知有電流自冷銅絲流向白熱之燈絲，其方向永不相反。弗蘭明廣其意，以一圓『屏』代銅絲，置之於接收電訊之綫路中，其檢波整流之作用，乃遠勝前人之器具。美國竇福勒博士續加研究，猶以爲未善，乃於弗蘭明眞空管中，更添一第三物，其名曰『柵』，位置則在『燈絲』與『屏』之中間。竇福勒之試驗，雖似平淡無奇，然已爲無綫電技術上一大進步，其故蓋以『柵』之增設，能使外來電波所生極渺小之電壓，在『屏』路上引起數百倍之電流。譬之槓杆，或起重之機械，一指之力，可移千鈞之體，竇福勒之妙用，亦與相同。

竇福勒初用之眞空管，管內並非眞空，竇氏且以爲絕對的眞空不宜於檢波，檢波作用乃有賴於管內餘留之氣體。及一九一三年，朗慕及亞姆司脫朗等相繼研究，始知眞空管宜有最高度之眞空。其檢波作用之外，復有放大作用，用之於檢波器以前，則爲射波週率放大器；用之於檢波器之後，則爲成音週率放大器。自後研究愈深，眞空管應用愈廣。及歐戰爆發，海陸軍對於無綫電之需要，迫切萬狀，各國政府皆令其商辦電機製造廠，儘力研究製造，以供軍用，於是無線電又得一極大之推動力，致有今日之成功。

（六） 初度應用之踰洋無綫電報

於馬可尼之「S」字母初次飛渡大西洋之後，年逾一年，馬氏即由美洲致一電於英王愛德華第七，復以一電致意王，皆用無綫電拍發，到達英國電臺之後，始用有綫電轉遞，此實爲初度應用之踰洋無綫電報。美洲馬可尼公司於 1903 年即建一國際電臺於麻省之 Cape Cod，正月開始業務，二月即傳遞新聞電報，但此臺力量仍患不足，後復改司船舶報務。英國馬可尼公司工作尤力，一九〇七年，愛爾蘭與坎拿大之間，兩岸各造收發報大電臺，名曰 Glace Bay—Clifden circuit。其所用之綫路，爲最新式之火花式，所發電波，穩定可恃，極合商用。一九一二年，英國馬可尼公司與其附屬之美洲馬可尼公司會商，擬集合雙方資本人力，大舉建造全世界各大海口之電臺，以謀把持國際通訊。其計劃名曰『全赤色網』(All—Red Chain)，主要部分如下表所列：

一、英美間	New Brunswick, N. J.	—Carnarvon, Wales.	（收發報臺分設兩處）
二、美國挪威間	Marion, Mass.	—Hinna, Norway,	（同右）
三、西美與夏威夷間	Bolinas, Cal.	—Kahuku, Hawaiian Is.	（同右）

四、夏威夷與日本間 Kahuku, Hawaiian Is. —Funabashi, Japan （同右）

至歐戰爆發時，以上各台，或已完工，或尙在建築中，美國政府，爲便利軍訊起見，將其治下所有之電台，皆收歸海軍部統轄，形勢爲之一變。時法國德國，亦致全力興造大無線電台，其目的大半爲軍事，以德爲尤甚。蓋全世界水綫，半在英人掌握之中，一旦有事，德必受國際通訊之封鎖，不得不另求出路也。但彼時眞空管尙未應用，高週率交流發電機亦未發明，長距離通訊之困難，學者尙無法以解之。各國大計劃之所以終難實現者以此。

（七）歐戰前之世界通訊形勢

一八四五年，英國海峽中設置水綫一條，貫連英法兩國，此綫實爲日後英國大通訊網之始創。一八五六年，美人C.W. Field聯合英國資本家及技術家創設第一條橫貫大西洋之水綫，但工事不精，屢歸失敗，直至一八六六年，始告完全之成功。英國殖民地徧布全球，而其立國之要素，尤全恃乎國際貿易，故海底電纜之成功，乃與英國朝野以莫大之興奮與希望，遂於最近五十年中，致其全力，以布當網範全球通聯各國之水綫網。凡與水綫有關係之工商業，在英國無不日就繁榮，其最大之原因，乃以水綫所用之絕緣物，名『格太坡恰』(Gutta Percha)，爲英國殖民地所產之一種樹膠所製，始終由英人獨占其市場，未容他國人染指。於一九〇七年，水綫之已安設者達三萬八千海哩，大半皆爲英國所經營管理，世界各國各殖民地之於英倫三島，猶萬流之朝宗，蛛網之分佈，一以倫敦爲其歸宿之點。英國政府對於世界之通訊，實具有檢查節制之威權，此種地位，在作戰上之價值，尤可寶貴。此一九一四年歐戰爆發以前之水綫形勢也。

其他列强，非無海外之殖民地也，非不知海上威權之有賴於通訊網也，顧以水綫既爲英國所把持，無法與之抗爭，即不得不顧而之他，以自求發展之道。適於是時，無線電異軍特起，馬可尼之成功，震耀一世，於是各國政府以及經營海外商業之大公司，皆轉移其目光，以屬望於無線電。一九一三年，德國政府擬具計劃，以柏林附近之腦恩爲中心點，設大電台多座以與世界各地通訊，其性質則軍事商業兼而有之，但彼時技術上尚多欠缺，所計劃者殊難實現。法國同時亦有相類之計劃，所抱野心亦同一轍，對於南美洲之通訊，尤爲側重。法德兩國既進行無線電甚力，英國亦不以獨霸水線而自滿，尤不願無線電之稍落人後，故於一九一三年，其世界通訊之「全赤色網」已在猛烈進行中，負此鉅大責任者乃爲馬可尼無線電報有限公司，即舉世共知之「英國馬可尼公司」(The British Marconi) 是也。其計劃與法德兩國大致相似，皆欲於遠方殖民地及他國領土設立電台，以自成獨立系統，而擴大其勢力範圍，與今日之各國聯絡通訊頗不相同，故其軍國主義之色彩極爲濃厚。

然彼時各國所準備之計劃，實近於空想，火花發報機用電之量雖鉅，以之擔負數千海哩通訊之重任，實不可恃，天電之騷擾，高速度發報之困難，皆使無線電一時不能爲長足之發展。故在歐戰以前，水線始終仍爲踰海通訊之唯一利器，其地位未爲無線電所搖動。

至一九一四年六月二十八日，歐戰之導火線被燃，全歐騷動，各國之無線電計劃皆歸停頓。德國之水線被割，英國之水線勢力益張，協約國在電訊交通上已佔十二分優勢。就表面論之，無線電之進步，似於此時應稍遲緩矣，不知戰事既起，其進步乃成急轉直下之形勢，五年之中，突飛猛進，及一九一九年利約告成，無線電之新時代，亦於焉開始。

第二章　歐戰中之無線電

(一) 等幅波發報機之應用

歐戰初期，爲減幅波發報機與等幅波發報機此消彼長之時代。減幅波者，其發射機之電流，爲斷續串聯之振盪，每串振盪開始，電流達最高幅度，然後逐漸減小，一如鐘擺之由外力擺動然，故所發生之以太波動，亦成減幅之現象，其放射力量既不飽滿，波長復不銳確，易生擾亂，無線電界久已引爲憾事。火花式機，爲等幅波發報機應用以前唯一之利器，當時不僅船舶及海岸電台均沿用之，即長途通訊之大電台，亦惟此是賴，幾經馬可尼及其他科學家之改良，亦難達到完滿之結果。等幅波發報機，自二十世紀初年，即有發明研究者，然其應用，則在歐戰開始之時。其種類計有六種，然爲世所共知而應用最廣者，祇有下列三類：

(甲)普爾生式電弧（Poulsen Arc.）

(乙)亞歷山陀生式交流發電機（Alexanderson Alternator）

(丙)眞空管振盪器（Vacuum Tube Oscillator）

普爾生（V. Poulsen），丹麥人，一九〇二年，取二年前Duddell所發明之電弧交流機加以改良，浸電弧於輕氣之中，乃得強有力之等幅高週率振盪電流。試驗既成，即向丹英德法美五國政府請求專利權，然其應用範圍初不甚廣。馬可尼且於一九一三年聲言普爾生電弧專利權無切實之保障，英國馬可尼公司不願承購其專利。歐戰之中，意大利政府於羅馬建一普爾生式遠程大電台。美國舊金山之合衆無線電報電話公司建造數台，亦爲電弧式，復與中國政府（民國十年）訂立合同，承造該式大小電台五座而卒無成（詳載第六章）。一九二一年，英國政府亦擬於其「帝國通信綱」中建電弧台三座。平心論之，電弧式發射機效率雖常不滿百分之五十，然其使用簡便，機身製造，小大皆宜，則有足多者。最小者用於船舶，自 2 Kw 至 30 Kw，波長則自八百公尺至四千公尺。較大之機，自 1000 Kw 以至 100 Kw 不等，最普通者爲二百五十基羅瓦特，波長不宜於短，尋常用者爲三千公尺至一萬八千公尺。據一九二五年統計，電弧台之在二十五基羅瓦特以上者，各國總數爲七十八座。

亞歷山陀生（E. F. W. Alexanderson）之高週率交流發電機，原爲弗生登之發明（一九〇三年）。至一九〇九年，亞氏在奇異公司（General Electric Co.）繼續研究，殫精竭慮，以求其實地應用之可能。高週率交流機之構造，與普通電氣廠之交流機，原理確同，構造全異，且其轉動速度極高，配製計劃，均須十二分精細準確，又以成本太鉅，機身較大，故不宜於小電台及船舶之用。一九一五年，第一大機製成。（機力五十基羅瓦特，波長六千公尺），一九一七年，此機即裝設於紐勃倫史活（New Brunswick, N. J.），配以多諧式之天線（multiple tuned antenna），專司歐美間之政府戰時急電。一九一八年，二百基羅瓦特之交流機製造完成，卽以代前機之職，力量益偉，雖電話亦可傳遞。

眞空管振盪器之發明，爲美國諸學者共同努力之結果，殊不能歸功於任何一人。眞空管振盪器出，其他等幅波發射機皆漸歸黯淡，今且日就淘汰矣。然在歐戰初期，發射機之最著者，仍當推普氏電弧及亞氏交流機。二者之外，復有德人古爾許密（Rudolf Goldschmidt）發明另一高週率交流機，其原理與亞氏所用者完全不同。德國政府於戰前在美國之 Tuckerton, N. J. 及其本國之 Hanover 各造二百基羅瓦特電台一座，皆用古氏交流機，天線裝置，踵事增華，備極繁複。此外比國京城之 Laeken 地方，亦於戰前設二百五十基羅瓦特古氏交流機電台一座，在大戰中爲德軍所毀。

一九二〇年以前，學者多以爲遠程通訊，惟長波爲適宜，其說亦有實驗上之根據，蓋以彼時所通用之等幅波發射機，皆不宜於短波，故所見祇限於一隅，未能爲全部之探索。三極眞空管在歐戰中已成爲接收機中不可少之一物，蓋等幅波之接收，必有待於眞空管之自生振盪，其他檢波器皆無能爲力。此外又因等幅波發射機之出現，無綫電話乃能嶄然露其頭角。

（二） 無線電話之初露頭角

電報之後有電話，無線電報之後，人人以爲必有無線電話爲之繼。此理想也，果有事實爲之證明。一九〇三年，弗生登（Fessenden）製成一高週率交流發電機，並以一傳音器（Microphone）置諸天線線路中，是爲最早之無線電話機。及一九〇六年，弗氏復自製電話轉遞器（Relay）可以用之於收發兩方，其無綫電發射台與發言之處相隔數哩，接收機與聽話之地亦然，各以陸線相接通，轉遞語言，絕無損失，是爲Brant Rock之試驗，公佈以後，世人皆驚其神效。一九〇七年，弗氏試驗之成績，已達二百英里，然尚不堪實用。

至一九一四年，橫貫美洲大陸之長途電話線初告完成，而三極眞空管之應用，適於是時愈出愈奇，愈推愈廣，既用以檢測電波矣，復資以放大電流，至此又藉之以產生高週率電流，則名之曰「振盪器」，振盪既成，復以人音天籟浮載其上，則名之曰調幅器（Modulator）美國電話電報公司（American Telephone & Telegraph Company）及倍爾電話研究所（Bell Telephone Laboratories），一掌全國之電話網，一負探討先覺之盛望，既得此新奇之利器，乃合力以求無線電話問題之實際解決，同時復欲以許多不同之高週率電流，施之於普通電話線上，以謀一線可傳數人電話。此無線電話之問題也，卒賴有線電話工程師之研究而見端倪。一九一五年，眞空管無線電話機初次告成，試驗時，大西洋此岸之人語，彼岸聽之，如在一堂。超大陸，渡太平洋，夏威夷人聽之，其清晰亦無以異。

無線電話，發達至此境地，宜可以順利進行矣，然事實又不如是。無綫電話所需要之電力遠過於無線電報，同一距離，其相差或且十數倍，其被擾之機會較多。其設備及線路較複雜，再加以電波强度時易衰落，業務不易穩定，較之有線電話，已屬利少弊多。其尤關重要者，歐美電話事業異常發達，電話盈利且超過電報，家家有話機之設備，聽筒一舉，即可晤對親朋，千里一室，無線電話在此環境中，試問將如何插足？電話線網，密如蛛絲，每一大城，戶數動輙十萬，即在長途，線路亦有千百十之數，今電波週率分段，全盤合計，僅有千數，而用電波者無窮，欲求其取有線電話而代之，不待智者而知其不可能。電話又與電報不同，不能利用密碼，各國言語，聽者盡曉，無線電話，盡人得襲而聽之，苟有祕密，漏洩堪虞，不如有線電話之出我口者入君耳，他人無從而刼取其秘。凡此種種理由，皆使利用無線電之私人通話，不能商業化而普徧應用。

歐戰之後，船舶與陸地間曾試辦推行無線電話，卒以耗費太大而未果。至一九二三年，倫敦與紐約間，正式開辦公用無線電話，效果甚佳，其故則以：(一)長途水線不宜通話，而大西洋兩岸需要電話，(二)彼時已能製造水流散熱之大號眞空管。其後繼續改進，添設濾波器於接收方面，添設定向天線於收發兩方，既可秘密，又極可靠，業務益臻茂盛。兩端以外，密接有線電話。故紐約外之各州大城，英國之外德法各國，或陸線，或水線，溝通貫串，悉能一氣呵成，有線無線合作之效，此爲最著矣。

（二）德法二國之戰時通訊

德國無線電之行政權，由郵電總局掌之，其製造經營及研究之工作，則皆在得力風根無線電公司之手。政府與公司極能合作，而在戰時則尤甚。大戰既起，德國海線，悉爲英法聯軍所割斷，一時德國幾有與世隔絕之危險，乃不得不注其全力於無線電之發展。德國對於無線電技術，在戰前已有甚多之發明與貢獻，其瞬滅火花隙式發報機尤爲世所樂用。至是其國外通訊，幸有得力風根公司前在美國長島爲大西洋交通公司(Atlantic Communication Co.)所承造之剎維(Sayville)電台，即用以爲國際通報之轉報台。此台天線能力，爲卅五基羅瓦特，亦係瞬滅火花隙式，原爲海岸電台，專供大西洋輪船通報之用，初不期其與相距六千四百公里之腦恩電台通報也。大戰既開，德人乃用其心思才力，首將腦恩方面之收報台改良，故剎維電台之天線能力雖微，而腦恩電台卒能藉其精良之收報機，接收剎維之電信。同時德人復改造腦恩發報台，棄瞬滅火花隙式而專用古氏高週率交流發電機，天線能力亦增至二百基羅瓦特，故自德所發之電訊，剎維電台均能完全接收。此外亞洲及南美之中立國，德國亦盡力設法與之通報，而在亨拿佛(Hanover)附近之 Eilvese，又建造一與腦恩等量之大電台，藉以聯絡南非及太平洋中之附屬地。

是時眞空管振盪器之發射機及回授式之接收機，均已相繼發明。德法兩國，皆盡量採用，以改造其軍用電台，及隨軍移動之電報機電話機。法國福利將軍（General Ferrié）對於戰時應用之無線電器具，發明尤多，其最驚人者，爲一不用駕駛員之飛機，馭機擲彈，或攝空中照片，皆由無線電節制之，其時則一九一八年也。在協約國方面，軍用之真空管，以法國製造者爲最佳，亦爲福利將軍之成績，蓋彼時美國真空管之製造，尚未達全盛時期也。

電波之推行，不必限於空中，即地下亦可傳播，惟其耗失太大，故不能及遠。在郝支以前，曾有多人注意研究地下放射電波之可能，後以空中放射效率較高，此問題遂無人置問。及大戰起，高架天線，每易爲敵人所窺測或擊毁，地下安置天線，乃爲解決此項困難之絕妙方法。福利將軍對於此事，苦心研究，德人方面亦同樣進行，地下天綫，以是在大戰中應用頗廣，惟其範圍，祇限於陣地上耳。

德國軍艦與軍艦間，軍艦與大本營間，應用無線電甚廣。其所發電報，純用極複雜之密碼。英人日夜守聽，將每日所得，電告英海軍部密探處。初時雖無法明瞭，乃至一九一四年秋，俄軍擊沉德艦一，英軍始搜得其全部密碼。一九一五年一月，德潛水艇一，又落英人之手，密碼又爲所有，於是德人之作戰計劃，對外宣傳，英人盡知之。德國方面，雖月必一換密碼，而英人戰艦力强，時足沉德艇而探其祕密。一九一六年，德人懼英人之無線電定向器，一方面停止戰艦上無線電之應用，一方面則亦自造定向器以制英艦，於是雙方之無線電機，不足用以通訊，徒爲相互擾亂之用耳。

此外飛艇之於無線電，其關係一如戰艦。英德各以無線電指揮飛機，攻擊敵軍，皆著有大効。歐戰時各國之鈎心鬥角，利用科學發明，卒釀成世界未有之慘禍，無線電亦其一也。德之海軍，受害於無線電者，既如上述。其腦恩電台，亦功罪各半。當時德國駐美大使，祕密向墨西哥接洽加入戰團，事未成而英人已先知之，蓋腦恩之電報，發未半小時，而英國密探處，已有其全文。戰後軍用無線電之研究，各國均注意於「秘密」一點，職是故也。

(四) 美國參戰時之努力

美國於加入協約國戰團以前，已有亞氏高週率交流機之發明。大戰前後美國與歐洲之長途無線電報，全恃有此新式之等幅波發報機。其在戰前，海軍部已於 Arlington, Virginia; San Diego California; Darien, Canal Zone; Pearl Harbor, Hawaii; Guam Island; Cavite, Philippines 等地設立高能電台，其沿海及海外之小電台尚不在內。戰艦中之無線電設備，亦至完善，故在海軍方面言之，已具有充分之無線電作戰能力。一九一七年，美國政府正式向德國宣戰，即下令海軍收管全國私有電台，其原屬陸軍部者當然除外。美洲馬可尼公司之太平洋大西洋兩岸商用大電台當被接收，此外與德國腦恩通報之紐勃倫史活電台(New Brunswick)亦在其內。海軍當局，對於亞氏交流機之成績，異常滿意，五十基羅瓦特者應用未久，即向奇異公司定製二百基羅瓦特者一座。德國在長島利維 Sayville, L. I. 所設之電台，在 Tuckerton, N. J. 建造中之第二台，至此悉爲美國海軍部所沒收。海陸二部，復劃分關於無線電行政之權限，凡民間無線電之研究人才及營業，悉受海軍部之指揮。無線電長途通報，旣歸海部管理，水線業務之不及應付者皆由無線電代爲拍發，所用專門技術人才，悉取給於美洲馬可尼及加洲合衆電報兩公司。彼時情形，捉襟露肘，至形艱窘，蓋無線電發展至今日，已至極盛時期，若欲令其完全代替水線之職務，尚不可能，何況在十餘年前無線電尙在荆棘塞途之時期，其困難自可想見。發報機之問題雖解決，收報之困難依然尙在，海軍部乃特設試驗所多處，從事於大規模之試驗。

海軍部之努力尙不止此，不久又與陸軍部及法國政府，合建一電弧式一千基羅瓦特電台於法國之包特（Bordeaux）並於本國之恩納泊立（Annapolis）建一電弧式五百基羅瓦特電台，以相呼應。復以飛機在海空作戰需要地上消息之往還也，乃於英法海岸陸續設立二基羅瓦特「通空電台」十四座。船舶應用之無線電測向器（Rodio Compass），首爲美國海軍所普徧採用，製作益精，其利益溥。飛機上所用之航空電台，於時最爲海軍部之難題，分量求其輕，收發復欲其可靠，二者每不易兼備。至歐戰終了時，美國飛機之備有火花發報機及眞空管收報機者，達七十五架。

海軍部此外尤有保全美國通訊主權之功。美州馬可尼公司爲英國馬可尼公司之附屬組織，志在包辦全美國無線電事業。大戰初起，卽與加洲合衆電報公司開談判，意圖收買其電台通信網，及其各種商業專利權。合衆公司得其請，乃悉以告海軍部，且謂該部苟能以同樣條件收買，則公司何樂而出售於外人之手。海部當時以事機急迫，且關係太重大，卽完全受納條件，收買公司財產全部。英人之計，遂不得逞。

在大戰中，陸軍之應用無線電，其範圍或不及海軍之廣，然其進展，亦爲前古所無。今日之陸戰，非古代陸戰可比，防線旣長，戰具尤夥，軍中通訊之法，如電話，電報，遞信專差，烟火信號，軍用鴿等，各有其特長之點，不可偏廢，然若於兩地不能掛線，而欲得穩定之通信者，則舍無線電莫屬。飛機相互間，及飛機與地上之通訊，苟非無線電，則飛機將失其最大之效用，其所探得之戰塲形勢，敵軍行動，亦將無以報聞於主將。其次，則陸軍中之騎隊，亦得無線電之助力不少。蓋騎隊之作用，全在散佈陣地，來去飄忽，然惟其散隊太多，主將統率不易，命令每不能按時傳達，無線電於此乃得其最合理想之地位。不僅騎隊與飛機需要之亟也，卽在其他步隊，電報電話，設有不通，或軍前炮火太猛，前線與後隊交通阻隔，彼輕便之無線電機器卽可脫頴而出，單獨負擔軍訊之全責，其爲全軍勝敗所繫，不綦重乎？

戰器爲戰爭之產物，戰愈久，戰器愈精。一九一四年以前，各國陸軍所用之無線電機，皆粗陋不堪實用。及一九一七年，法德兩國陸軍，於戰地通信經驗，已積有三年之多，研究所費之金錢人力，尤不可勝算，故美國之陸軍既登歐陸，出其和平時代演習之無線電機以相頡頏，則瞠乎人後，幾難自信，不得已乃舍己從人，取法國機器而使用之。自是以後，美國陸軍之信號隊研究所，乃急起直追，與華盛頓之國立標準局（Bureau of Standards），合力求輕便無線電電機之改良，以求適合戰地之需要，而不爲法軍所輕視。爲時不久，美國飛機上之無線電機，已達十三種類之多，方式與構造各不相同。戰事既畢，此種研究及改良工作，仍繼續不已。最近無線電射向台（Radio Beacon）之成功，亦爲陸軍信號隊之成績。其尤可紀念者，短波發射，在歐戰中，已有美軍應用，波長約在七十公尺左右也。

（五）眞空管專利權之爭執

兩極眞空管檢波器爲英人弗蘭明所發明，於一九〇五年十一月七日向美政府請求專利權，既得，即以讓予美洲馬可尼公司，然其應用之效果，遠不如美人竇福勒所改造之三極眞空管。一九一三年，竇福勒組織竇福勒無線電話電報公司，從事製造三極管，美洲馬可尼公司即提起訴訟，謂彼侵犯弗蘭明所得之專利權。法庭判決，弗蘭明爲發明眞空管檢波器之優先者，但不許製造三極管，竇福勒雖首創三極管，然專利權不完全，亦不許製造眞空管。於是兩公司皆束手。其後一九一九年，美洲無線電合組公司（Radio Corporation of America）成立，原屬於美洲馬可尼公司之專利權悉歸所有，而竇福勒亦將其關於三極管之專利權，除保留自己之製造權外，作價售予美國電話電報公司。雙方之僵局仍如故。

竇福勒初以爲三極管內應保留殘餘之氣體，後經多人研究，始知其不確，於是羣謀所以抽得眞空之法。奇異公司之朗慕(Langmuir)與西方電氣公司之亞諾爾(Arnold)同時發明一種抽空器具，各向政府請求專利，不決，復涉訟。聯邦商務委員會對此事件，發表其意見曰：「美州馬可尼公司若不得竇福勒之專利權及抽空之專利權，不能造完美之眞空管。美國電話電報公司(西方電氣公司爲其所有)若不得弗蘭明之專利權，並與朗慕氏解決糾紛，亦不能製造眞空管。奇異公司之地位，與以上二公司，亦有同樣之困難』。

其後眞空管之應用於振盪器，竇福勒與亞姆斯脫朗亦互爭發明者之地位，此案歷經美國各級法庭，亞氏均得勝訴，至最後一庭，竇福勒忽獲全勝，其故則以亞氏之發明，雖在一九一二年十月間，而竇氏則尚早兩個月，有筆記及友人某君爲之證明。此事在科學界中頗能引人注意，蓋以其關係重要，而所經歷法庭之多，亦爲訴訟中之所罕見者也。

歐戰之中，軍需萬急，無線電器材，尤關重要，眞空管專利權問題雖未解決，各大公司不敢私而忘公，皆爭從政府之後，儘量製造，以供給軍用通訊之需要。在此時代，歐美兩方之眞空管製造，以競爭故，各有甚大之進步。及歐戰既畢，專利權問題舊事重提，各公司又爭相訴訟，互相禁止製造，市場上需要雖急，亦置之不理。直至一九一九年美洲無線電合組公司成立以後，經聯邦政府再四催促，乃與奇異公司，威斯汀好司電氣製造公司，及美國電話電報公司，西方電氣公司等，成立「專利權合併互用合同」，各公司除特項之專利權外，凡關於無線電應用之各種專利權，悉皆規定彼此通用，不復互相歧視。此項合同之有效期間，至一九四五年正月初一日爲止。其內容約如下圖：

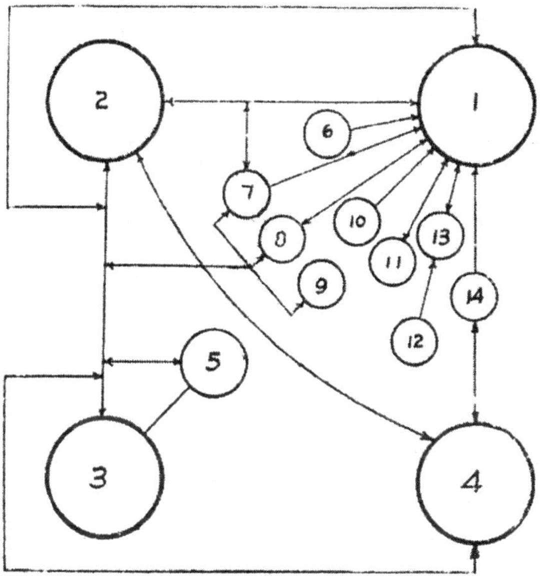

1. Radio Corporation of America
   美洲無線電合組公司
2. General Electric Company
   奇異公司
3. American Tel. & Tel. Company
   美洲電話電報公司
4. Westinghouse Electric & Mfg. Co.
   威斯丁好司公司
5. Western Electric Company
   西方電氣公司
6. Radio Engineering Company
   無線電工程公司
7. Wireless Specialty Apparatus Co.
   無線電專門器械公司
8. United Fruit Company
   聯合菓子公司
9. Tropical Radio Telegraph Co.
   熱帶無線電報公司
10. American Marconi Company
    美洲馬可尼公司
11. British Marconi Company
    英國馬可尼公司
12. Federal Telegraph Co. (California)
    加州合衆電報公司
13. Federal Telegraph Co. (Delaware)
    德州合衆電報公司
14. International Radio Telegraph Co.
    國際無線電報公司

右圖表示各公司之專利權相互關係，一線之有兩個箭頭者，示彼此互惠合用，祇有一個箭頭者，乃示專利權已由甲方完全賣與乙方。美洲無線電合組公司之股權，半數爲(一)(二)(四)三公司所佔有，此四公司之專利權相互利用，實不成問題。惟四大公司雖皆負研究發明之重望，然其營業範圍，各不相同，故其使用專利權，雖合而實分。奇異與威斯汀好司專事製造，無線電合組公司專事商報經營及租售機器，電話電報公司除其有線電範圍以外，兼營無線電話事業，廣播則歸合組公司經辦。(五)西方電氣公司原爲美國電話電報公司之製造外府，然對外則具有獨立地位。(八)聯合菓子公司之對於(七)(九)兩公司，實爲創辦人，其故則以菓子公司營業地域頗廣，乃設熱帶無線電報公司以自辦通訊，設無線電專門器械公司以自營製造，及合組公司成立，菓子公司復取得一小部份股權；故地位愈見穩固。無線電工程公司與美洲馬可尼公司已將專利權完全售與合組公司，加洲合衆電報公司則已歸併入於德州合衆電報公司，實際上亦在合組公司控制之下。圖中所示關係線雖頗複雜，讀者苟能了然於四大公司之地位，則採驪已得其珠矣。

第三章 近十年來之無線電

（一）廣播事業之發展

廣播無線電，爲無線電各種應用中之最民衆化者。廣播事業在產業落後購買力薄弱之國家，雖不占重要位置，而在歐美及其他工業發達較早之國家，則收聽廣播，實爲人民最可寶貴之娛樂品。優美之音樂，悅耳之戲曲，當日之新聞，名人之演說，悉賴此以傳入每個人家之戶限，窮邊僻壤，得之則一室生春，生活乾枯，聽之則悠然神往。據國際電政公會會長Dr. Joseph Raber所估計，全球聽無線電廣播者，至少當有七千萬人，而法荷西比四國尚未計算在內。一九二七年全年，美國所售去之廣播收音機，價値約爲美金五萬萬元。由此可以推想廣播事業之偉大，及其範圍之廣闊。今試執一城市小工而問以無線電，則彼必以爲汝所指者廣播而已，電報電話非所願知也，此可以知其入人之深矣。

廣播事業發軔於美國，全盛於美國，故美國之廣播史，卽無異於世界之廣播史。一九二〇年，坎拿大有廣播電台之設，然無所表見。美國威斯丁好司電氣製造公司（Westinghouse Electric & Mfg. Co.）於大戰終止之時，思盡力發展無線電製造，顧爲各方之專利權所牽制，不能如願，其時國際無線電報公司（International Radio Telegraph Company）有海岸電台多座，重要專利權數種，威斯丁好司公司乃設法收買此公司之股權，以爲發展之基礎。無線電工程師康勒博士，(Dr. Frank Conrad) 於其壁珠堡(Pittsburgh)住宅中設立試驗電台，以無線電話廣播留聲機片音樂，以供近段收聽人家之笑樂，其呼號爲 8-XK，在業餘無線電界中頗負時望。某日，某報載一店家廣告，云店中有若干無線電接收機，可用以接收康勒博士之音樂節目，威斯丁好司公司副總理達維斯 (H. P. Davis) 讀之，忽思無線電話用以代電話，誠屬大難，若利用其天然廣播之特點，以爲民衆娛樂，補助教育，則擴而充之，何難風行天下，使億兆之人民共樂利之？此念旣起，公司卽從事於廠中建一廣播電台，時爲一九二〇年事也。

威斯丁好司公司之辦理廣播業務，其最大之目的固在開拓收音機之市場，然亦有主要之辦法五項如下：(一)每日將節目刊載日報，使民衆周知，且成閱看之習慣。(二)節目務使富有興味，合於大多數人民之需要，使男女老幼之生活，咸蒙利益。(三)節目避免單調，音樂演說等宜常變換。(四)有若干節目如新聞及氣象報告，每晚按時而發，其準確無異火車之有行車時刻表。(五)每日按時廣播，無一日停止。以上五者，威斯丁好司之 KDKA 廣播台，確能守之不渝，不愧爲廣播電台之始祖也。

一九二〇年十一月二日，爲美國哈定總統選舉揭曉之日，KDKA電台卽於是日以選舉結果廣播，作爲電台開幕之紀念儀式。其時人家之有收音機者絕少，公司以收音機徧贈各方，收聽之時，亦無放音器，僅在頭上套聽筒而已。KDKA開幕以後，一年內幾無與之競爭者，空中擾亂既少，收聽之機器價又甚廉，自製尤為簡易，故大受民衆歡迎。每日節目送全國各報登載，收聽者日益加衆。星期日不宜普通娛樂，則與教堂合作，播音台與教堂通專線，收師之莊嚴講道唱詩班之悠揚歌樂，悉收取之而播散於空中，聽人自拾，不加強迫。自後凡遇球戲角力之比賽，著名戲曲之上演，電台皆自動代播，毫無吝惜，而彼時新設電台，逐漸增多，有時同一節目，各台互相轉遞，同時播放，尤能使一地之勝會，俾四方同樂。

美國廣播電台悉為商家所設，向聽衆無所取費，電機製造公司設台，則志在銷售其收音機；其他大商店設台，則志在播揚其聲名，博得顧主之好感。故聽衆來函指摘節目，要求改善，電台皆樂於聽從，如威斯丁好司之KDKA，奇異公司之WGY，且自動的致力於技術上之改進，如傳音器（Microphone）之改良也，播音室之佈置也，短波播音之試辦也，北極播音之舉行也，報告員之發音教練也，皆次第有成績可觀。美國無線電製造工業在一九二〇年，營業僅達二百萬元，至一九二七年，已增加二百五十倍；收音機之數量，估計亦逾七百五十萬架。廣播電台總數，在是年為七百二十二座。廣播所用波長範圍至狹，在二百至六百公尺之間，設台既過於需要，空中秩序，乃大為紊亂，聽甲台則乙台攙入，不速之音，無由逐去，人民皆怨政府之不加限制。一九二七年二月，聯邦政府乃定一法律，凡國內電台，無論其屬於何種，皆須領取新執照，舊照一律無效，新照之頒發，由總統任命國會通過之委員五人司理之。此委員會卽曰『聯邦無線電委員會』（Federal Radio Commission），負整理全國無線電之全責。廣播電台經整理審查之後，領得新照者，凡六百八十六台，目下美國空中之秩序，已較前進步多矣。

美國之五十基羅瓦特廣播大電台，已有多座，KDKA及WGY仍爲最著名者。短波廣播台，美國有五十座，爲世界各國之冠，其次德國有十三座，荷蘭有八座，澳洲法國各七座，日本六座，俄國瑞典各五座，非洲四座，英國奧國坎拿大各三座，丹麥挪威西班牙意大利瑞士各二座，比國芬蘭爪哇墨西哥各一座。

美國近時廣播事業之最足令人注意者，不在其電台之多，而在其廣播網之組織。所謂廣播網者，於大城市設立主要電台，以直接電線數百對，通至各種公共場所，同時復以直接電線，通連其他各地電台，以備互相轉遞，同時播放。最早設立者，爲美國電報電話公司之紐約電台WEAF，南通費城華盛頓，西達璧珠堡芝加哥聖保羅干薩城，北抵波斯頓，其以電話線永久連接者，幾及三千六百英里。不久，美國電報電話公司卽以WEAF爲中心之廣播網，售之於美洲無線電合組公司。合組公司復與威斯丁好司公司及奇異公司合力創設『國家廣播公司』(National Broadcasting Company)授以專司聯絡各播音台放送節目之職務，一方面充實節目之內容，保持聽衆之興趣，一方面使無線電廣告，得一最經濟之經營者。全美廣播網凡五，國家廣播公司多與締結契約，隨時聯絡，其名稱如下：(一)紅色網，(Red Network)，卽以WEAF爲網之中心，電台二十餘，電線三千三百七十英里，居美國最富饒之區域。(二)藍色網，(Blue Network)以紐約之WJZ爲中心，電線近三千英里，所占區域，與紅色網大略相同。(三)太平洋海岸網，(Pacific Coast Network)以舊金山電台爲中心，常接電線亦達一千七百英里。(四)西南網，(五)中美網，皆不甚重要。總計國家廣播公司之可以電話線永久通接之電台，共四十九座，線路凡長一萬一千七百七十英里。

國家廣播公司所訂之無線電廣告價目，係按區域之繁僻，時間之長短，以定收費之多少。晚七時起，至十一時止，爲最貴重之時間，紐約每小時收費六百元美金，其他各地較廉，若不限一地而達於全網，則紅色網每小時三千七百七十元，藍色網二千八百元，太平洋海岸網一千二百元。不佔用最貴時間，而在餘時廣播者，則價目一律減半。凡商家租用此等『廣告時間』，(與報紙上之『廣告地位』恰相似)並不得儘量宣傳其出品，以取厭於聽衆，必須自備有趣之節目，而於無形上取得廣告之價値，如某氏公司，組織一『某氏音樂隊』，於『廣告時間』內播送音樂，苟其樂隊果佳，則聽衆顧名思義，自必念念不忘『某氏』，而某氏之日的已達。以無線電廣告價目如是其昂貴，美國商人尚爭先恐後，趨之若鶩，不惜委曲求全，以博聽衆之一粲者，則誠以美國人購買力之强，非他國可比，而廣播聽衆，尤爲購買力最强之階級。據李心莊君一九二七年所調查，全美廣播台之廣告收入，每年共約美金二千萬元，而國家廣播公司所入，亦在每年二百五十萬元以上。執此以觀，則美國廣播電台之不必向聽衆收費，理亦甚明。然美國聽衆，尚多表示不滿，以爲廣告時間太多，而有意識之節目太少，此項問題，殆非一二年內所可解决也。

美國廣播事業既如上述，今當轉而述歐洲之廣播矣。歐洲各國，對於聽戶，多主收費，而英德兩國之辦法，尤足供吾人研究。德國廣播，分爲新聞及娛樂兩種。新聞由通訊社廣播，由報館接收，所用波長，在二千公尺以上；至娛樂廣播，則由官督商辦，人民收聽者，註冊之後，每月納費二馬克，由郵差代收。廣播電台，悉屬於政府之郵電總局，而廣播之人員及傳音之房產器具則屬於公司。現有廣播公司九，皆由私資創辦，設總公司於柏林，名曰德國無線電廣播公司，政府派大員監督之。公司處理節目及營業事務，郵電總局主管工程建設，彼此不相混淆。全德已建之廣播台，凡卅座，分布各邦，至爲平均，其中十座爲主播電台，電力自二十基羅瓦特至四基瓦特不等，餘爲轉遞電台，一律七百瓦特。自一九二四年至一九二六年，廣播聽衆由一千五百人增至二百萬人以上，約當全國人民百分之三以上，可謂發展至速。於英於法，亦有相似之進步。在英本邦，有廣播台二十有一，分佈二十一城，收音機計二百五十萬只。廣播事業全歸郵務局管理，其經費取諸聽戶，計每戶每年爲十先令。愛爾蘭自由邦，計有收音機三萬只，廣播台二，一在得白林，一在考克，其收費管理一如英吉利本邦。英屬非洲計有收音機十三萬，廣播台四，分佈四處。其管理及經費，採法英國，惟收費略不同，計每戶執照費六先令，年費五先令六便士至卅五先令，以距離之遠近及使用之目的而增減。英國以保守著，無線電之發明及應用，雖肇自三島，而廣播事業之發展，遠不若美國，但其管理之善，組織之密，與夫播音節目之美滿亦有足多者。至言法國，現有收音機一百二十五萬，計人口平均之千分之三十一。管理權操諸郵電部，而人民之自設廣播台者，亦所不禁。法國現有廣播台二十八所，分佈二十一處，經費來源亦取諸用戶，每戶每年一法郎。聽衆如係外籍，則加至十法郎，以示區別。

其他世界大小各國，十年以來，無不盡力發展廣播事業，以供宣傳娛樂教育之用。東鄰日本，新組日本廣播無線電公司，有電台七，分佈七處，其電能高者爲十個基羅瓦特。遠東之廣播，以日本爲第一。

（二）業餘無線電家之工作

「業餘無線電家」者，乃指不以無線電爲職業之人士，愛好研究無線電之學理或其技術，於職業餘暇，從事於無線電之裝配收發，以爲消遣，並滿足其求知慾，而不望即於此中獲得金錢之酬報者。其人或爲大學教授，或爲好弄之頑童，其知識程度，高下不齊，而其沉醉於試驗，則初無差等。其目的未必相同，或志在某種線路之發明，或試一新波長之射程，或求收聽海外之同好呼聲，或僅練習自己裝配機件。無所得，則自樂其樂，默爾而息，有所得，則公諸天下，名利兼收。此等人在歐美各國，爲數不可勝計，在中國則甚少，十年前，各國政府以二百公尺以下之短波無裨實用，乃特許業餘無線電家以短波爲其試驗游戲之範圍，不意二數年後，業餘無線電家日益增多，短波遠程通信之成績大彰，而短波之性質亦因多人之研究而遂大白，此等無意求功之科學研究者，於無意中仍得不世之功勳，誠非意料所及，而賢明政府獎勵學術之功，要亦不可沒也。

業餘無線電家，英文名 Radio Amateurs，其所設之電台，即曰「業餘電台」，與學校及公司所設之『試驗電台』志趣或相類，而名實不相同。業餘電台之置有無線電發射機者，無論通報通話，或僅作無意義之訊號，皆須向其所在國主管機關領取執照。領照章程及電台應守規則，各國規定稍有出入。試驗人之僅備接收機而不設發射機者，尋常不稱電台，與廣播聽戶在同一類，其應否領取執照，視各國規定而異。此等電台，若經國家保護獎勵，納諸規範，任其發展，一方面可以使無線電之技術繼長增高，一方面可以使兒童及成人習慣於科學游戲，同時或可增進一部分人民之國際知識及了解。妙在無線電之器具，既甚便宜，又極輕巧，人人可得而戲弄之，絕無危險之處，而此中學理之曲折，技術之變化，復層出不窮，日新月異，襲鑽其間，大足爲人類永久之試智品，打不完之啞謎也。

業餘無線電家，在英美各國，多有組織，以謀合作。美國之「美洲轉遞聯盟」（American Relay League）及英國之「大英無線電學會」（Radio Society of Great Britain）其尤著者也。一九二〇年，紐約之業餘無線電家，發起聯絡大西洋兩岸之業餘電台，爲短波踰洋之試驗，美國發，英國收。此舉當爲倫敦無線電學會所熱烈贊助，並決定用波長二百公尺。一九二一年，二月二日至六日，試驗正式舉行，苦無結果。同年九月，美洲轉遞聯盟再度發起，預定十二月八日至十七日爲試驗期，美國方面有七十九電台參加，同時發射短波訊號，並特派專家一人赴英，以超等外差式接收機（Superheterodyne Receiver）收聽本國之訊號。此次結果甚佳，英國人考守氏奔走尤力，彙集各方成績，復分析研究之。一九二二年，十二月十二日至廿一日，英美法三國業餘電台，會同舉行試驗，其成績較上年又有進步，雙方收發，均能呼應，逐夜通報，亦無困難。自後英美德法各大公司及政府，皆深信短波通訊之有商業化可能性，乃追隨業餘電台，不惜工本，爲各種短波試驗，然飲水思源，不能不感謝業餘電台開發新世界之功也。

一九二四年，十月十六日，紐西蘭業餘電台（呼號Z4AG）爲倫敦電台（呼號G2OD）所聞，而倫敦去訊，紐西蘭亦能收聽，此兩地相去一萬一千五百英里，爲地球上交通之最遠距離。若欲更求遠程通訊，則勢必將謀之於另一星球。故此實爲電訊界中之最高紀錄，乃竟爲兩業餘電台所得，亦大可紀念已。

(三) 世界通訊之進步

自馬可尼之有名「S」訊號飛渡大西洋後，舉世渴望無線電報早日開放商用，以便公衆通訊。然在一九二〇年以前，電台之實際開放者，僅爲愛爾蘭之克立夫敦 Clifden 及坎拿大之格蘭司倍 Glace Bay 二電台。英國馬可尼公司之大計劃，已於第一章第六節述及之，大戰既起，計劃不能進行，其卡乃望 Carnarvon 電台造成後，亦未開收商報，其他德法兩國電台，更無暇及此。大戰告終，各國政府及公司皆踵趾相接，利用科學之發明，以求其無線電通訊之發展。下表所列，乃爲一九二六年世界遠程通訊之情形：

阿根廷(台址 Buenos Ayres)	通達	法國 德國 意大利
巴西(台址 Rio de Janeiro)	通達	法國 德國 意大利
荷屬東印度羣島(台址 Bandoeng)	通達	荷蘭 德國 美國
埃及(台址 Abu Zabal)	通達	英國 法國 德國 意大利
法國(台址 St. Assise & Bordeaux)	通達	阿根廷 巴西 埃及 美國 其他法屬殖民地

德國(台址 Nauen & Eilvese) 通達 阿廷根 巴西 荷屬東印度羣島 埃及 美國

英國(台址Carnarvon, Rugby & Leafield)通達 坎拿大 埃及 美國 其他

荷蘭(台址Kootwijk) 通達 荷屬東印度羣島

意大利(台址Pisa) 通達 阿根廷 巴西 埃及 美國

日 本(台址Tokyo) 通達 美國

挪 威(台址Stavanger) 通達 美國

波 蘭(台址Warsaw) 通達 美國

瑞 典(台址Goteborg) 通達 美國

美 國(台址 Tuckerton and New Brunswick, N. J.; Rocky Point, Long Island; Marion, Mass; and Bolinas, near San Francisco) 通達 荷屬東印度羣島 法國 德國 英國 意大利 日本 挪威 波蘭 瑞典

以上所列，皆爲鉅量電力之長波電台，平均電力約在三百基羅瓦特左右，波長在五千公尺至三萬公尺之間，天線依四分之一波長計算，均須橫亙一英里以至五英里，鐵塔巍峩，綿羅四佈，每台所費動輒數千萬元。最近數年來，短波之學大明，定向東射(Directive Beam)之方法闡發詳盡，風尚所趨，各國政府及無線電公司皆捨「長」而就「短」，費用既省，效率復高，

短波電台遂如雨後春筍，繼起不絕。原有長波電台建造未久，已遭厭棄，幸其工作時間，比較的不受天氣限制，且不若短波之易生衰落(Fading)現象，又其成本太高，不便廢置，故上表所列各台，今多照舊工作。新設國際短波大電台，即就各長波電台附近添建，除上表所列各地外，尚有坎拿大，南非洲，奧大利亞洲，印度，菲列濱，中國，及歐洲各國均已設立定向束射或不定向之短波台，加入世界無線電通信網。

無線電報之價目，在初開辦時(一九〇八年)以與水線競爭故，定價約當水線報費三分之二，如倫敦至紐約，原爲一先令，無線電報價定作八辨士。水線營業根基雖固，當時亦受影響，所損失之業務，估計約在十分之二左右。嗣後水線不得不跌價以廣招徠（時在一九二三年），而無線電亦知徒價廉不足以事競爭，於是雙方皆致力於業務上之精進，價目一主平衡，除因路線不同轉報周折或兌換率增減，因而報價有參差外，普通報價，二者皆相彷彿。無線電發報速率，原不如水線，自短波定向之術興，其自動機器發報速率，可於每日若干時間內，增至每分鐘發二百個以至四百個字(每字五個字母)，平均速率約一百五十字，其收報速率亦如之。惟因天氣之故，此種高速率，不能全日維持。而新式水線則因有透磁合金（Permalloy)之發明及應用，其收發電報速率，仍在新式無線電台之上。大西洋中，已有此項裝置。美國之無線電國外通訊，較之英國，更形發達，在一九二六年，通達者尚祇九國，一至九二八年，已增至二十餘。其與紐約接通者，爲英，法，德，意，挪威，瑞典，荷蘭，比利時，波蘭，土耳其，巴西，阿根廷，Liberia, Porto Rico, St. Martin, Venezuela, Colombia, Dutch Guiana 十八國。其與舊金山聯接者，爲日本，中國，夏威夷羣島，菲列濱羣島，荷屬印度羣島，法屬安南六處，而菲列濱電台又與英屬香港中國上海及南美之阿根廷直接相通。此外正在陸續舉辦中者，則有西班牙，古巴，墨西哥，中美洲各小國，及紐約舊金山間，紐約蒙屈列爾間之無線電路。美國無線電信事業，完全由美洲無線電合組公司承政府之意旨執行之，其本國電台，固由公司自有，其國外電台，除所在國之通信主權完整者外，亦盡量由合組公司設法取得經營管理之權。

英國及其各屬地領土之電台，幾全由馬可尼公司承造，爲馬可尼定向東射式，但其營業管理權，不盡在公司之手，如英倫之電台爲郵政總局所有，坎拿大電台爲坎拿大馬可尼公司所有，澳洲電台爲澳洲馬可尼公司及地方政府所合有；此外印度，埃及，香港及英屬南非，或爲公司組織，或由地方政府管理，要皆利不外溢，彼此聯絡一氣。德國之國外無線電通訊，有兩大組織，一爲政府之郵電局，其電台在柏林之東南面千尼斯符斯登屋，（Königs Wustenhausen）皆長波，電力在五十基羅瓦特以下，專司歐洲各國通報；一爲得力風根無線電公司所組織之無線電海外交通社，自一九二二年起，得政府之特許三十年無線電營業專利權，其腦恩電台大小十餘座，中有短波發報台七座，專通遠程國際電報，如紐約，巴西，阿根廷，中國之瀋陽，菲列濱之馬尼剌，澳洲 Sydney，法屬安南之 Bangkok，荷屬東印度羣島之 Bandoeng，皆所通達。法意西葡諸國之無線電通訊，多由商辦，瑞典挪威日本中國等，則由政府自辦。日本於近數年來，努力爲國際無線電通訊之經營，其在東京大坂附近，均有新式之高能短波電台，計已通者爲美國，夏威夷，巴黎，倫敦，羅馬，印度，河內，菲列濱，柏林及澳洲，大有起而與英美爭雄之勢，可敬佩已。

由今日觀之，商辦無線電通訊事業，其範圍之廣，勢力之厚，遠非政府自辦者可比。英國馬可尼公司及美洲無線電合組公司尤爲並世兩雄，氣吞全球。最近英國馬可尼公司與大東水線公司實行合併，而美洲合組公司亦有與美國電報電話公司合併之消息，此其日光之遠大，魄力之沉雄，眞令人驚佩不已，然在其他各國力不足與抗者觀之，則彼二子者，包藏野心，又令人不寒而慄，起無窮之隱憂矣。茲將一九二七年世界各大無線公司之資本列表如下，以資比較：

英國馬可尼無線電報公司（Marconi's Wireless Telegraph Company）	四、九〇〇、〇〇〇鎊
澳洲合併無線電公司（Amalgamated Wireless of Australasia）	二六〇、〇〇〇鎊
坎拿大馬可尼公司（Canadian Marconi Company）	五〇〇、〇〇〇鎊

西班牙馬可尼公司	(Spanish Marconi Company)	二〇〇、〇〇〇鎊
奧國馬可尼公司	(Austrian Marconi Company)	一三〇、〇〇〇鎊
瑞士馬可尼公司	(Swiss Marconi Company)	七〇、〇〇〇鎊
南非洲馬可尼公司	(South African Marconi Company)	五〇〇、〇〇〇鎊
	以上馬可尼及其附屬公司合計	六、五六〇、〇〇〇鎊
法國無線電報通用公司	(Compagnie Générale de Télégraphie sans Fil)	五〇〇、〇〇〇鎊
法蘭西無線電公司	(Compagnie Radio-France)	五〇〇、〇〇〇鎊
意大利無線電公司	(Italo-Radio Company)	五五〇、〇〇〇鎊
美洲無線電合組公司	(Radio Corporation of America)	五、〇〇〇、〇〇〇鎊

此外尚有德國之得力風根公司(Telefunken Company)其資本爲藹意吉公司(A.E.G)及西門子好爾司克公司(Siemens-Halske Company)所共有，葡萄牙之馬可尼無線電公司(Companhia Portugueza Radio Marconi)範圍亦不小，至阿根廷及巴西之無線電公司，則由英美法德四國資本共同經營之。

無線電話，另於下節述之。船舶應用無線電，幾成天經地義，但短波裝設尚少。軍艦以通信途程較遠，故多添設短波。英國商船特設無線電自動警鈴，救訊號爲十二長劃，訊號至，鈴即長鳴，有此設備者已達八百艘。英國之國際海上交通公司(Marconi International Marine

Communication Company）德國之海外交通社（Deutsche Betriebsgesellschaft）及美洲無線電合組公司等，皆承辦輪船上之無線電收發營業。機器之裝置，報務員之雇用，報費之收取，悉由公司負責辦理。至海岸電台之設立與維持，或由政府經營，或由公司代辦，則各國互異。但輪船公司如大來（Robert Dollar Company），其無線電報務，悉由自力經營，不假手於他人，近且向美國政府索得無線電特許營業權，進一步而爲商報之收發競爭矣。

射向電台（Radio Beacon）指導空航與海航，均有莫大之利益。沿海及海島，各國設立者頗多。通空電台（Aeronautical Station）之於飛行機，尤爲必要。英國克羅敦（Croydon）飛機場設發報電台四座，其爲飛機代定方向，祗須一分鐘耳。

（四）無線電話之新成績

無線電通信本包括電報電話兩種，歐戰以來，無線電報日見發達，而無線電話則以缺少祕密性，且不如有線電話之接線便利，能應城市商業無窮之需要，故如前章所述，除廣播電話之特別應用外，決不能與有線電話競爭。然有線電話亦有技窮之地，如大西洋兩岸，商業繁盛爲世界冠，除電報外，實有添設電話之必要，水線雖能傳達最快之電報，而於複雜之音浪，則以海底電線之磁感關係，不能曲曲傳達，適如所發之音。有線電話既窮，無線電話乃於此得一用武之地。一九二一年，馬可尼公司於英荷二京間試驗無線電話，往來電波所用之波長，相差三公尺，頗清晰可聽。一九二三年，美國電報電話公司（簡稱A.T.T.）試驗超越大西洋電話，接收機祇用六呎見方之線圈天線，成績亦佳。

無線電話超越大西洋雖屬可能，然尚嫌發射台所需要電力太大，及缺少祕密性，美洲無線電合組公司乃盡力研究，試驗『旁波帶』(Side Band)之發射，試驗既成，以上兩問題乃同時解決。蓋無線電話中主波(Carrier Wave)為穩定之等幅高週率波，上載音浪之顫動，即成一複雜之調幅多次波，實際上可分作兩個『旁波帶』，一較主波為高，一較主波為低。今所用新法，乃將其主波及其一旁波用濾波器(Wave Filter)濾去，經放大器而發射者，僅為兩旁波帶之一。在接收機上，欲此旁波再成音浪，祇須就地用一振盪器，補發其主波，即可得其原來狀況。用此方法，發射機可省四分之三電力，而得同樣效果，且收聽者若不知其主波週率，不補加主波，則雖收而不能成音，祕密亦有相當之保障矣。（註：此外保障無線電話祕密之方法，尚有數種茲不備述）。

當一九二六年之初，踰洋無線電話之試驗，已大體成功，可進而謀商業上之實用。英美兩國，乃訂立合同，裝置機件，於是年三月七日，將英國郵政總局及美國電報電話公司聯合興辦之倫敦紐約間無線電話，正式開始。其收發電台佈置如下圖：

此圖之所表示者，爲長波通話，後復添設短波機器及定向東射天線，長短波共有機器三組，不久且將增設第四機，業務日臻繁榮，於此可見。最近美國公司方面，得英政府之允許，籌設一大西洋海底電話線，以補助無線電話，但其成效，尚不可必。

一九二四年五月三十日英國馬可尼公司以九十二公尺之短波與澳洲 Sydney 電台通話成績甚好。一九二八年十一月一日，澳洲合併無線電公司，與荷屬東印度無線電公司，及美國奇異公司三方會同試驗通話，亦無困難。同年十二月十日，德國腦恩之二十基羅瓦特電台，以14.83及15.34公尺之短波，與阿根廷京城正式通話，公開營業。荷蘭與爪哇間之無線

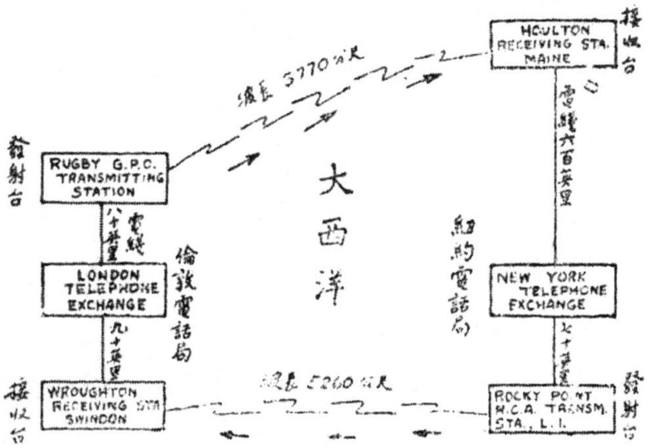

電話，試驗歷一年半，至一九一九年正月七日始能正式開幕。研究結果，發現短波之衰落現象，在地位不同之接收天線上，情狀互異，故若以三數天線接於同一接收機上，衰落現象不難避免，是謂『反衰落之設備』(Anti- fading Equipment)。美國合組公司亦有相似之設施，名曰Diversity Type Antenna。

（五）短波與定向束射之新趨勢

電磁波之長度，可長可短，其週率愈高者其波長愈短。當一九二〇年間，人皆以二百公尺以下之電波，既不穩定，而其產生也又較難，爲公衆通訊計，乃皆捨而不用，羣趨於長波之一途。波長之常用者爲三百公尺以上至二三萬公尺，而後者則都用於長距離通訊，因擾亂較少而信號亦較穩定。自亞氏高週率發電機成功後，產生此種電波，亦極易易，惟天線之長，鐵塔之高，吾人之曾游美國長島者當必爲之咋舌也。

定向束射云者，乃將四散之電波，聚而放射至同一方向，俾收報台所得之信號，得以增强。譬如火藥，散而焚之，其力至微，爆射亦近，今君裝諸鋼壳之中，射自鎗管之內，則力大程遠，其理甚顯。馬可尼氏對於定向束射，早具獨見，當彼於一九二二年赴美之時，即公告美國學者曰，『無線電今後之發展在定向束射，而定向束射之成功則在短波之應用，非然者非用延長四五英里之天線，將何由使其反射。不特所費浩繁，即建造亦極複雜，不可以立致。卽成矣亦何由而與長波舊式電台爭長乎？』

幸也二百公尺以下之電波，經國際無線電會議公決，留備業餘電台之用，而不世之奇功乃於無意中得之。一九二〇年後，英國對於真空管之製造，日臻完美，而用之爲振盪器也，亦日見普徧。此無所不能之眞空管，既起而代亞氏高週率發電機而爲產生高週率短電波之利器，波長之限制，可以線路中之感應量及電容量變之，其利便也，可無待言。昔日產生短波之困難問題既解，短波之效用因以大見。英美業餘無線電台，以極小之能力，可作橫越大西洋兩岸之通訊，「短波」二字，轟動全球而爲無線電又開一新時代。至短波之射程何以遠，其日夜間之通訊情形何以不同，受天時之影響何以較大，信號强度之衰落何以較著，跳距（Skip Distance）之現象何由來，學者正日夜殫情竭力以求之，將來或有可以解釋之一日。

業餘無線電者既用短波爲長距離間通訊，馬可尼之興趣又爲之倍增，欲窮其究竟。一九二三年彼乘一小艦名 Electra 赴大西洋中以驗之。彼又在普爾渡——一九〇一年拍發一鳴驚人「S」之台——裝一東射試驗電台，以十二啓羅瓦特之電能，九十七公尺之電波，日間通一千二百五十哩，晚間通二千三百二十哩，且無靜電干擾。閱一年，已可及澳洲，距英幾一萬二千哩。電報之後，繼通以電話。短波與東射兩者相得益彰。英國馬可尼公司，即於是年五月宣佈短波定向東射台之成功。

英帝國之於國際通訊，未嘗一日忘其稱雄獨霸之心。當茲短波東射成功之日，昔日「全赤色網」之計劃，今乃轉作短波電台之建設。兩月後，英政府向馬可尼公司先購電台兩座，電力二十五基羅瓦特，一在英倫一在加拿大，於一九二六年十一月試驗成功。英國澳洲電路繼起，於一九二七年四月成功。英國非州路於同年六月成功。英國印度路於同年九月成功。

據可靠報告，一九二八年，四路全年收發之字數，約在三千五百萬左右，其報價較廉於水線。盤根錯節之海底電報，至今日而亦覺地位之撼動矣！

美洲無線電合組公司自創始之時，即與英國馬可尼公司約，兩公司之發明，均得互相利用，以增進大西洋上無線電交通之效率。該公司至是遂據約利用此定向東射電台之發明，而自加研究，青出於藍，幾勝於藍，其新造之機件，通報效率愈見進步，中國日本俄羅斯等國新建之台，咸以是爲法式焉。

（六） 無線電傳形及無線電視

無線電傳形，至今日可稱已屆成功之日。紐約倫敦間之公用無線電傳形，於一九二六年五月正式開幕，連續收發，穩妥可靠，二十五公寸濶十公寸長之影片，可於三分鐘內得之。目下各國所用制度方式甚多，其機件之製造至精密，惟其原理則大都相似。本書非一科學專書，但亦願約略及之，以覘此新興科學之大概。

無線電傳形之成功，其必要條件，除無線電收發報機之普通原理外，其最重要者，一爲光電池（Photo-electric cell），二爲調劑收發同速之機件，三爲光學用具如三稜鏡等之配置。試舉淺顯之例以明之，今有照片一，意欲自甲地送至乙地，則其最要之事，即爲傳送片上之黑白陰陽各色點。如有光點一，經過三稜鏡直射片上，其光之強度，在相片之反面，當視片上之顏色而定，黑者無光，白者全明。此光照至光電池，則光之强弱轉而成電流之强弱，又因電流之强弱產生或强或弱之電波以放射。此發照處之大概也。至收照處之程序，則恰得其反，以電波之强弱，轉而節制電流及光線之强弱，使照相片上受有應得之化學變化，而照相以成。

無線電視(Television)則真俗所謂千里眼矣。影戲之成，由於無數連續小照片之轉動放映。今設以小照片代以無線電傳形，而能以極短時間逐一送出，則所謂無線電視者，自亦非不可能之事。與有線電話相連，則晤談之外，兼可覿面，尤爲妙事。美國素以「新」立國，無線電視之略有成功者已，有兩種，但傳形不清，管理困難，尙未屆商業使用之時期，其成功雖或可必，而時日則尙有待也。

無線電傳形之舉，自萌芽迄今，僅八九年耳。雖其用途尙未大廣，而機械之已屆成功，可無疑義。美英德法日本均年費巨大金額，爲進一步之研究。柏林南京間，亦曾作單程試驗，成績絕佳，所惜者，工程方面純由德人辦理，我國人士無與焉。

（七） 一九二七年之無線電公約

近十年無線電工程上之進步，爲短波爲定向東射爲無線電話爲無線電傳形等，莫不一日千里，日異月新，本章已略述其概略。但無線電之爲物，最具世界性，以太之瀰漫空間，無一切界，固不必論，即航空航海之救生，天氣陰晴之預報，均與任何國人有關，不得强以國界而分之。本書第一章中曾論及無線電法規，因程序關係，未詳敍一九二七年之無線電公約，茲補及之。

十年以來，以火花式發報機之日漸淘汰，真空管之新興，短波之應用，廣播事業之發達，海岸電台之加增，航空之猛進，十五年前所有之無線電法規，其不適用也已明且顯。美國於是賡續前議，召集國際無線電會議於美京華盛頓，與會者計七十四國。討論之初，雖有不少不幸之誤會及衝突，但其所得成績，極有可觀。茲舉其大要者如下：

（一）各國呼號分配

（二）波長分配（改用週率數Kilocycle，以相當之公尺單位爲附文）

（三）電波分類及使用規定

（四）電台分類及呼號條例

（五）電務員服務規則

（六）移動電台業務規則

（七）固定電台業務規則

（八）廣播電台業務規則

（九） 特種電台業務規則（如報告時間 廣播氣象等）

（十） 救援信號

（十一） 干擾避免

（十二） 附錄 縮語標準表

我國出席代表爲王景春張宣兩氏，（張氏卽於此行爲張作霖氏定購二十基羅瓦特短波電台，建築地點爲葫蘆島，機於十八年初到瀋陽，今始裝置）。均爲交通界之先進。該項公約，由建設委員會前無線電管理處譯成中文，並於民國十八年五月呈經國民政府立法院通過批准公佈有效。惟自公約公佈以來，迄未履行公約條文，如電台呼號之龐雜，波長之不一，報務員之無甄別，一如往昔，是亦良可惜也。

第四章 英美無線電之爭霸

(一) 全世界之水線狀況

北大西洋，爲全世界水線之孔道，綰連歐美二洲，其重要非任何他海面可及。美國之西方聯合電報公司(Western Union Telegraph Company)及商務水線公司(Commercial Cable Company)在今日實握此中之牛耳，屬於西方聯合公司之水線凡九條，屬於商務公司者六條，共十五條，但其中西方公司之五條係租自英國之英美電報公司者。此二公司在美國及坎拿大境內各有其陸線網。英國與法國之間，坎拿大海岸與美國紐約之間，則另有短程水線聯絡。總計此二公司在北大西洋中所管理之水線，長度約爲五萬海哩。法國水線公司在大西洋中有三幹線，其一乃自德國沒收者，長度共計約爲一萬又五百海哩。英國郵務總局，兼管電訊，亦有二線橫穿大西洋，其一自德國沒收，長度共約六千四百海哩。意大利水線公司僅有一線至大西洋中途之阿索島(Azores)，與美國西方公司相聯絡，長祇二千哩。德國大西洋公司於戰後新置一線，亦至阿索島爲止。

其次當述網羅全球之英國「大東電報公司」及其附屬公司(Eastern and Associated Telegraph Companies)之水線網矣。沿歐洲西岸，大東公司有七線南垂，其一專通西班牙葡萄牙，其他皆匯集

Gibraltar而入地中海，經Malta而至埃及之Alexandria。意大利法蘭西希臘土耳其諸國均有支線旁通。自Alexandria以陸線通至蘇彝士Suez，自蘇彝士出發，則有水線五條，經紅海而至海軍要塞之亞丁Aden，然後分一線以達非洲東岸南部，四線至印度孟買Bombay，一線至錫蘭之Colombo，一線經印度洋中之Seychelles島，而轉接東西南三方，其支線直達澳洲南岸。自印度之東岸海口Madras，水線三條，直趨星加坡Singapore，自錫蘭之Colombo，亦有二線同赴星埠。從星埠起，分兩路，一路至香港，計有水線三條，一路經南洋羣島而至澳洲及紐西蘭，幹線亦二條。自香港以北，大東公司水線經福州而至上海，與丹麥大北公司之自西伯利亞及日本通來之水線在香港相銜接。此外在大西洋南部，大東公司亦有水線多條，繚繞於非洲西部，以達於南端之Cape Town，復可與南美洲之線路相通。總計以上所述，在大東公司管理下之水線網，長度乃達十三萬六千海哩，可謂盛矣。

自歐洲至南美洲，尚有一線路爲英國之西方電報公司所經營，該公司與大東公司在實際上仍屬一家。此線直達巴西之Pernambuco及Rio de Janeiro，阿根廷之Buenos Ayres，復以陸線貫通南美，而與智利之Valparaiso接通，更由另一附屬水線公司之水線，北通秘魯之Lima，業務亦殊繁盛。此外法國及意大利各有一線橫貫南大西洋，法線祇二千哩，意線聯絡地點較多，長八千哩，爲一九二五年所設置者。

西印度羣島，爲列强所瓜分之殖民地，故經營其島際及島陸之通訊者，亦最錯綜複雜。茲爲列表如左：

(甲)西印度巴拿瑪電報公司及古巴海底電報公司	(英國資本)	線長五千海哩
(乙)婆米達(Bermudas)公司等及英國政府	(英國資本)	線長三千五百海哩
(丙)國際電話電報公司(兼通南美洲東西兩岸)(紐約至古巴及巴拿瑪二線)	(美國資本)	線長二萬七千海哩
(丁)法國水線公司(內有紐約直通Hayti一線)	(法國資本)	線長六千海哩
(戊)商務水線公司(祇紐約至古巴一線)	(美國資本)	線長一千五百海哩
(己)西方聯合電報公司及英國西方公司	(英美合辦)	線長三千海哩

至太平洋中水線，則可分爲兩大支：其一爲英帝國之『太平洋水線委員會』所設之線，自坎拿大之溫哥華(Vancouver)起，直趨西南，經過Fanning Island, Fiji, Norfolk Island而至澳洲及紐西蘭；其二爲商務太平洋水線公司(附屬於商務水線公司)之線，自舊金山出發，經過檀香山，Midway Island, Guam Island而至菲列濱之小呂宋及中國之上海，自Guam又通至日本之Bonin島，而與日本水線相接，以達東京。英屬水線最近添置新線，與舊線相並而行，合計約得一萬六千五百海哩。委員會由英帝國政府派二人，坎拿大政府二人，澳洲政府二人，紐西蘭政府一人

組織之。其營業與英國郵政總局所轄之北大西洋水線相聯絡，由坎拿大之陸線爲之貫連。商務太平洋水線公司之股本，一部分爲大東公司及大北公司所有，故三者在遠東極相合作。商務水線，約長一萬海哩。

丹麥大北電報公司，在歐亞二洲所佔地位，亦至重要。英法海峽間，以及瑞典丹麥荷蘭德俄之海岸，皆有大北公司之水線，而起自俄京止迄海參威及中國北平之橫貫西伯利亞陸線，尤爲可驚。自海參威起，復有水線達長崎上海。大北公司在中國之活動，與大東取合作態度，故其自天津大沽口接線經烟台而達上海，乃與大東公司會訂合同，後復延線至廈門鼓浪嶼而南抵香港，其經營能力，蓋殊不在大東之下也。

日本政府遞信省，於其島國各海口間，設置水線甚多，台灣朝鮮之外，大連上海均有直接線路。青島佐世保間，中日政府收自德人舊線，改設一線，分段任其修理，但皆爲短程水線，較之英美丹三國，則有大小巫之別矣。

水線長途通訊在今日之聲勢，仍在無線電之上，其業務之繁榮，亦非無線電可比。欲論無線電之將來，欲知英美無線電之所以必須爭霸，必先對於各國水線公司之勢力如何分配，線路如何聯絡，具有澈底之了解。就上文所述，吾人當可明白認識英國在水線通訊上之地位，雖以美國之蒸蒸日上，後生可畏，亦不能搖動其第一把交椅。美國在大戰以後，任何事業不讓他國，獨於水線則局勢已成，竟難與英國競爭，故於無線電斷不能一誤再誤，坐失時機，以貽後悔。而在英國則水線既已雄霸首席，無線電與水線相成相益，且異日或有突過之處，苟今日之無線電爲美國所把持，他日之水線，未必定能分庭抗禮，故英國於無線電，亦爲勢所必爭。今請先述美洲無線電合組公司產生以前之英美關係。

（二） 馬可尼公司之組織及其對美發展

馬可尼者，不僅爲一發明家，爲一工程師，且爲一具有膽量魄力之事業家。彼於無線電初致實用之時，即知製造廠之必須開辦，商報電台之必須設立，海外之必須聯絡，當此草創，苟能經營得法，必可爲天下重心。一八九七年，馬可尼即於倫敦組織一無線電報訊號公司，額定資本十萬鎊，以七萬五千鎊抵購各種專利權，馬可尼自爲六董事之一。一九〇〇年三月之公司改名爲馬可尼無線電報有限公司（Marconi's Wireless Telegraph Company, Limited.）（簡稱英國馬可尼公司）。成立以後，數年內經營並無盈利，所入且不敷所出，而公眾對於公司之信仰甚深，股票價值，依舊增高。馬可尼知無線電事業之必須擴大地盤，乃積極向海外發展，在各國組織許多附屬公司，營業股權，各成單位，但其主要股權，皆爲英國馬可尼公司所握，其主要董事，亦由總公司之董事分別兼任。附屬公司，前後統計，爲數幾近二十，舉其較重要者，則爲（一）馬可尼國際海上交通公司（二）美洲馬可尼無線電報公司（後爲美洲無線電合組公司所併）（三）坎拿大馬可尼無線電報公司澳洲合併無線電公司（四）南非洲馬可尼公司（五）西班牙馬可尼公司，此外在比國，法國，俄國，奧國，阿根廷，瑞士，荷蘭，丹麥，意大利，皆有相當之聯絡組織及營業關係，中國之中華無線電報公司（Chinese National Wireless telegraph Company）其支系也。

馬可尼公司第一步勝利，即在與德國之商業鬥爭。馬可尼一面推銷船舶應用之無線電機，一面聯合各附屬公司大舉建造海岸電台，使海陸交通，隨處皆能呼應，範圍愈廣，銷場愈大。德國公司雖盡力推銷機器，顧以海岸線太短，電台太少，裝置德國機器之船舶，在勢非與馬可尼電台通報不可。各馬可尼電台猶以為未足，乃相約不與裝德國機器之船舶通報，以示封鎖，於是各國船隻，皆捨德而趨英。德國政府，在此狀況之下，自不能坐視無睹，乃於一九〇三年及一九〇六年，兩次召集國際無線電報會議，通過公約，規定船舶電台若向附近海岸電台通報，不論有無預約，皆須接受。馬可尼公司彼時雖為衆矢之的，然仍倔強不奉命，且向英國政府要求，對於該約不加承認。英國政府左右為難，再四攷慮，結果乃一方面簽約，一方面允許馬可尼公司若營業收入較前減少，政府負補償之責。

馬可尼公司與政府既能合作，在社會上信用亦堅，其額定資本，乃時時擴充，茲根據倫敦證券交易所報告，列表如下：

一八九七年	資本	十萬鎊
一八九八年	增至	二十萬鎊
一九〇三年	增至	三十萬鎊
一九〇五年	增至	五十萬鎊
一九〇八年	增至	七十五萬鎊
一九一一年	增至	一百萬鎊
一九一三年	增至	一百五十萬鎊
一九一九年	增至	三百萬鎊
一九二三年	增至	四百萬鎊
一九二七年	增至	四百九十萬鎊

馬可尼公司於一九一二年與英國政府(由郵務總長代表)訂立契約，承造環繞世界之各要塞電台，即所謂『帝國網』(Imperial Chain)造價每台六萬鎊，以後管理，亦歸公司，除開支外，公司可得營業總收入十分之一，期限爲十八年。此約既簽，同時各海外附屬公司又疊有盈利進展之報告，聲勢浩大，股價乃飛漲。歐戰既開，契約中斷，已成電台，亦歸政府收管，(一九一九年公司得賠償費五十九萬鎊)，海外之聯絡進行亦停止，附屬公司與總公司彼此不

能呼應，坐是種種原因，馬可尼之股價乃大受挫折。歐戰終後，公司亦屢遭不利，乃卒能繼續奮鬥，度過一九二三年之經濟難關，於是始化險爲夷，蒸蒸日上。

馬可尼公司之海外發展，實代表英帝國之侵略主義。美國奇異公司工程師亞歷山陀生製成高週率交流發電機，其名既大著於世，英國馬可尼公司卽派董事長馬可尼及一律師，於一九一五年親赴美國，參觀試驗，並擬購買其專利權。價目談判已至每年美金三百萬元矣，馬可尼忽被召返意大利應戰，遂中止。戰後舊事重提，奇異公司以馬可尼公司爲唯一主顧，不得不稍事遷就，藉以補償研究時之大宗支出，條件已大致妥洽。當時美總統威爾遜在巴黎，聞其事，乃特派海軍上將蒲賴特Admiral Bullard及呼潘少佐Commender Hooper面晤奇異電氣公司副經理楊格Owen D. Young於紐約，動以愛國之熱忱，阻止奇異公司與馬可尼公司談判之成立，而暗示美國應有强有力之無線電組織以抗英，庶幾失之於水線者，可以收之於無線電。楊格乃一新起之企業家，卽出而肩此重任，美洲無線電合組公司於焉萌芽。

馬可尼公司購買亞氏高週率發電機之計劃既失敗，又以政治及經濟關係，不得不放棄美洲馬可尼公司，但其規模閎遠，繼長增高，一如昔日。其與美洲無線電合組公司，取合作態度，既放棄在美之舊有利益，復與簽訂合同，雙方互相設台通報，互相應用各方之研究結果，以求無線電之進步。蓋彼時美既奮發自强，英美之無線電，合則兩有利益，分則各難發展，此所以無線電之第一把交椅，不得不與美國平分秋色也。

一九二四年馬可尼氏短波定向東射之試驗成功，無線電通訊既得有空前之進步，而該公司亦因之而更見興盛。英政府當即授以特許，建造英國加拿大間，英國印度間，英國澳洲間英國非洲間之短波大電台。於倫敦附近，建立總台。其通報成績之優良，幾在水線之上。馬可尼氏對於英帝國雄霸世界通訊之貢獻，可謂豐功偉績矣。

（三） 美洲無線電合組公司之成立及其工作

大戰前後，所謂美州馬可尼公司者，在英國資本家手中。馬可尼公司有 Fleming 兩極眞空管之專利權，而在法律上不得製造 De Fores 之三極眞空管。奇異公司既發明亞氏高週率發電機，馬可尼公司欲購取其專利，而美政府又不許，惟恐大西洋之無線電通信事業又爲英人壟斷以去。發報機收報機之各種發明，其專利權，亦爲各公司所分有，各得少許，皆無完璧，其局面之僵，無可言喩。如是數方牽制，幾度推挽，而美洲無線電公司乃應運而生。

一九一九年十月十七日，此公司依法組織成立，其宗旨則爲經營無線電事業之製造貿易及交通各方面。外資投入，規定任何時期不得過全數百分之二十。非美國公民，不得當選爲公司董事或重要職員。種種規定，務使此公司不復爲外資所操縱，以免蹈商務太平洋水線公司之覆轍。

公司股本共計美金三千三百餘萬元。其中奇異公司佔最多股份，茲例表說明如下：

	百分數
1. 奇異公司（General Electric Company）	二五·七
2. 威斯丁好司公司（Westinghouse Electric and Mfg. Co.）	二九·六
3. 美國電報電話公司（American Tel. and Tel. Co.）	四·一
4. 聯合菓子公司（United Fruit Co.）	三·七
5. 其他國內外小股東及交易所中活動股份	四五·九
合計	一〇〇·〇

此公司之事業範圍，可分類如下：

（甲）商報部——國際通信，海面通報，等等。

（乙）販賣部——販賣無線電器具與各國政府，商家，及播音之聽衆。

（丙）船務部——出租或出售無線電器具與各船舶。

（丁）工程部——工程研究，器具改良，效率促進，等等。

自創辦以來，此公司之進步，幾於一日千里。大西洋太平洋之通報，無線電均佔重要位置，而尤於海底電線損壞時足以證明之。以上甲乙丙三部每年所收入之款項，可以下表比較之。

種類＼年份	一九二一年 收入數（金元）	一九二一年 百分數	一九二二年 收入數（金元）	一九二二年 百分數	一九二三年 收入數（金元）	一九二三年 百分數	一九二四年 收入數（金元）	一九二四年 百分數
（甲）商報部	二・一三八・六二六	五一・四	二・九一四・二八三	一九・七	三・一九一・五五九	一三・一	三・三五八・五八四	六・一
（乙）販賣部	一・四六八・九二〇	三五・三	一一・二六六・四八九	七六・一	二〇・四六五・〇九一	八五・一	五〇・七四七・二〇二	九二・五
（丙）船務部	五五三・二九九	一三・三	六三〇・〇八四	四・二	七三八・一四〇	二・八	七四二・三四五	一・四
共計	四・一六〇・八四五	一〇〇・〇	一四・八三〇・八五六	一〇〇・〇	二四・三九四・七九〇	一〇〇・〇	五四・八四八・一三一	一〇〇・〇

就上表察之，可知三部之收入，雖各年有增益，而販賣部之收入，在三年內激增幾近卅五倍。全公司之經濟重心，自以販賣部爲主。惟商報之關於一國外交商業者，至大且鉅，其開辦時卽盡力收買美洲馬可尼公司英方之資本，且從而吸收其公司。對於各國之報務合同，則造成「統一」之局面。例如英美間該公司與英國馬可尼公司之合同年限至一九四五年期滿，美法間該公司與法政府之報務合同亦至一九四五年期滿，美德間之合同，至一九五一年期滿。既如此則美國境內在十五年內，除該公司外，已無任何公司足以起而競爭歐美之報務，「統一」局面既成，地位自固。至其代各國，如意大利，荷蘭，比利時，瑞典，挪威，波蘭，土爾其，葡萄牙，阿根廷，巴西，哥倫比亞，Venezuela, Porto Rico, Dutch Guiana東印度羣島，法屬安南，菲律濱，日本及中國等，亦均訂有專約，其通信網之廣大，可以意想得之。該公司在

大西洋岸之收發報台計發報台爲 Tuckerton N. J., Brunswick N. J., Marion, Mass., Rocky Point, Long Island. 收報台則在 Riverhead, Long Island 全用遠距控制，其中央管理室，則在紐約市之Broad Street。至太平洋岸，則在舊金山亦有同樣設備。近年以來，短波之效用更甚於長波。計一九二〇年至一九二七年，報務之增加，年在二百萬字以上，而水線公司對於電報之價格亦不得不隨之減低，以相競爭。各處減低之價，各有不同，最小者每字美金九分，最大者每字美金四角四分。三十八年以來，是爲水線第一次之減價。

年份	字數	每年增加字數
一九二〇年	七，〇〇一，六一〇	
一九二一年	一七，四〇四，九八五	一〇，四〇三，三七五
一九二二年	二二，五七五，八六一	五，一七〇，八七六
一九二三年	二七，六二六，三五九	五，〇五〇，四九八
一九二四年	三二，〇四三，六九八	四，四一七，三三九
一九二五年	三三，六九七，四一九	一，六五三，七二一
一九二六年	三六，〇三四，五六六	二，三三七，一四七
一九二七年	三八，六六二，五三六	二，六二七，九七〇

船務部之成績，亦多足稱，海岸電台之完美，美居第一。船舶電台，近有五百座以上已用眞空管發報，至遲一九四〇年，火花式發報機，將不復見用於美國。工程部之工作，可於各種機件之改良見之，世界無線電之「新花樣」，惟美國之馬首自瞻，亦足豪矣！

美洲無線電合組公司，復於菲律濱羣島，成立菲律濱無線電合組公司，連絡太平洋上之通訊。近又吸收維克多唱片公司，而以販賣部併入之，稱曰 RCA－Victor 公司，以專一無線電機件之買賣。關於有聲電影，則組織 RCA Photophone 公司。關於眞空管之製造，則成立 RCA Radiotron公司。國際通訊則改稱 RCA Communications Inc.。海岸通訊，則改稱Radiomarine。各自成家，各守其業，美洲無線電合組公司，至今日已有三頭六臂，無限化身，而其幹部則爲一控制公司（Holding Company）也。

（四）後生可畏之美國

無線電事業之興，肇端於英，實驗於德，成功於意，（馬可尼入英籍，意乃其父母之邦，故云。）大盛於美。證以上列各章所陳之事實，當知此說之眞確。美以新興之邦，工業發達，人民安居樂業，國富超世界各國而上之，此新事業之獨盛於新大陸者，蓋亦非偶然。且美人生性豪闊，喜新厭舊，是亦廣播特別隆盛之一因。綜觀十年來之歷史，美國在無線電界，如國際通訊，廣播電台，海岸業務，工程研究進步，機件營業發達以及財力之雄厚，人才之輩出，均在世界占第一位。可畏哉，後起之美國！

美以英帝國獨霸國際通訊，乃起而競爭，既有美洲無線電合組公司之成立，復有萬國電報電話公司之組織。世界各國無不訂有專約，以通美國電台，其勢力之大，足以抗衡英國之馬可尼，卽大東公司亦皇皇然惟恐其盟主地位之搖動。萬國電報電話公司，又竊加研究，實現橫越大西洋兩岸之無線電話，水線雖欲競爭，而限於工程事實，欲進無由。廣播事業之在美，僅舉其通常之事實言之，則KDKA，世界第一之廣播音台，爲威斯丁好司公司所有，此其一。廣播音台，長波者凡七百餘座，短波者凡五十座，收音機有七百五十萬具，家置一具，一如日常傢具然，此其二。廣播機件之營業，據一九二七年統計，爲五萬萬美金，此其三。廣播廣告之價格，每小時三千餘美金，此其四。綜此諸端，可見今日無線電之「第一把交椅，」各國莫能與爭。已爲證明之事實也。

海岸業務，美爲最盛，前節已略及之。當一九二八年初，商船之裝有「定向器」者已逾三百艘。沿海各危險地帶，又裝無線電指向器Radio Beacons船隻雖在濃霧中，亦可照常開駛。航空方面，亦受同樣利益。至機件之改良，亦以美爲最，海岸及船舶電台原用火花式發報機者，近已逐漸更用真空管機，爲世界各國之倡。餘如眞空管之改進，短波定向之硏究，無線電傳形之成功，有聲電影之流行，均足見工程方面之長足進步也。

且再進而言人才，英之馬克思威爾，德之郝支，意之馬可尼，求之於美國誠不可得。但言乎第二等人才，則美國人之可數者，殆以十計。竇福勒亞姆斯脫朗，公認爲眞空管發明家，惟朗慕之功亦偉。彼之水銀抽空機暨電子放射研究，乃舉世無雙者。眞空管之得有長足進步，朗慕之功爲多。康勒博士之於廣播，亦爲先知先覺無疑。其他如 Fessenden, Alexanderson, Kenelley, Pupin, 等，指不勝屈。奇異公司威斯丁好司公司倍爾電話公司等之研究所，皆爲人才薈萃之所，欲舉其姓氏，盡此紙亦不能畢。軍用方面，則美國通訊隊之工作，早著聞於世，其人才亦有足多者。此外則楊格，蒲賴特等之行政能力，均爲不世之才。美國無線電之所以能雄飛世界者，工程師之功績誠不少，然亦有賴於楊格諸人之眼光遠大也。

（五） 英國水線與馬可尼無線電之合併

當馬可尼公司六年前開始建造英國加拿大間之高能短波定向東射電台時，人固知其將有新成績，但成績之優美竟有如此者，則殊出意料之外。一年四季日夜可以通報，而平均收發速率除特殊情形外，且可至每分鐘一百五十字（每字計五字母），較之最新式之水線，亦相頡頏，大東公司等原有之水線，其速率僅及其半。斯舉之於水線也，其關係重大可知。三年之間，英國各殖民地之電台，相繼成立。一九二八年無線電方面所得之營業字數爲三千五百萬字，五十年來水線所獨霸之地盤，竟爲無線電分而有之。

水線公司爲維持其營業計，惟有減價以相競爭。數十年來水線公司之公積金，爲數甚鉅，短時期之彌補，原無問題。乃英國水線公司與無線電，忽於一九二九年春以合併聞，其故安在？

對內營業競爭，一事也，對外營業競爭，又一事也。英帝國之水線與無線電，設進而相互作無益之減價競爭，則鷸蚌相鬥，利在漁人，其國際通訊之第一把交椅，必爲外人所得。且英政府固不可一日無水線者也，觀於歐戰時德意志所受水線之痛苦及無線電洩漏作戰計劃之創痕，英帝國在可能範圍內，決不使水線受無線電之排擠，而夭其天年。新式水線之製造，既得有成功，以根深蒂固之水線公司，其財力則雄厚，其組織則嚴密，其管理則合法，國家又何能置之不顧而使任其與無線電火併，成一兩敗俱傷之局面。職是故也，帝國交通公司於上年卽應運而生，成一控制公司 Holding Company 以水線公司及馬可尼公司之資本爲資本。水線與無線電仍各成一系，各自營業，而以帝國交通公司總其成，藉資調劑，而相合作也。

世界各國同時採用此種政策者，實繁有徒。法國德國意大利日本均先後將無線電及水線置於同一管理機關之下，俾作對外競爭之預備。美國爲素主自由競爭者，人民經營無線電通訊，在所不禁，如無線電合組公司，萬國電報電話公司皆是。交通事業之競爭，利弊參半，本未易加以減否，惟對外關係，情形不同，人將利用我競爭而從中操縱，我之不能節省用費，猶其餘事。今試以一九四五年言之，屆時馬可尼及美洲無線電合組公司之合同期限已滿，馬可尼公司可以利用其時機，與商務水線公司或與萬國電報電話公司簽訂新約，俾美洲無線電合組公司全失對英通報之權利。或則合組公司爲競爭營業計，不得不遷就馬可尼公司之條件，其無利於國家，至明且顯。一九三〇年，美國上議院商務委員會開會，討論有線電及無線電通訊管理法時，楊格氏出席答問，力主美洲無線電合組公司管理下之國際通訊部分，應併入萬國電報電話公司，藉以通力合作。雖當時因政治關係，未見採納，惟在最近之將來，兩公司合併之說，必可見諸事實也。

（六） 無線電共管下之南美洲

一九二〇年前後，南美洲無線電台情形，一如彼時之我國。外人擅自安設電台，競爭營業。英美兩國當時曾有組織南美洲無線電合組公司之議，資本英美各半，權操董事會，英派二人，美派五人，後改九人，英占其四。惟法國德國，時已染指其間，欲求避免競爭，仍難有效。國際通訊之大電台，其建造費以百萬計。而南美洲對外全部營業，乃極有限。四雄競爭，必無良善之結果。且以太中波長可用者非無限量，理宜極端撙節，留以有待，安可浪費。於是四大强國乃於一九二二年十月十四日在巴黎簽訂合約，形似共管，可稱之曰無線電界之

「門羅主義。」

合約既成，各國各派董事二人，美國方面另派一富有聲望而與美國公司無關之美籍人士一人，充董事長。董事長有否決權，以救委員會制度之窮。在董事會下，組織各邦通訊公司，管理南美洲對外通訊事宜。每一公司之組織，其總經理即以該邦原籍人士充之，而電台之報務員，則四國平均分配。南美洲之無線電鬥爭，於是始告一段落。

第五章 無線電之效用及其將來

（一） 無線電之基本特性

無線電之效用及其將來，言人人殊。或曰，此新興之事業，十年以來，進步一日千里，開各種工業未有之先例。應用之廣，成績之佳，舉其實例，何下千百。無線電報無線電話之外，尚有無線電傳形，無線電視種種。用之以發音，則新式留聲機與真音無異，有聲電影妙過於舞台，探礦也，醫藥也，均各著有成效。此外飛機軍艦之遙控，則足以代駕駛員而爲擲彈禦敵之動作。十九世紀爲蒸汽世界，二十世紀初葉爲電氣世界，今將進而爲無線電世界。一切工程，皆將間接直接受無線電之影響。是言也，言非無當，證以近幾年來之成績，確有出人意表者。或曰，是不然。一切事業之進展，均有極盛時期，『無線電』當此年輕力壯之時，進步自未可限量，惟無線電之重要用途，當以通訊——電報電話傳形傳視等——爲最，而無線電通訊，全恃以太中之波動。將來發射機過多，則以太中之震動，必互相干擾，而發生障礙。無線電之可用波長既有限，則同時收報發報之處所必不能如有線電之各不相謀，可以無限計。且據最近研究，可用波長不過千數，而以美國一國言，則同時有超過此數之電報收發及電話談話。短距離通訊之不能用無線電也明甚，此其一。且無線電機件，較之電話電報機件昂貴甚多，其所省者，不過中間所用之電線，惟距離愈短則路線費愈少，無線電之終不能替代有線電報有線電話，亦爲共知之事實，此其二。以太瀰滿空間，人人均得而利用之，設某甲意欲竊聽某乙某丙間之談話，使甲之收音設備，一如乙丙二人，則均可一一得之，如相晤談，無線電訊之不甚秘密，對商業上軍用上，均有莫大之缺點，此其三。併此三因，無線電之將來，雖有異樣之進步，然決不能如前說者之言過其實。是言也，既極合理，又至切要。今欲判斷此二說者之高下，請先進而述無線電波之基本特性。

無線電波者何，卽以太中之波動，或爲光，或爲熱，或爲紫外線，或爲電磁波，全恃其波長之長短以定之。我人發射機設備之目的，卽在使我四週甯靜之以太，受高週率交流而生波動，或用舊式之火花機，或用新式之眞空管，其所生之波浪，或等幅，或不等幅，或長波或短波，或傳遠或不傳遠，誠有不同，但其目的，同在以一種原動力，使以太成浪則一也。三五頑童，嬉戲池畔，投石池中，頓起水浪，以其投石處爲中心，成圓形波紋，向四週擴放，無線電波之理論，精深複雜，其波浪之性質，亦全非水浪可擬，但其成因之大概，則彷髴似之。

無線電波既由發射機之放射，四射空間。視之不見，聽之不聞，欲收而用之，誠非易易。檢波器之爲用，卽在于以太之中，將無線電波檢取成號，或可聽其聲響，或可視其點劃。

檢波器或爲晶體，或用眞空管，其間雖有靈敏確準程度之不同，惟其目的，則同在爲人類于五官之外，增一「無線電眼」，以觀察此以太中之波動耳。

準以是言，則無線電通訊，以以太爲連絡物，一如有線電通訊中之金屬線路。以太瀰滿空間，雖人人得而用之，但其爲物，非若金屬線路之可由我設計，由我建造，其性質可得而預定之。風雨霜雪，寒暖陰晴，與以太本性雖無關係。但天電之放射，大氣之變動，均可使以太不得甯靜，而爲收訊時之故障。用以太爲中間物，一無建造線路之費用，二無維持線路之工程，便利誠莫若，但其變化則我亦莫之奈何。上述之情形，非所以言無線電學，作者爲通俗計，故不得不多方設喩，使一般讀者均能得其概念。無線電波之內容旣如是，則以下所舉之事實，應爲吾人之所公認者：

(一)無線電就大體而言，都爲廣播式之發射。

(二)無線電皆以以太爲中間物，以太中各種電波之分檢及產生，全視收發處機件之種別而異。

(三)依時下之科學智識，無線電波在以太內，常受意外之牽制，而又全非人力所可抵抗者。例如靜電干擾，常使收報機信號雜亂，或則原有信號于焉變形，或竟全無所得。短波中更有衰落現像，使兩地間通訊需用之電能，隨時增減。或且有特殊之衰落情形，或長波或短波，在某兩地間，在某季節中，竟全無通訊之可能。我人日後研究進步，或可詳悉衰落現像之內容而設法避免之，惟不可必。

(四)依一般觀察，根據無線電學現時進步程度暨將來可望之成績，在電磁全段波長中——從最短的到最長的——其間可分爲各个不相干擾之「波段」(Channels)，其數甚少，不足應全世界通訊用途之需要。

(五)以太爲共同應用之中間物，各个電台間相互之人爲干擾，或可使若干電台完全失去通訊之可能。如欲設法免避，在工程上頗非易易。

(六)無線電乃一種不秘密之通訊。我人雖有種種發明，可保守言語或信號之秘密，但竊聽者如能得其方法，可安坐家中而探得他人通訊之全部。

上述之六節，爲倍爾電話研究所所長周維德 Frank B. Jewett 之言，其說至可信，而無線電之基本特性，亦爲彼數語道破。今且進而談「煤氣與電力」，「火車與飛機」「蠶絲與人造絲」同用事業競爭之過去情形，以明無線電有線電之將來。

(二) 同用事業之共存共榮

物競天擇，適者生存，自達爾文等起而其說大興。誠以天演最酷，生存淘汰，皆有無可避免之勢。十九世紀之初，惟舊是寶，蒸汽機發明，爲工業革命之原動，而時人不悟。二十世紀之初，惟新是尙，科學上之新發明，一日成功則人皆趨之，一若原有同用事業之不必一日留。過猶不及，兩無所可。吾人應知一種事業之興廢，成因甚多，有漸進而無突變。況學術以競爭而愈進，技藝以取勝而益巧，其最大之型成力，則視社會之需要，及自身之努力爲如何耳。

輪船，鐵道，汽車，飛機，均爲近世運輸交通之利器。初未聞鐵路之興，而輪船失其用，汽車發明而鐵路無法以競爭。航空最近之成功，有林白大佐之橫越大西洋飛行，繼有齊伯林飛艇之週飛世界，其爲今後之運輸利器，已無疑問，但稍有常識者，決不信其能爲輪船鐵道之替代品。誠以物各有用，或以速率勝，或以價廉勝。或則輕小靈便，足供郵件之傳送，旅客之享樂。或則偉大寬宏，載重有力，足供貨物之運輸，民衆之代步。且自火車興，而輪船之技術亦大進，非特速率加增，其容量上亦超出原有之紀錄。航空興，而火車之速率，每小時可增至一百英哩左右。自御車利于短距離交通，宜爲旅客之乘載，或物品之分配，而不能與火車輪船爭貨物之長途運輸。更觀上海市內之交通，有汽車，馬車，電車，人力車，蹋車，小車，等等，各有其應用之地位。不知者乃欲盡廢人力，以汽車一種爲之替代，一如美國之紐約然，非特事實所不許，抑亦非經濟之道也。

人造絲，蠶絲，棉紗，其爲用也相若。絲與棉紗光彩之相去遠甚，富者衣絲，貧者衣棉，其營業競爭，未見有若何之顯著。乃人造絲發明以來，其爲物幾等于絲而光彩過之。依維新者言，宜乎蠶絲之不再存在于市場，而事實上之證明，蠶絲之用途，且別有開展，如跳舞絲襪等之固有非蠶絲不可者。日本以改進絲業名世界，絲蠶食料之儲藏，秋蠶之養育，機械之講求，檢查之嚴密，使絲質有長足之進步，而量亦大增，技以競爭而益進，此一例也。

煤氣與電力，在家庭間其爲用最相似，或以發光，或以發熱。煤氣公司在本世紀初期時，業務遠在電力之上，乃電力事業日漸發展，凡昔日煤氣之所能者，電力無不能替代之。但美國煤氣一項之消耗，年有增加，一九〇〇年爲一〇〇，〇〇〇，〇〇〇，〇〇〇立方尺，一九二三年爲三八七，〇〇〇，〇〇〇，〇〇〇，立方尺，一九二五年爲四二一，〇〇〇，〇〇〇，〇〇〇立方尺，一九二八年爲四九五，〇〇〇，〇〇〇，〇〇〇立方尺，蓋應用之範圍日大，煤氣亦自有其爭勝之道焉。

自廣播無線電事業大盛，愛好音樂者，備一收音機，即可得各種優美音樂于空間，以供娛樂之用。留聲機相形見絀，其業務一落千丈，當在一般人意料之中。乃美國維克多公司歷年之營業，年有增加，是又何故哉？美國富力日增，人民對于音樂娛樂，更有需要，實其重要原因之一。但該公司之精益求精，使唱機所發之音調品質，爲廣播電台之所不及，亦其所以致勝之道。近則美洲無線電合組公司與維克多唱片公司，且以合併聞，是又技術以競爭而愈進步之一好例也。

更進而取一相似之事實言之，則美洲陸上電報電話之競爭，足供我人之參考。美國電報電話公司于一九一七年，其收入爲二九五，○○○，○○○金元，至一九二六年則爲八二三，○○○，○○○金元。同時西方聯合公司之收入爲七○，○○○，○○○金元，郵電局之收入爲一三○，○○○，○○○金元。因競爭而收入反有增加，適應我國「店多成市」之俗諺，民衆且日以較長較多之電訊，交諸公司，宜乎公司營業之日有進展也。

上列事實，取材于一九二九年七月美國出版之時事月報 Current History，文爲 Hriane L. Jome 所著二題名新發明對于工業之影響 Effects of Inventions on Industry。觀于此，無線電有線電之將來，可思過其半，蓋競爭之結果，舍共存共榮末由也。

(三) 無線電應用範圍之蠡測

依據我人之經驗，過去之事實，暨無線電科學發展之現狀，蠡測最近無線電之主要用途，當不出下列四種。四種者何，一曰廣播，二曰國際通訊，三曰船舶及飛機通訊，四曰國內重要商埠通訊之聯絡。此外則亟待開闢之土地如我國之西北及東北，重山峻嶺之區域如我國之西南各省，或亦有待無線電爲之先驅者。

(一)廣播事業　無線電之基本特性，即爲廣播，故用以廣播市場消息，政治新聞，優美音樂，普及教育，暨公司廣告等，實爲最妙之利器。世界廣播台之設立，其目的可分下列數種：（一）公衆教育及娛樂。（二）政治宣傳。（三）商家設備，用以傳播廣告，及引起顧客好感。（四）製造無線電收音機之公司，用以推廣收音機之銷路。（五）研究性質。（六）以播音時間直接售與商家，與報館出售廣告地位相似。（七）警察傳達消息。（八）大學推廣部廣播。（九）其他特種業務。此中尤以普及教育及政治宣傳爲最重要。國家人民之智識及一切工商經濟之盛衰，均可於廣播中測之。

（二）國際通訊　世界各國無不力爭國際通訊主權之獨立。無線電用以爲國際通訊之用，其費較省，其用甚宏，尤以短波應用後爲更甚。美國英國之爭霸，前章已詳及之，今且不贅。即以中國言，國際通訊主權，早爲外人分割已盡，欲求獨立，舍無線電末由。日本，列强中後起之秀而東方唯一之强國也，其于水線，設置甚少，故其國際通訊上之地位，絕不能與英美抗爭。近年來日本殫精竭力，于東京及大坂間，裝設長短波國際通訊電台。世界之重要城市如紐約倫敦柏林巴黎等，無不有直接連絡，以彌補其無水綫之缺憾。故今日立國，無論有水綫無水綫，無線電國際通訊皆爲必要也。

（三）船舶通訊及飛機通訊　船舶飛機均移動物也，若欲與之通訊，則决非有線電所可能。船舶飛機開行後之氣候消息，有關于乘客之安全，經緯度之測定，有關于航行之路線。

若遇船舶遭險，飛機出事，則更有賴于無線電之報告，以求最近最速之救援。海洋中生命財產之賴無線電而獲救者何止千萬。上年齊柏林周飛世界，若無無線電爲之預告天氣，代定方向，其成功或尙未可必。船舶飛行機之與陸地通訊，唯無線電爲可能，此乃無線電獨有之疆域，其他通訊器具莫能與之爭。而無線電之所以著聞于世界者，移動電台之通訊，亦其一因也。

(四)國內通訊　全部電磁波波長中，其間可分爲各个不相干擾之波段，爲數甚少，吾人除以上三種應用外，理不宜更用之以爲國內通訊之用。但如美國紐約舊金山間，近亦開放無線電報，陸線破舊損壞如我國，則國內重要商埠通訊之連絡，以無線電爲暫時之過渡，自亦極爲相宜。且我國東北如蒙古吉黑邊界、西北如新疆青海，西南如川康雲南西藏等，聲氣與內地隔絕，其有待于通訊設備之完成，至爲迫切。但有線電既以路線太長，費用太大，而沿途又有天然之障礙，如崇山峻嶺，裝設不易，加之盜匪遍地，維持爲難，欲言建設，殊非易易。且彼處電報收入稀少，非若上海南京間之可以收入爲裝設費用之保障者。是則無線電之于邊陲，將更有異樣之發展，明矣。

(四)　無線電之將來

馬可尼氏之言曰，「當余之無線電通訊計劃成功後，環繞世界之有線電盡成無用，而偌大資本之投入于有線電者，亦將等于虛擲」。"As soon as my wieless system succeeds, the vast network of cable and wires will become useless, and the money invested in the old system will be simply thrown away." 其言一驗于大西洋通訊之成功，再驗于短波定向束射電台之落成，我人誠深佩其為人而服膺其言之終必大驗。雖然，以目前情形言之，則馬可尼氏之言，為無線電界自勵語，原有極大之意義。若移而判斷有線電之即將淘汰，通訊事業，將盡入于無線電之手，則于理為不合，是不可以不辨。

全部電磁波波長中，可分為各不相擾之波段者為數甚少，斯言本書已一再述之，是故欲用無線電以供國內通訊綱及城市千百人家通話之用，為不可能。即以國際通訊而言，自新式水線成功之後，其收發電報之速率大增，水線之效用，反因無線電之進步而益著。無線電之終不能全代有線電也，吾人敢斷言而無疑。此無線電將來之可決者，其一。

廣播為無線電之中心事業，十年以來發展之神速，為各種新發明品所未有。廣播事業之將來，無人敢斷言其無止境。觀于美國十年來之廣播歷史，當可益信。且也今之廣播，僅聲音耳，其成績已如是。世之學者今方集全力於『無線電視』之研究，且幾有成矣。一旦大功告成，聲音之外，加以笑貌景色，其造福於人類，又豈可限量。無線電將來之大開展，或在于是，此其二。

船舶飛機之通訊，無線電爲唯一之利器，前已言之。近年以來，無線電定向器 Radio Compass 無線電指向器 Radio Beacon 之發明及應用，使航行得有更安全之保障。今後之海上及空間安全，將一如陸地，而無線電于移動電台之應用，亦且日廣而月精。無線電將來之貢獻，此其三。

大西洋兩岸之長途電話，以無線電話之成功而實現矣。無線電傳形之進步，亦有一日千里之勢。在最近之將來，如銀行之支票，如罪犯之指印，如重要之公文，如有趣之新聞，皆將以無線電傳諸千里萬里之外。紐約之日報，必有當日發印于倫敦之可能。而電波之利用，不得不更求節省，無線電報今日所佔用之波長，或將全讓諸廣播傳形等更重要之用途，而以固定電台間之電報營業，全由有線電及兩種合併之 Wired Wireless 經營之。無線電將來之可爲預測者，此其四。

無線電，十年來之新興事業也。一轉瞬間其用途已如是其廣。今之所蠡測者，或驗或不驗，將有待于日後事實之證明。本章之所述，不足盡其萬一，亦須請讀者原諒者也。

第六章 中國無線電過去之糾紛

（一）第一期 電台裝設之經過

我國無線電報，肇始於一千九百〇五年。時袁世凱爲北洋大臣，設無線電學校於天津，聘意大利人葛拉司爲教習，調選有線電報局之報生，入校訓練。嗣經葛拉司在意購置馬可尼式無線電機，分設於海圻，海容，海籌，海琛四艦，即以無線電學校學生，充當報務員。此種電機，通信距離，約可及八十海里，爲舊式火花機，共購七架，除上述四架外，餘三機分裝於北平南苑，天津新馬路及保定府，我國空間以太之利用，此實嚆矢。

一九〇八年，上海崇明間之海底電線，發生毀損。江蘇省乃以官款，安設無線電報機於上海崇明，供兩地官商通報之用。無線電起而替代海底電線，此亦有足紀者。

次年濤貝勒考察歐美政治，道出德國，由西門子公司，導觀腦恩無線電台，並以得力風根式機器一架相贈。德國無線電機之佔有中國市場，發軔於此。計自一九〇九年至一九一三年止，五年之中，購有德國機器多架，分裝於各海口各邊地及內地重要城市，如北平，南京，吳淞，廣州，武昌，福州等。無線電於此時雖開始收發船舶通報，加增海上之安全，惟海軍部陸軍部仍以之專供軍事通訊之用。商用之無線電，蓋尚復有待也。

（二） 馬可尼無線電報借款及西北三台

一九一四年後，歐戰開始，列強各自備戰，無暇爲遠東商業上之競爭。我國前向德國西門子訂購之機八架，亦僅交貨四架。故歐戰期間，無線電在中國，有意外之沉寂，非特無人日夜研求，以改進此新發明之通訊利器，如歐美人士者然，即添置機件，訓練人才，亦復無人道及。一九一八年，大戰告終，英人以戰爭用品如飛機如無線電，已無復用武之地，乃東顧我國，與當時陸軍部之政客相勾結，訂立軍用無線電借款合同，計共值六十萬金磅。債權者爲英國馬可尼無線電報公司，北京政府發有八厘金磅國庫證劵六十萬磅，撥交馬可尼公司，以爲擔保。至款項之用途，則三十萬磅，由財政部挪用，不知作何用途，其餘三十萬磅則用以購買馬可尼軍用無線電機二百架分發陸軍各師應用。以重價拾人唾遺，及今在各軍隊中尚復留有此種機器，思之殊有遺痛。借款合同內，尚有優先權一項，即在該借款未償清前，中國政府購買無線電機，限用馬可尼出品，以遂其壟斷之心。同時根據該合同「中國政府將來如設立工廠製造無線電機或修理無線電機時，應先向馬可尼公司提議，以便恊定合資合辦各項方法」之規定。閱一年，雙方遂簽訂中華無線電公司之恊定，其詳當於下節述之。

一九一九年，交通部復以六萬六千金磅，訂購馬可尼弧光式二十五基羅瓦特機器二部，備迪化，喀什噶爾及蘭州（或西安）三地之用，藉通邊陲消息。乃款無由出，遂作飲鴆止渴之謀，復向馬可尼公司借款，計二十萬金磅，除六萬六千磅之機價外，餘供運輸建築及保險之用。目下新疆迪化電台，雖能勉强應用，可與遂甯直接通報，但國家負責累累，要亦所得不償所失也。

（三）中華無線電公司

一九一九年五月二十四日，陸軍總長丁錦與英國馬可尼公司代表金門氏（Ginman）簽訂中英合辦中華無線電公司合同於北平，成立公司辦事處於上海公共租界之韜朋路。該合同損失權利之處甚多，茲略舉如下：

（一）該合同第二條第二節規定合同有效時間爲二十年，期滿後或由中政府備價收回，或則將股票變賣，同時給馬可尼公司以優先購買之權。

（二）該合同第二條第四節，明言中政府將現在及將來無線電機器之購買裝置及修理等項，統交中華無線電公司辦理，間接即爲馬可尼公司壟斷中國之無線電事業。

（三）該合同第九條關於公司董事之規定，中英各三人，惟英方董事之一，投票時得有兩票之權，形成四對三之比。故中國方面便成絕對少數，遇事多受英人把持，此中華無線電公司，實乃馬可尼公司之中國分廠耳。

其他不利我方之條件尚多，不克列舉。考其原因，實爲陸軍部賣空買空所致，蓋該公司以資本額定七十萬金磅，先交二十萬磅，中英各半，中政府之十萬磅，由馬可尼公司代墊，以中政府印行之無記名金庫券擔保之。拙婦強作無米之炊，安得不受他人挾制，且當事者利己心重，更予外人以可乘之機。陸軍部兩次訂立無線電合同，一誤再誤，無線電事業之前途，備受打擊。而海軍部於先一年亦向日商三井洋行簽立雙橋大電台合同，條件更苛，可謂禍不單行矣。

（四） 中日雙橋無線電台合同

當馬可尼公司與陸軍部訂立軍用無線電報借款合同之前，日本人即乘機活動，與海軍部勾結。英丹水線公司既壟斷我國國際通訊，其他列強早思染指，而日本以得有奇異公司亞氏高週率發電機之製造權利，更急欲於北平附近建造一國際通訊無線電台，一方面推銷其機件之海外貿易，藉圖厚利，一方面以無線電向水線進攻，俾日本得加入丹英團體，共同把持中國國際通訊。使我國之國際喉舌，永遠受外國之箝制，其用心之毒，概可想見。該電台建造於北平附近之雙橋，為五百基羅瓦特，其費約日金八百萬元。及今短波電機，進步日速，價廉用宏，不知此新古董之雙橋電台將永成中日外交上之懸案否耳。

上述雙橋電台之建造費，借自日本三井物產會社，其借款合同，為我國海軍總長劉傳綬與日本公司所訂結，乃係包辦裝置並經營國際電報之性質。合同用中英文繕寫，以英文為年，中英文間不同之點甚多，蓋所以矇蔽國人者。合同要點如下：

(一)訂約時期　一九一八年二月二十一日

(二)債權人　日本三井物產會社

(三)借款額　英金五十三萬六千二百六十七磅

(附註：建築時耗費甚大，據日人報告，其費約七十餘萬金鎊)

(四)利息　年利八厘

(五)用途　與日本美國歐洲各地，直接收發無線電報，備有充分發報能力及特別收報機。

(六)償還期限　工程完成四十年後，分三十年償還本利。

(附註：照本條意義，日本即可把持七十年。)

(七)特別條件　中國政府，接收此項無線電報局之後，以電報收入，分年償還經營及創設之資金。如不能付利息之時，公司得依中國政府之願望，根據特許合同，擔任該局之經營，且任支付分年償還本利之責。(日人滿望該電台年有虧損，不能支付本利，俾可由彼經營，雙橋電台事實上成爲日本人之電台。該台建造費之巨大，有人謂日人有意靡費，非無因也)。

附件內並訂明在三十年內，日本在中國有無線電國際通信之獨占權。

（五） 中美無線電台借款合同

雙協無線電台合同簽訂後，交通部深感其條件之苛，且國際通信乃交通部之職責，何勞海軍部代謀，乃起而向美商接洽，成立中美無線電台合同，一以謀國際通訊主權之收回，以打破英日兩國在華之無線電優先權，用意良善，惜限於情勢，條件方面，仍全受美商挾制。茲擇要舉列如下：

（一）訂 約 時　一九二一年一月八日

（二）債 權 者　美國加州合眾無線電報電話公司 （American Federal Wireless Telephone and Telegraph Corporation）

（附註：此公司並非美國無線電台組公司亦非美國電報電話公司）

（三）借 款 額　美金四百六十二萬元

（四）利　　息　年息七厘

（五）擔　　保　電台收入及中國政府保證

（六）用　　途　在上海安設一千基羅瓦特之強力弧光無線電台壹座，與世界各國大無線電台，直接通信。北平廣州漢口哈爾濱四處，各設六百基羅瓦特之無線電台一座，以期與日本，菲律賓，新嘉坡，舊金山各處無線電台，直接通訊。

（七）償還期限　分爲十年償還本利。

（八）管　理　權　中國政府在十年以內，以上述五處無線電台之管理權，授諸合衆公司。在此期限以內，中國政府得派委員駐各電台監督一切，並有檢查賬簿之權。且得以中國政府經費派遣練習生，赴各地電台實地練習。合衆公司在代管期限以內，不問收支盈虧，每年當以營業收入之一成，納諸中國政府，作爲酬金。中國政府在償還期限以內，無論何時，得償清各電台代價，收回自辦。如償還期限已滿，尚不能收回時，中國政府得發行公債，以充未曾償還之本利，仍由中美兩方合辦五處電台。

本借款合同簽訂後，合衆公司即擬以新式弧光機器在上海裝設，乃英日兩國均謂侵害其在華之無線電優先權，迭向我國提出抗議。美日英三國間在我國形成一三角式之交涉。其中尤以日美間關係，早因人種問題移民問題耶普（Yap）問題等而有破裂，再加此無線電交涉，更覺各不相下。及今中日美三國之間，此無線電問題，仍留有裂痕，我國若不自強，則糾紛終不能解決也。

（六） 外人在華私設電台

在一九二二年之前，我國無線電事業，略如上述，未得通訊之利便，備受合同之束縛，同時期內，在華外人，深覺中國人之易欺，乃各自裝設電台，其著者爲南滿之日本電台，上海之法國電台，北平上海等各使館各領事署之專用電台，或以軍用爲名，或藉報告氣象爲辭，擅收商報，擾亂空間秩序，無所忌憚。其間迭經交涉，或則頑抗，或則狡賴，卒無結果。例如上海顧家宅之法國電台，乘我吳淞電台不自振作之時，藉口報告天氣警訊而收發船舶商報。於一九二四年改裝瞬滅火花式機，於一九二八年另於同地福履理路建造新機，裝置四具羅瓦特眞空管機，着着前進，盡奪吳淞電台之船舶商報。迄今鐵塔矗立，莫之如何。至日本方面，早視南滿爲殖民地，一切莫不予取予求，大連公主嶺等地，均有無線電台，置我國抗議於不顧，而我亦無法作進一步之處置，恥莫甚焉。

附外人在華重要電台表（南滿不在內）

所在地	管理機關	機器式樣	呼號	備註
北平美使館	美國海軍部	弧光式	NPP	現設有短波機
天津	美國陸軍部	弧光式	WXY	
唐山	美國海軍部	弧光式	NGC	

上海	美國領事館	弧光式	
北平日使館	日本陸軍部	真空管式	JPN
天津日領事府	日本海軍部	真空管式	JTS
秦皇島	日本陸軍部	真空管式	
天津	法國陸軍部	真空管式	
上海顧家宅	上海法租界工部局	火花式	
	一九二八年改在上海福履理路另造新台真空管式		
上海汶林路	上海法租界工部局	真空管式	短波式專通國際電訊

(七) 華府會議與中國無線電

一九二一年華盛頓會議之際，我國全權代表施肇基曾將外國無線電台二十一處，未經政府承認安設，請求議決撤廢，計屬於日本者十一，美國者五，法國者四，英國者二。當於是年二月一日第五次大會議決左列五條以解決之。

(一)各國在華無線電台，無論依辛丑和約(光緒二十七年)規定而安設者，抑係在駐華公使館內者，均得仍舊存留。惟祇能收發官電，至商電私電暨非官電及新聞電報一律不得收發。但遇其他電局不能收發電報之時，此項電台得提出證據，照會中國交通部，臨時收發各項電報，至他局能收發時為止。

(二)各國在華無線電台，如係條約承認，或經中國政府特許安設者，不問屬於外國政府或其人民所有，仍得遵守條件，收發電報，繼續經管，惟以條約或讓與權所明載者為限。

(三)各國在華無線電台，如未經中國政府許可安設者，無論外國政府或其人民所設，均由中國政府，按其電台全部設備機械及材料，公允作價，備款收買，歸交通部管理經管。

(四)在租借地，南滿鐵道附屬地，上海法租界內之無線電台，如有問題發生，乃中國政府與關係國政府間之事件，應由該兩國自行討論解決之。

(五)外國政府或其人民在華安設或經管各無線電台，對於避免與中國無線電局使用電波之干擾，須與中國交通部商妥，共訂章程，雙方遵守。但國際無線電報公約之規定事件，須遵守之。

上述議決案，對外人在華電台，雖寓取締之意，中國不無小得，但以獨立國家之資格，而始終對外人私設電台之一切處置，仍不得不取協商態度，實為奇恥。當時我國代表團認議決案為不滿意，發表宣言，聲明不承認任何國家或其人民在中國境內設立無線電台。弱者之聲，雖無人願來過問，但幸各國除法國日本外均自此斂跡，不再作擴充之計，亦足聊以自慰。蓋法人於華盛頓會議時，提議列強共管中國之無線電，幸經反對，未成事實，否則自此以後，中國無線電之建設，將無國人染指之餘地矣。

第七章 三年來中國無線電事業之勃興

（一）東北無線電通信網之試辦

一九二一年華府會議後，國內紛爭不已，無線電之建設，除軍用外，已無復有人道及。上海方面，雖有美商開洛公司設立廣播音台，頗引起一般人之興趣與注意，然物非我有，權操外人，識者恥道之。時東三省方面，日人於大連及沿南滿路各地，裝設無線電台及廣播電台，我方備受壓迫，乃思異軍突起，於各方沉寂中，獨努力從事無線電之新建設，竟開我國無線電報商用之先河，良足多也。

先是東三省因有線電設備簡陋，路線不敷，通達地點，未能普及，尤以邊境爲甚。適陸軍部訂購之馬可尼機器共二百架，先後來華，東北方面，所得獨多，乃以之分配於各縣，以奉天（今稱瀋陽）哈爾濱等地爲中心，形成今日之東北無線電通信網，廢物利用，誠上策也。同時哈爾濱電台，由俄人手中收回，改裝機器，添建房屋，一方面開放新聞電及商電，藉以便民，一方面與日本遞信局訂立哈爾濱大連通訊合同。哈爾濱電台之收回與改造，實爲年來東北無線電建設之最可紀念者。吾人試一檢閱下列東三省重要無線電台調查表，即可見營口長春齊齊哈爾各地均在改裝機器添加電力之中，及今雖短波之應用，仍未普遍，商報之收入，爲數尚少，而遼吉黑三省無線電之首先奮起，亦殊足珍視也。

東三省無線電台表

（十八年九月調查）

（有線電報局內附設電台不在內）

台名	機器式樣	成立年月	電力	營業性質與狀況
東北無線電總台（遼寧省會）	得律風根真空管式	民國十三年十月	十基羅瓦特五百瓦特	國內通信公衆用東三省境內公衆通信
	得律風根短波式	十六年十二月	十基羅瓦特	專通歐美公衆通信
	自造短波式		三百瓦特	國內公衆通信
	仝上		二百五十瓦特	
哈爾濱電台	得律風根真空管式	十一年十月	五基羅瓦特	通大連上海及東北境公衆用
	自造短波式		一百五十瓦特	國內公衆通信
長春電台	得律風根真空管式	十二年六月	二基羅瓦特	東三省境內公衆通信
吉林電台	真空管式	十二年十二月	五百瓦特	專通長春原爲軍用現已開放商用
延吉電台	仝上	十四年五月	仝上	仝上
綏芬河電台	仝上	十五年六月	仝上	仝上
密山電台	仝上	十六年七月	仝上	仝上
齊齊哈爾電台	得律風根真空管式	十二年六月	一基羅特瓦	東三省境內公衆通信
海拉爾電台	真空管式	十六年九月	五百瓦特	原爲軍用兼收商電專通齊台
索倫電台	仝上	十七年九月	仝上	軍用專通齊齊哈爾
黑河電台	仝上	十六年九月	仝上	原爲軍用兼收商電專通齊台
滿洲里電台	仝上	十三年三月	仝上	仝上
富錦電台	得律風根瞬滅火花式	十五年九月	十基羅瓦特	專通哈台公衆通信
營口電台	仝上	十二年十二月	一個半基羅瓦特	專通東北海軍各艦隊及青島煙台葫蘆島等處
遼寧廣播電台	法國式	十七年二月	二基羅瓦特	廣播行情新聞氣象時刻及放送中外音樂
哈爾濱廣播電台	美國開洛式	十六年八月	一基羅瓦特	仝上

九五

（二）東北國際電台計劃與實況

一九二三年當張作霖氏統治東三省時，於遼寧省城清故宮十王亭院內，設有馬可尼式軍用機一架，專通長春營口哈爾濱等處，但機力太小，通訊不暢，楊宇霆常蔭槐輩，亟欲改善，一方面期與迪化雲南等處，作國內長距離之聯絡，一方面復謀國際通訊之成功。時德國柏林無線電海外交通社在遼頗活動，先與遼方訂立遼德單方通信合同，遼寧之國外無線電收信處，於是成立。其時遼省府已向德國得律風根公司訂購十基羅瓦特之長波電台，台址在瀋陽城外北大營，一切裝置工程，於一九二四年年終告竣。機力甚大，可供全國通信之用，但信號强度，不足以達德國。於是東北當局乃不得不再向德人購置十基羅瓦特短波電台機件，另於長波台之附近，建造房屋，與德公司再訂遼德通信合同，於一九二七年十二月實行。此台歐亞直接通報之成績至佳。在遼德單方通訊合同簽訂之後，法人見而羨之，各方活動，卒於一九二五年一月，法國無線電總公司亦與東三省訂立遼法單方通訊合同。據可靠統計，一九二八年中德電報之總字數爲來報六一·一七六字，去報一一九·一〇二字，中法間來報共三二·二六九字，去報無，共約二十萬字。數雖微小，不足以言打破大東大北之把持壟斷，但無線電國際通訊之成功，此其小試也。

一九二七年美國於華盛頓召集萬國無線電會議，我國代表張宣奉北京政府之命出席，順道與美國無線電合組公司接洽短波國際新電台，回國後卽與該公司訂購二十基羅瓦特短波大電台一座，計美金十餘萬元，並簽訂中美通訊合同，期開發美亞間之以太交通。不意東北政局變動，新電台地址，本定天津，繼改胡蘆島，最後則決定設在瀋陽北大營附近，至今尚未通報。現當局剛正努力進行，有定本年八月間通報之說。

此外北大營之得律風根十基羅瓦特短波台，現正擴充工程，除另購二十基羅瓦特發報機外，將原有之十基羅瓦特機，添配另件，改成二十基羅瓦特發報機，俾中德間實行試辦無線電傳形。其十基羅瓦特機餘下不用之另件，則改成一五基羅瓦特機，通南洋羣島商報，其計劃之大要，略如下列：

XGA 遼德電台 （將現有之十基羅瓦特機改造，將來電力爲二十基羅瓦特）

XGB 遼歐電台 （得律風根二十基羅瓦特短波機，專通歐洲，現在裝置中）

XGC 遼美電台 （美國無線電合組公司二十基羅瓦特短波機，專通美洲，現在計劃裝設中）

XGD 南洋電台 （五基羅瓦特自造短波機器，材料用得律風根出品現在計劃裝配中，專通南洋羣島）

（三） 北伐中軍用無線電之新發展

當一九二六年國民革命軍北伐誓師前，廣東政府以後方通訊聯絡之重要，在廣州北校場建造長波無線電台，機件爲勞倫子高週率發電機式，台中一切設備均極陳舊，以受某德人之騙，中飽甚多，共費毫洋二十萬元。同時孫傳芳尙雄視東南，自稱五省聯軍總司令，設東南無線電管理處於上海電報局內，竭力模仿東北之所爲，思於無線電方面有所建樹以利軍情，於南京北極閣建造一基羅瓦特之眞空管式長波電台，除發報機部份購自美國外，餘皆由國人自製。其他浙閩贛皖四省，亦擬裝設電台。適國民革命軍克復甯滬，孫軍北退，其所購機器被獲，改裝他處：今日之杭州梧州柳州三處之長波電台，卽國軍彼時之戰利品也。

當國民革命軍北伐開始時，軍實本極簡陋，無線電除原有之馬可尼式機器外，僅以重價購買西門子軍用機若干架，惜以人才訓練不足，機件運用無方，甚鮮效果。迨國軍克復甯滬後，李範一氏向當局力言短波機件之價廉效宏，幸得許可，先設臨時短波電台於上海施高塔路恆豐里，廣東方面，亦置同樣之設備，通前後方消息，頗見利便。國民革命軍總司令蔣中正，乃令李氏對於製機育才，同時並進。無線電機製造廠及無線電訓練所，遂於此時先後成立。製造廠創辦之初，以專製新式短波機爲主，一年之間，計先後造成五百瓦特機，二百五十瓦特機，一百瓦特機，約共五十餘架。又造成十五瓦特軍用機，約共百架。此外所造之少數長波機，及修理改造各項軍用機件，均爲附帶之工作。除十五瓦特軍用機，專供前後方各軍應用外，其各項長途機，均以之陸續設立各重要地方電台，共二十餘處，軍事通訊，因以大便。至機器價值方面，該廠出品，持與舶來品一較，實極低廉。所有廠造之各種長途機及軍用機，需款至高六千元，至低二千元，備貨零件俱全，若就馬可尼西門子公司出品定價比擬，相去奚止數倍。至於本國商行，亦間有製造短波機者，索價極鉅，一經廠機比較，居奇之風稍殺。至於人才方面，當前年國軍底定江南之後，增設無線電通信所，及籌設各處固定電台，苦無報務人員應用，故有無線電訓練所之設立。招考具有相當程度學生，延請專家，授以無線電之學理及應用，並實習電報收發技術，限期六月畢業服務。計舉辦兩期，成材者達一百五十餘人，分赴各通信所及各電台任事，咸能盡職。又工程師養成所係在製造廠內附設，隨時考選國內各大學無線電科畢業者入所實習，陸續派赴各電台擔任重要工作。當時籌設各處電台，尚不至無相當人員調遣任用者，實賴於此。十七年龍潭之役及五卅濟南慘案，幸有軍用電台，前後方消息不斷，其功亦不可沒也。

一九二七年冬，軍用電台，經籌劃整理後，頗著成效。寧滬粵漢各地電台，早經成立，乃於十二月初正式開放商報，通上海南京漢口廣東汕頭等地以收發迅速，電文正確，大受社會歡迎。斯時軍用電台開辦商報之目的，一爲補助有線電之不足，一爲經費上之開源。不料有線電收入，因之銳減，遂遭電政界之劇烈反對。而無線電方面，終以商報收發，未得政府明令認可，不得不遵令停止，時距開辦日期，僅一月耳。

(四) 無線電製造事業

我國製造事業，素落人後，無線電爲二十世紀之驕子，製造方面，更非仰給歐美不可。昔年中華無線電公司在上海辦有製造廠一，規模尙可，惟一切均在英人之手，實一馬可尼公司之中國分廠。且工作方面，僅及修理，數年以來，無大發展。至短波發明以後，機件方面，驟形簡單，始予吾國人以莫大之利便，軍用無線電製造廠之創立與成功，皆賴於是。其他如大華科學儀器公司鴻康公司三極銳電公司利達公司，均乘時在上海製造短波收發報機，除真空管暨高壓發電機外，其餘均可自製，一時銷路甚廣。在天津遼甯方面，則有中國無線電合組公司，從事於無線電機件之販賣及配置。彼時低能發報機製造之風大盛，洋商除售賣另件外，無復有競爭之餘地，誠一時之良好現象也。

(五) 建設委員會管理下之無線電

無線電報經軍用後，效用大著。其時中國有線電報線路破敝已極，重以官報軍電不付現款，業務益形不振。無線電彼時異軍突起，如能祛除誤會，與有線電分工合作，則不僅公衆通訊多一利器，有線電亦可藉此力圖上進，不啻得一起死回生之藥劑。交通部本爲主管電訊機關，彼時未能計議及此以救有線電之窮，反加增電報報費，至每字大洋一角六分，以期增加有線電之收入，其計甚左。張靜江氏時方主政中央建設委員會，以建造新中國之總工程師自居，乃請命於中央政治會議，負責建設新中國之無線電。國府根據中央決議，卽令飭交通部暨軍事委員會，將各無線電機關移交建委會，以求事權之統一。時軍事未了，軍用電台未能如限移交，僅軍事委員會將所設之上海無線電機製造廠移交管理。交通部則以職權關係，不欲放棄，最後亦僅以一二不關重要之長波電台——如崇明煙台之長波台——交會接管。其時建委會赤手空拳，絕無憑藉，卒能於短時期內，完成國內各重要城市間之無線電報通訊，雖云時勢使然，要亦識見與努力之成功也。

建設委員會辦理國營無線電事業之時間，爲期僅一年。重要城市如上海，南京，漢口，廣州，北平，天津，青島，濟南，蕪湖，蚌埠，徐州，屯溪，安慶，汕頭，廈門，福州，梧州，宜昌等地，均先後有短波電台之裝設。海岸電台則有吳淞天津烟台等，雖以軍事關係，未能全部整理，惟吳淞一台，使顧家宅法人私設之FFZ電台，無所藉口，亦可謂有成績。電報之價格，由每字一角六分，減至一角，本省則減半收費，較有線電減低百分之六十。每月收入，由二萬而四萬，而八九萬，日有加，月有增，如狂風急雨，莫可遏止。職員辦事，一如商家公司，絕無官氣，惟合力以求營業之發達。翻譯費之免除，掛號費之取消，夜信之開放，廣播新聞之實行，均深得民衆之贊許。其最重要者，莫如電報傳送之迅速準確，上海漢口間之電報，最快者祇五分鐘，平均約一小時，爲電報事業應有可有之紀錄而在中國未嘗有者。一般人均喜出望外，遂疑及有線電之將來，或且爲無線電所消滅。建委會無線電成功之原因甚多，而其要點則在「上下一心，視國事如己事」一語耳。

此外尙有可記者，則爲無線電用品之開禁。國民政府定都南京之後，無線電廣播收音機，雖已充斥市塲，大半皆由海關偷漏輸入，同時則禁止進口禁止使用法令依然存在。蓋時人以軍用品目無線電，禁者三令五申，而販者仍百方設法。建委會無線電管理處，以其物之爲用甚廣，如教育如娛樂，斷難遏止其發展，禁之不啻自相矛盾，乃呈請國府明令開放之。

國際通訊主權，列强之所共爭也。我國無一自辦之水線，一切皆唯大東北公司之馬首白瞻，其可憐狀況，爲各國所無。無線電在國際通訊上，其成効旣大著。建委會乘此機緣，乃先與菲律賓通報，並開放世界無線電，以菲律賓爲中心。繼與香港通報，而以之爲南洋各島通報之樞紐。爲永久計，更訂購二基羅瓦特電台四座二十基羅瓦特電台兩座，備中美中德及太平洋中各地通訊之用，先後與菲律賓無線電合組公司美國無線電合組公司德國無線電交通社，訂立通報合同，以資聯絡。我國對外通訊之由我自主，此乃破題兒第一遭，殊値得我人注意者。國際通訊之成功，其詳情容再於第九章中申述之。

（六）邊陲電台之成立

我國版圖遼廣，西南北三邊，均尚為原始地，急待開發。民風習俗，亦與中原各異。距離遙遠，山川阻隔，有線電郵政及其他交通，或尚簡陋，或付缺如。邊陲聲息與內地不通，形同化外，實非國家之福。如蒙古如新疆如西藏，日受英俄之利誘勢迫，已幾非我有。雲南一省，又以海口交通，全在法人之手，一切事權，備受法人之牽制。東北如遼吉黑，漠北如蒙古察綏熱，西北如新疆寧夏青海，西部如四川西康西藏，西南如貴州雲南廣西，均有待於無線電之聯絡。憶民國八年，交通部以重價向英國馬可尼公司訂購二十五基羅瓦特弧光式電台三座，備迪化喀什噶爾及蘭州之用。惟三台中，僅迪化一台尚能通報，餘已寂無所聞。當時此種政策，確有見地，有關於我國之疆土完整者頗大。所惜者，未能切實進行，致徒耗金錢於虛應故事耳。

民國十五年間，孫傳芳統治東南五省時，曾訂購真空管長波台四座，當國民革命軍到達南京時，除南京北極閣一台早已通報，餘機尚未裝置。國軍當即以之分裝杭州柳州梧州三處，杭台後改併為廣播電台，柳梧二台迄今尚用以通報，廣西之有電台也以此始。

雲南原有長波台一座，機件多法國製，報務人員亦有法人參雜其間。雲南之對外交通，非借途於法不可，以此法政府對於無線電用品百方留難，卒至以聘用法人購用法國機件，為一時救急之策略。年來因內地無線電機製造日精，短波之應用日廣，且機件簡單，重量亦大減。該省人士，乃急謀自立之策，加裝電台，購用國貨機件，訓練人才，內以備各縣之通訊，外以爲中央省府之聯絡，成績頗著，爲邊陲各省冠。此外則各地軍事機關，急謀通訊之便利，如貴州之貴陽，四川之萬縣重慶成都等地，亦均成立短波電台，與上海南京可直接通報，兼辦商報，便民之處甚多。

建委會無線電管理處，以數月之時間，使國內通信網，大體完成，國外通訊事宜，亦均確定辦法，先後實行。於是乃顧而及於邊陲電台。東北各省，以瀋陽爲中心，於十七年冬，實行與上海天津南京通報。其他如西康如青海如新疆等地，亦均預備裝設電台。乃職權變更，未能着手進行。及今邊陲通訊，尚無顯著之進展，良可惜也。

（七） 交通部建委會職權之爭及其解決

建委會辦理無線電報後，營業日盛，信用亦著。有線電之收入，每月減縮，漸有入不敷出之勢。交通部亦設有無線電報話管理處，爲競爭計，乃步建委會之後，亦着手興辦無線電。競爭之局面既成，職權之爭執遂烈，建委會之辦理無線電事業，係奉有中央明令，而交通部之職權，管理電政，亦其重要職掌之一。兩不相讓，互相攻訐，使局外人幾莫知其所以。世界各國，除美國外，郵電二項，幾無不在交通部(日本稱遞信省)管理之下。中國素以電訊國營爲政策，則無線電之應由交通部辦理也，實無可爭辯。惟交部向主保守，當此新興之事業於不顧，遂予建委員以良好之機會。且美國對於電信，允許人民自由競爭，如美國無線電台組公司，美國電報電話公司，西方聯合公司，郵電聯合公司等，無不出奇制勝，自由角逐於市場。我國有線電既衰敝已極，得此機緣，使建委會興辦無線電以競爭，爲有線電注射强心針，亦計之得者。是則中政會議之特許建委會以辦理無線電之職權，亦有未可非議者也。

交通部當時競爭之道，計有兩途。一曰營業，二曰政治。有線電之改良，既不可以立致。則其出路也，舍減價與興辦無線電外將末由。電報之價格，不得不減至每字一角，而無線電台之設立，更不得不努力進行。惟當時交通部之無線電，分有兩種，不能通力合作。一爲有線電局附設之無線電，以維持有線電爲目的。二爲無線電報話管理處之無線電，以營業言，仍爲有線電之敵體。以是事權不一，辦理爲難。時交通部亦以發展國外通訊爲念，乃聯絡西貢，開始中國西貢間之電報，與建委會之中菲電台相競，然仍未著有若何之成績。

交通部競勝之道，既窮於營業，乃進而謀政治之解決。部長王伯羣氏，根據有線電職工之全體請願，先之以力爭，繼之以辭職，終乃於第三屆中國國民黨中央執行委員會第二次全體會議，議決將建委會創辦之無線電事業，劃歸交通部繼續辦理。建委會對於國際電台之各項墊款及其他用費，計卅萬元，由交通部一次撥還。民國十八年八月一日，實行移交，一場惡戰，於焉閉幕。同時交通部對於建委會之計畫，允以繼續進行，人員亦大部留用，以求無線電之繼續發展。茲妙錄彼時天津大公報之評論一則，以見輿論之一斑。

無線電移轉管轄以後

大公報

建設委員會前設之無線電管理處所轄各台及收發處，已於本月一日移交交通部接收。自十一日起所有國內無線電報已完全歸交通部統一辦理。此事曩爲交通部建委會間一大爭點，交通部長，至於辭職。吾人從有線與無線兩種電報合則兩利分則兩損之觀點言，自始即認部會分劃管理爲不妥。亦嘗有所論列。今既達到統一管轄之目的，交通當局之力爭，電務人員之請願，幸非徒勞。惟自茲以後，電政如何改良，吾人對當局不能不益加責望，對電政界同人亦不能不益加勗勉，請略言之。

第一，無線電移轉管轄之後，首令吾人感覺不快者，即新聞電之無線電報漲價是也。查從前新聞電有線電每字二分五釐，無線電則每字僅收二分。本來無線電在保守祕密之一點，決不如有線電安全，取價較廉，非無理由。往者交通部所轄電報局，攻擊建委會之無線電台爲減價招徠，實亦未必盡然。今交部甫經統一，報價即歸一律，政令整齊，人困無從而議其非。然何以普通電皆照無線電之定價，而新聞電獨將曩日之無線電每字二分者加至每字二分五，以牽就有線電新聞電費之舊率，斯誠令人莫解。查此次電政界有線無線之爭，南北報界，主持公道之處不少，交通部方經收回，遽令報界增加擔負，受不平之待遇，此不能不令人表示遺憾者也。或謂兩電統一，無所競爭，無線電已無減價之必要，交部爲增加收入計，何所顧忌而不加價。實則依吾人所見，濫發之官電，冗長之宣傳，祇須政府稍加節制，便可抵當新聞減價之損失而有餘。政府何不著眼於大處，而乃剝削及於報界，又何其拙耶。

第二，吾人從前所爲反對無線有線之分劃管理者，增設機關，多用冗員。浪費公帑，亦爲一因。今交部接收伊始，尙不聞如何佈置。吾人以爲既由該部統一，則電局電台，應當併合管理，庶可節省行政事務上之開支、不容再有無線電管理處之存在。至營業上亦宜有無互濟，聯成一體，若以走有線爲便者，應以有線發之，以無線爲便者，應以無線發之。中間轉遞之處，亦宜分別聯絡，隨時變通，要以免避障礙，迅速收發爲第一要義。其由無線電轉遞之處，應如何保守祕密，亦宜設法求其妥愼。如此庶可使交通機關，發揮效能。各界對於電報，肯於信賴。營業發達，指顧可期。以視區區剝削新開界之電費，得失豈可以道里計耶。

第三。從前建委會管理無線電報之時，其發報敏捷，手續簡利，實有新興事業之氣象。成績卓著，中外共稱。此係事實，無可否認。而有線電腐敗遲慢，官僚習重，則久爲國人所指摘。自電報局言之，種種缺點，當然受政治影響，並非電政界服務人員之過。惟現在無線有線既已合併管理，調劑短長，則從前積壓遲緩之弊，均應一律改良。務以建委會辦理無線電之辦法，爲統一後綜管全部電政之新精神。官僚習氣，絕對剷除。營業性質，澈底發舒。斯更吾人所最切望者也。

第四，有線無線合併管理之後，當局者果能認眞辦理，必可營業一振，收入大增。然後以其盈餘，逐漸辦理修換電線增設電台等事，可令電政事業，另得一種新生命。此乃電政界全體之福利，應竭全力策勵政府，監督當局，一意向改良擴張上努力。不宜僅以爭得若干管理處之位置，收回幾座電台之權利，多發幾許委任狀爲滿足。蓋吾人最之贊助統一運動者，非爲有線電方面爭權利，乃爲交通界求進步也。

抑吾人尤有感者，自中俄問題緊張以來，吾國公私兩方，感受交通不便，電訊阻滯之痛苦，至爲深刻。關於邊省之電政，尤望當局者積極建設，以重國防。如交通部收回無線電而仍無整頓全部電政之成績，甚至將建委會建設之效率，亦爲之減退，則全國輿論，有不容輕恕者在。此尤望負責當局深自警惕也。

（八） 國際通訊大電台成之始末

我國國際通訊主權，先爲大東大北公司等所壟斷，繼復因與美日兩國，訂立無線電大電台借款合同，並允三井洋行以專利卅年，益使情形複雜，解決爲難。當時世界各國皆以「中國之謎」目之。美洲無線電合組公司，國際間無線電通訊組織之健者也，其不能忘情於中國，乃顯著之事實。當民國十七年間，短波之用既大著，法人乃於上海顧家宅海岸電台之外，私於汶林路設一短波電台，聯絡西貢菲律賓等地之通信，且以之爲樞紐，以作世界通訊之準備。法人之爲此舉，意在圖利，乃其結果，則予建委會以强有力之刺戟，急起直追，於十八年二月十五日，正式開幕中菲間之電報及世界通訊。菲律賓無線電合組公司，爲獲取較優之營業計，不得不舍法人汶林路電台而與建委會電台通報。時建委會之上海電台，位於博物院路廿號，其收發處在外灘之沙遜大廈。機件之製造，由製造廠自爲之，乃一五百瓦特短波發報機，簡陋已極，乃有甚佳之成績，則於役人員之努力，有以致之也。

建委會思有以削大東大北之勢力，乃決定於無線電國際通訊上，作進一步之發展。十七年冬，該會開始向美洲無線電合組公司英國馬可尼無線電公司法國長途電報電話公司，德國得力風根公司，接洽無線電機械之購買。英國馬可尼公司之出品，機件精良，世界著名，惜價値過昂，不得不舍而他求。法國機件製造，在技術上不若英美遠甚，因之亦不合選。最後建委會於十七年十月，訂購美洲無線電合組公司二十基羅瓦特（最大放射電能爲四十基羅瓦特）短波定向東射台兩座，一通德國，一通美洲。又復與德國得力風根公司訂購二基羅瓦特短波台四座，供國內聯絡及菲律賓香港爪哇等地之通訊。前者計價十七萬美金，後者計十一萬七千美金。復與美國德國菲律賓等地，訂立通報合同，以完成國際通訊之基本工作。

交通部於十八年初，亦向法國長途電報電話公司，訂購九基羅瓦特（最大放射電能爲十五基羅瓦特）短波台一座，並訂立中法通報合同。且即選定浦東三林塘爲發報台，及浦東某地爲收報台，收發處則在上海，以跨越黃浦江之水底電線爲之遙控。當八月間交部建會之無線電事業既合併，上述之計劃，遂無形打消。因當時建委會確定以真茹爲發報台基地，劉行爲收報台基地，其土地均已收買完竣，且又寬闊足容三四台之用，故卽以法國電台加入之，以求管理上之利便。至得力風根之二基羅瓦特電台，在建委會管理之下，早在滬西豐林橋附近，修建房屋，距完成之期不遠，已無待於變更。及今各項電台均已次第落成，建委會篳路藍縷，草創規模，交通部蕭規曹隨，發揚光大，均爲難能可貴者矣。

第八章 今後中國國內無線電的整理與建設

(一) 有線電之線路及其現狀

我國有線電報之創辦，遠在光緒五年。目下全國計有電政管理局廿一所，特等電報局三所，一等局二十所，二等局三十六所，三等局一百五十九所，四等局七十九所，支局六百二十四所，未核等局一百六十三所。其線路分布，年有增減，茲根據謝彬著中國郵電航空史及交通部十九年一月出版之電報線路圖略述如下：

(甲)平滬線——北平至上海。

北平—天津—德州—濟南—台兒莊—宿遷—清江浦—揚州—丹陽—常州—無錫—蘇州—上海

其支線如下：

(一) 天津—保定

(二) 德州—臨清—大名

(三) 濟南—周村—濰縣—沙河—萊州—登州—烟台—威海衞

(四) 沙河—膠州—青島

（五）濟南—濟甯—韓莊—徐州—蚌埠—浦口

（六）濟甯—曹州—開封

（七）台兒莊—徐州—宿遷

（八）清江浦—海州—青口—日照—高密

（九）揚州—仙女廟—泰州—如皋—南通

（十）無錫—江陰—福山—滸浦—瀏河—上海

（十一）上海—吳淞

（乙）滬粵線—上海至廣東。

上海—蘇州—嘉興—杭州—紹興—蘭谿—江山—浦城—延平—福州—莆田—同安—漳州—潮州—汕頭—惠州—石龍—廣州

其支線如下：

（一）嘉興—南潯—湖州—廣德

（二）紹興—餘姚—甯波—鎮海

（三）蘭谿—金華—縉雲—溫州

（四）同安—廈門

(五)福州—馬尾—川石山

(六)漳州—龍巖—汀州

(七)石龍—九龍—香港

(八)潮州—梅縣—河源

(丙)滬川線—上海至重慶。

上海—蘇州—常州—鎮江—南京—蕪湖—大通—殷家滙—九江—武穴—黃州—漢口—仙桃鎮—沙市—白洋—宜昌—歸州—巴東—奉節—萬縣—重慶—瀘州

其支線如下：

(一)蕪湖—甯國—屯溪

(二)殷家滙—安慶—合肥—壽州—正陽關

(三)九江—南昌—樟樹—吉安—贛州—南安—南雄—韶州—英德—廣州

(四)九江—大冶—武昌

(五)漢口—武昌—蒲圻—岳州—湘陰—長沙—湘潭—衡州—永州—桂林—柳州—南甯

(六)長沙—醴陵—萍鄉

(七)長沙—益陽—常德—辰州—洪江—沅州—鎮遠—貴陽

（八）仙桃鎮—新堤

（九）白洋—宜都—長陽

（十）巴東—施南—利川—來鳳

（十一）瀘州—永寧—畢節—威寧—宣威—曲靖—雲南

（十二）畢節—大定—貴陽

（十三）瀘州—敘州—嘉定

（十四）瀘州—資州—成都—雅州 打箭鑪

（丁）平漢線—北平至漢口。

北平—涿州—保定—正定—石家莊—順德—彰德—衛輝—新鄉—鄭州—許州—郾城—信陽—武勝關—孝感—漢口

其支線如下：

（一）順德—大名

（二）道口鎮—衛輝—清化鎮—懷慶—洛陽

（三）鄭州—開封—蘭封—歸德—徐州

（四）鄭州—洛陽—陝州—潼關—西安

（五）許州—老河口

（六）郾城—周家口

（七）孝感—德安

（戊）平滿線—北平至海蘭泡。

北平—天津—大沽—蘆台—唐山—灤州—山海關—錦州—溝幫子—新民—瀋陽—四平街—長春—吉林—哈爾濱—齊齊哈爾—瑷琿—海蘭泡

其支線如下：

（一）北平—古北口—熱河—平泉—建昌—朝陽—通遼—遼源

（二）溝幫子—盤山—營口

（三）朝陽—錦州

（四）瀋陽—遼陽—海城—大孤山—安東—新義州（朝鮮）

（五）吉林—甯古塔—延吉—琿春—海參崴

（己）平恰線—北平至恰克圖。

北平—居庸關—懷來—宣化—張家口—庫倫—恰克圖

其支線如下：

(一)張家口—大同—包頭—五原—甯夏

(二)張北—多倫—林西

(庚)平新線—北平至伊犂。

北平—保定—正定—平定—太原—平遙—平陽—候馬—運城—潼關—西安—涇州—平涼—固原—蘭州—涼州—甘州—肅州—安西州—哈密—吐魯番—迪化—綏來—烏蘇—伊犂

其支線如下。

(一)西安—龍駒寨—荆紫關—老河口—襄陽—荆門—荆州—沙市

(二)荆紫關—鄖陽

(三)固原—甯夏

(四)吐魯番—焉耆—庫車—溫宿—巴楚—喀什噶爾—伊爾克斯塘

(五)迪化—古城

(六)烏蘇—塔城

(七)綏來—阿爾泰

(八)西安—鳳翔—南鄭—緜陽—成都

（九）蘭州—導河—西甯

（辛）粵滇緬線—廣東至緬甸。

廣州—佛山—三水—肇慶—德慶—梧州 潯州 橫州 南甯 隆安 百邑 剝隘 廣南 開化 蒙自 臨安 通海 雲南 楚雄 大理—永昌 騰越 緬甸

其支線如下：

（一）佛山 江門 陽江 水東

（二）梧州 平樂—桂林 柳州 慶遠

（三）橫州 靈山 廉州 北海

（四）廉州 安鋪—化州 高州

（五）安鋪 遂溪 雷州 徐聞 瓊州

（六）廉州 欽州 防城 東興鎮 安南

（七）龍州 靖西 富州 南甯—太平 龍州 鎮南關 河內（安南）

（八）蒙自—開化 河口 老開

（九）雲南 通海 他郎 普洱 思茅

上述線路計五萬哩，收發報局一千餘處。開始創設于清光緒五年，由李鴻章氏主辦，完成于光緒二十四年。後以國家多難，廿年來未有進展，兵匪盜賊，此五萬哩電線中，已不知有幾分之幾毀于兵火，不知有幾分之幾，破爛不堪再用，其剩餘者已至有限，亦日在風雨飄搖之中。加之報局所用器械，雙工者尙少，自働者更無論，一般所用者，仍如五十年前之舊式，差誤遲緩，無可諱言。而電務人員，又泰半染有洋派官派合併之習氣，待人則傲慢無禮，自視則儼若官員。以其職務之略近專門，位置不易動搖，更復有恃無恐，不思上進。目下有線電之整理，已刻不容緩。當此統一告成和平可期之際，交通當局當以整理人才爲第一步，修復線路爲第二步，利用新機器爲第三步，以謀有線電政之改善。惟時間甚長，决非旦夕可致，即有能者，亦必期三年五年，方有成効。際此青黃不接之時，欲求電訊交通之便民，自以應用無線電于各大城市爲第一着。此種特殊情形，意在救急，人固不能以歐美成例相繩也。

(二)　外國電報公司在華通報地點及其概況

外人之在華經營國內及國際通訊者，當以大東大北兩公司爲最。中國創辦電報，借重丹人，故大北公司在中國之歷史，尤爲悠久。同治九年，大北大東兩公司由香港起私設水線，至吳淞請求登陸，不許，乃祇得在口外船上設站收發。至光緒九年，訂登陸合同，並許其自由收發。大東線經過福州，大北線經過廈門，均得登陸設局收發電報，漫無限制。當庚子拳亂之時，兩公司擅於上海大沽間，設置滬烟沽水線一條，嗣又續設烟台大沽線，事後始補訂登陸合同，及攤分報費合同。各國政府對于外國水線公司，皆有取締收發權及檢查電訊權，惟中國政府則不以爲意。電報水線費，向歸所在國自由規定，在中國則不然，於歐美電報得收本線費百分之十三，於香港以南之澳亞南洋電報，則幷一文而無之。滬烟沽水線，原擬由中國備價收回，後以政府向兩公司借款，乃另訂借款合同，及預付報費合同，蓋即預支百分之十三之分潤本線費也。此外復予兩公司以國際電訊之專利權，以後無論中國或其他國家如欲在中國辦理國際電訊，必先得兩公司之允許，此蓋曠古未有之奇局也。時首都在燕，各使館尙感通報之不便，不能不受中國電局之節制，乃由大東公司向中國借用大沽至北平電線，訂有京沽借線合同，又由大北公司借用北平至恰克圖電線，訂有京恰借線合同，以接通西伯利亞之大北陸線。近年以來，俄境大北陸線毀損不復可用，大北電報，完全走香港以南之大東水線，故北平天津大沽等處之兩公司電機運用處，一經交涉，卽行取消。

美國商務太平洋水線公司，欲以水線由小呂宋接通上海，乃不得不乞靈於大東大北兩公司，以兩公司股本加入該線，以後一切發展，亦聽命於兩公司。中日電訊關係，除南滿路外，有(一)滬崎(二)青佐(三)川淡(四)煙大四線。滬崎線自長崎迄上海，係於民國二年設置，在寶山地方登陸，與大北水線在長崎登陸爲交換條件。在上海租界設局自由收發，兼辦船舶無線電訊。其登陸合同與大東北公司各合同皆爲一九三〇年期滿。青島與佐世保間之青佐線，原爲日人將德國水線改造，華府會議後，報費始由中日二國對分，然在青島方面之收發運用權，仍在日人之手。川淡線起自福州川石山，終於台灣淡水，煙大線則在烟台大連之間，强賓壓主，中國殆無處足以自衛其權利。南滿鐵道，自大連經瀋陽至長春，有木城電話，有長途電話，有公用電報，有線上無線電訊，皆由滿鉄經營，業務異常旺盛。自鐵道界內通至沿線中國境內之報務，爲目下南滿電權交涉之重心，至今亦尚在日人手中，反客爲主，莫此爲甚。中東鐵路電線，經西伯利亞以接通歐洲，故其業務亦有關國際通訊。自俄國革命後，其在遠東之帝國主義色彩，絕未減少，前年我國戰事失敗，俄方侵略益甚，其意義之重大，殊不亞於南滿電權也。此外法國在廈門登陸之廈門安南水線，則早已毀損，現已不復應用矣。

（三）過去各種通訊計劃的缺點與今後之補救

由上二節所述，可見中國陸線之破壞殘缺，與外國水線之勢力可畏。除無線電外，實無法足以打破此局面。建委會初創無線電商報時，滬漢路滬津路及滬福滬廈路，均爲重要路線，此中僅滬漢之間，無外國水線，如天津福州廈門則均爲大東北兩公司勢力所在地，故滬漢業務獨盛，其他均久久無起色，此可見强者難攻而弱者易克。建委會之辦理無線電，不顧大東北之反對，與日本三井洋行之抗議，勇往直前，無所顧忌，以樹國際電訊之先聲，固可嘉許，然其發展營業之步驟，初未能通盤籌劃，顧及有線電之困難，則亦不無遺憾。據該會之計劃則有所謂「無線電國內通訊網」者，以各大城市爲中心，設立總台，其次於次要城市設立分台，逐漸推廣，以達於全國各縣，不問該地原有陸線之是否敷用，但問新設電台之是否有利。就此計劃批判，厥有兩大缺點。第一缺點，無線電單獨發展，與有線電不相爲謀，以言暫時競爭刺戟則尚善，以言百年長久之計，則設備重複，不能各盡其長，各掩所短，以相合作，殊非經濟之道。第二缺點，無線電波段甚少，不宜任意浪費，若通訊網推廣至百餘城市，則會晤時間及波長衝突，已成問題，若更求進而至千餘局所，則不但不經濟，亦且爲不可能。不獨建委會之無線電不能與有線電合作也，卽交通部本身之無線電，在過去二年中，亦不甚能與有線電盡合作之責任。此其內容，殆非外人所能意料，至其原因則亦不外「成見」與積習二種。有線電人員常欲保持其我爲主體之地位，無線電人員既有新生命，自亦不肯低首下心，與傲慢之老大哥相周旋。再加中央之號令，不能統馭各省電局，事權不一，各自爲謀。卽有計劃，亦不足以言統籌兼顧。就愚見論之，有線電若不爲一澈底之革新，如整飭人員，修復線路，改良機件，而徒恃無線電爲一時之補救，殊不足爲中國電訊前途之福也。

短距離之電訊，當然應由長途電話及有線電報担任，如南京上海間，北平天津間，廣州香港間，無線電報在理殊無發展之餘地，而在事實上則有時竟全賴無線電，至少亦一半走無線電，此在歐美，實爲怪現象。處今日之中國，吾人應用無線電以與邊陲區域多謀接觸，多設海岸電台以爲船舶服務，多辦廣播事業以開發人民智識。凡此種種，曩之建設會，今之交通部，皆不能積極興辦，亦將以有待乎。茲姑略舉今後補救之方法如下：

(一)波長段之可用者爲數有限。無線電在國內通訊上應極力避免短距離電台之裝設，如上海南京間應以採用有線電爲原則。而有線電亟應加以改良，以求生存。

(二)無線電與有線電應切實分工合作，天津上海廣州漢口等地之無線電台，應成中心電台，以有線電爲分配機關，須有切實之合作，以抵抗外國電報公司之競爭。

(三)軍事破壞最烈之各省如河南陝西甘肅湖北江西等處，應以無線電暫救有線電之窮。在商業或軍事上有關重要之各地，如有線電一時整理不及，應即設立無線電台，爲暫時之替代品，徐謀有線電之恢復。

(四)應分期裝設邊陲電台，不論有利無利如西藏新彊西康青海蒙古等地爲尤要。我人應以無線電爲開發西北及鞏固國防之先鋒隊。

(五)廣播事業與船舶及航空電台之通訊，爲無線電獨有之領域，應以全力使其發展，以謀海上空間之安全及民衆之娛樂。

(四)　海上和航空通訊

船舶和航空電台之重要，於每次沉船或飛機失事慘劇時，可以見之。我國商業航空，尙未發達，而海上航行權，亦喪失殆盡，無線電之有用于海上及航空，幾至無人注意及之。昔年招商局各輪船之失事，如有完善之無線電，生命之得救者爲數當亦不少。我國海岸電台，爲數甚少，而機件亦皆舊式，加之管理不善，更不足以盡無線電之效用。法人于上海顧家宅，私設電台，廣播天氣警訊及連絡船隻通訊，其用甚宏，我吳淞無線電台，幾莫能抗爭，恥莫甚焉。吳淞電台年來雖經一度整理，而效用尚未大著。其他如青島烟台汕頭福州等地，亦皆鮮能與時俱進，甚可惜也。吾人爲國家地位計，爲人類生命計，應有早日整理與添設之決心。此外如無線電測向器，無線電定向台，亦應早日裝設，以供船舶定向之用，美國之成規可法，我人應竭力仿爲之。中國商用飛行機在今日，除中國航空公司上海漢口線外，餘尚未辦，通空電台之舉辦，似可稍緩。且該公司于上海九江漢口等處，設有專用電台，亦已足供應用。惟航空與航海，有賴于天氣預報者甚大。無線電既可收集各地天氣情形之報告，爲預測之張本，而預測結果，又可向各飛機各輪船隨時直接報告，其有利于航行者，自非淺鮮。加之方向測定，輪船可于暴風中，照常駛行，飛機可于濃霧中，準時降落，更足爲航空航海之扶助。我國港內各商輪，裝置無線電設備者，尚不甚多，而稽查事項，亦復無人注意，此于海上生命安全，關係至大，國家不能不負其全責也。目下國內各港口，外國軍艦，來去自由，無線電報，任意收發，空間秩序，于焉大亂，其有妨于廣播收音者更甚。空間法律，既有國際無線電會議之決議，應即據理力爭，設法禁阻，以謀空間秩序之維持，不可聽其自生自滅也。

（五） 廣播政策

無線電廣播之爲用於政治宣傳及普及教育，既已甚明。吾人即應設法儘量利用。或謂我國萬事落後，社會經濟，枯窘不堪，廣播電台，在此時期，似爲一奢侈品。考之實際，則殊不然。如蘇俄然，當赤色革命之後，民窮財盡，途有餓莩，乃最近幾年，厲行建設，廣播電台之成立者，以十計。其電台之最大者爲五百基羅瓦特，位于莫司科，刻在建造中。聽衆據最近報告已過百萬，二年之後，當五年計劃完成之時，當有一千四百萬人。誠以無線電廣播，有關教育娛樂，不可忽視。查廣播電台，所費不大，如由我國製造廠配製，則更經濟。收音機目下雖多舶來品，售價亦殊昂貴，然日後必可自製。且無論任何一中學青年，苟假以十餘元之資本，即可教彼自造一本城收音機，其爲科學教育之功用，尤爲偉大。四五年前，自開洛公司首先在上海播音以來，廣播事業，頗有勃興之象，但吾人于上海傾聽各廣播台之節目，中國自有之電台，聲浪皆不甚清晰，節目亦略嫌枯窘，無以引起濃厚之興趣，而日本及菲列濱之電台，則量大聲宏，往往蓋過中國電台之聲浪。茲將東亞各電台一覽表及中國廣播台調查表分列如下：

東亞廣播無綫電台一覽表

名稱	所在地	呼號	波長（公尺）	電力（瓦特）
中央廣播無線電台	南京	XGZ	420	500
浙江省廣播無線電台	杭州	XGY	307	500
北平廣播無線電台	北平	COPK	315	100
天津廣播無線電台	天津	COTN	475	500
遼寧廣播無線電台	瀋陽	COMK	425	2000
哈爾濱廣播無線電台	哈爾濱	COHB	445	1000
廣州市廣播無線電台	廣州	CMB	410	1000
新新公司無線電播音台	上海	SSC	370	50
香港廣播電台	香港	5HK	395	150
大連	大連	JQAK	395	5000
台北放送局	台北	JFAK	333	1000
東京放送局	日本東京	JOAK	345	10000
大阪放送局	日本大阪	JOBK	400	10000
名古屋放送局	日本名古屋	JOCK	370	1000
京城放送局	高麗京城	JODK	366	1000
廣島放送局	日本廣島	JOFK	353	10000
熊本放送局	日本熊本	JOCK	380	10000
仙台放送局	日本仙台	JOHK	390	10000
札幌放送局	日本札幌	JOIK	361	10000
印度無線電公司	印度	7BY	357	5000
印度無線電公司	印度	7CA	370	5000
菲列賓無線電公司	馬尼剌	K2RM	413	1000
新加坡	新加坡	ISE	330	100
蘇俄工人無線電會	海參崴	RL20	480	1500

二四

中國廣播電台調查表

台名	中央廣播無線電台	浙江省廣播無線電台	遼寧廣播電台	哈爾濱廣播電台	天津廣播無線電台	北平廣播無線電台	廣州市無綫電播音台
所在地	南京中央黨部	播音台在牛羊司巷發音室在省政府	瀋陽市商埠十一緯路	哈爾濱南崗	天津英租界十四號	北平西城甘石橋	廣州市中央公園
電力（瓦特）	500	500	2000	1000	500	100	1000
天線電流（安培）	6,5—7,0	6	8	11	2	2,5	7—7,5
天線高度（公尺）	38	32	41	37	31	21	43
天線長度（公尺）	34	24	75	37	61	37	27,4
呼號	XGZ	XGY	COMK	COHB	COTN	COPK	CMB
現用波長（公尺）	420	307	425	445	475	315	440
開始播音日期	十七年八月一日	十七年十月十日	十七年一月	十七年一月一日	十六年五月一日	十六年九月一日	十八年五月六日
目下每日播音時數	5,5小時*	3,5小時*	約5小時	6小時	7小時	7小時	5小時**
開辦費約數	33,000元	30,000元	60,000元	80,000元	2,500元	12,000元	70,000元（毫洋）
每月經常費約數	1,500元	1,000元	800元	900元	1,600元	1,000元	1,012元（毫洋）
製造廠家	上海美商開洛公司	上海美商開洛公司	法國巴黎電氣廠	上海美商開洛公司	美國西方電氣公司	天津義昌洋行	美國西方電氣公司
附近收音機約數	300	100	1000	3000	3000	1000	100

* 特別節目除外

** 星期日六小時

右表對上海各電台，未予加入。如開洛公司之 KRC 早已停閉。新新公司有電台 SSC。新昌洋行及天和洋行亦有小播音台，電力甚小，僅上海本埠可以收得之。亞美公司後起之秀，一年以來，以交易所商情供給聽衆，頗受歡迎。其他如利達公司及上海電力公司美靈教廣告公司等，亦將架設電台，以資宣傳。天津一埠，尚有中國無線電公司創設之一台，因不關重要亦未列入。

中央廣播無線電台復于其年刊中，敘及我國廣播事業概況，其言曰：「我國廣播事業，甚屬幼稚。民國十六年春，北平舊交通部着手建築天津北平二台，當時上海方面，已有美商開洛公司之播音台一座，電力爲二百五十瓦特，專播商情歌劇教堂禮節及該公司商業廣告等節目。華東一帶，收聽該台音訊者，以商界爲多。是年五月天津廣播電台成立，電力爲五百瓦特。同年九月，北平廣播電台亦以一百瓦特之電力開始播音。于是華北方面之空間，除被日本電台所發之音波激盪外，始有我國自播之國樂音浪，瀰漫其間。十七年一月，東北無線電監督處，將遼寧廣播電台(電力爲二千瓦特)，哈爾濱廣播電台(電力爲一千瓦特)，同時開始播送，而東北方面之聽衆，始能暢聆我國自發之音訊。綜上數台，大都側重于戲曲商情之傳播，關于新聞演講等項，鮮有顧及。迨本黨奠定江淮，移師北指，(十七年春)益感主義之急于灌輸，宣傳之刻不容緩，遂於十七年三月，訂購機件，成立中央廣播無線電台於首都，電力爲五百瓦特。八月一日開始播音，節目方面，以宣傳報告，中央政聞爲主，而佐之以名人科學特種等演講。雖以電力微小，射程不遠，然在蘇浙皖贛湘鄂豫魯閩晉等處，如無電報騷擾，已能暢聆無遺。繼中央台而起者，有浙江省政府所設之廣播電台，電力爲二百五十瓦特(現已增爲五百瓦特)于十月十日完成。廣州市政府所建之廣播電台，電力爲一千瓦特，于十八年五月六日完成。他若湘魯豫皖各省政府，均擬建築廣播電台，而私人裝設用爲廣告之播音電台，已經成立者，除上海新新公司之五十瓦特一座及天津中國無線電公司之五十瓦特一座外，繼起者亦有多處。……」據此以觀，中國廣播事業之落後，及其聽衆之少，已無疑義。中央廣播台爲宣傳主義計，亟思擴充。乃于十九年春，向德國西門子洋行定購七十五基羅瓦特大電台一座，長波短波並用，建築地點，在南京江東門外附近，本年即可落成，可稱遠東最大之廣播電台，是亦創舉也。

關于我國廣播政策，向無聽聞。交通部依據建委會所定原則，開辦收音機免費登記，乃應者寥寥。張作霖統治北平時訂有規例，仿英法成制，區內之收音機，每只年收費用若干，但收數不旺，亦難敷開支。中部各電台，經費一層，除由政府給與外，亦無辦法。而上海各電台，以私家維持，更感竭蹶，不能有良好之節目。開洛公司亞美公司實行「行情密碼單」，每月發行一次，聽衆非交費購買，將無由了解其商情報告，奈收入甚微，亦非根本之策。我國今後之無線電廣播，急宜擴充，惟其政策，大有研究之餘地。世界各國，除美國以廣告費自給外，餘皆取諸用戶。衡諸事理，本極公允。但我國區域過大，民智未開，設欲收取費用，既難稽查，又礙普及，似亦非策之上者。吾人所主張之廣播政策，計有下列三端：(一)全國廣播電台，宜分區安設，由中央及地方政府主辦，數宜少，質宜良。商家領有執照者亦得自費播音。(二)聽衆一律免費，以求普及。(三)各台費用，出諸國庫，而國庫由來，則取之于收音機件進口稅之加增，以爲一部分或全部分之補償。三事並行，或可解今日中國廣播事業之厄運。吾人之見解如此，其亦有施行之可能否？

第九章 建造國際無線電台與收回通訊主權

(一) 通訊主權旁落之由來

我國辦理電報，已五十年，大東大北兩水線公司與我歷史最久，關係亦最複雜。我國對外通訊主權之大權旁落，對內通訊事宜之受人制裁，此實厲階。自前清光緒九年二月至四月間，我國與兩公司訂立合同，許其水線在我國境內登陸後，年復一年，遂形成此喧賓奪主之局面。查水線登陸權，世界各國，或則全由國家自享，或則許人民以自由競爭，無論本國或外國公司，於合法範圍內，可向政府請領水線登陸之執照。但國家於必要時，可以隨時取消，或派員接辦，從未見有如大東北公司在華之久假不歸者。況續訂條約中，復有『在此期內(原爲一八八九年一月廿九日後展至一九三〇年十二月卅一日)除電局與公司允准外，不准他人在中國沿海一帶地方或中國州島各處安設水線，引登上岸，或與中國電報相接，或另設法傳遞各報，以致與中國電局暨大東大北兩公司現有電線爭奪生意權利』之條文。中國境內水線登陸權之全部，已爲兩公司所刼奪，中國本身且無與，他何言哉。在中國海岸之水線除滬福港滬廈港二線原屬兩公司之產業，而滬烟沽水線，迄去年底止，亦完全在公司之手。日本之川淡線，係日人購自我國，非他線可比。中日之青佐線，烟大線，日本之滬崎線，因別種關係，兩公司居然加以默許，其中另有交換條件。太平洋公司之上海小呂宋線，亦全在兩公司支配之下。烟台威海衛間之水線，則由公司租用。大東北兩公司在華享有「壟斷性」之登陸權，實開世界獨立國境內未有之惡例。我國通訊主權之旁落，此其最重要之原因也。

滬烟沽水線，計有正線一條，直達三地，副線一條，僅通大沽烟台二處。兩線均爲兩公司所擅設，我國以虛價贖回，僅有名義，毫無實權。復因該線借款關係，連累其他水線合同，一體展期至一九三〇年年底，我國南北通訊權之損失關係已大，而兩水線公司復將此事牽累一切水線條約，使我國電政至今受其桎梏，殊可惡也。

至於無線電，自馬可尼公司勢力東漸後，我國已備受合同之束縛。而舊海軍部復不明利害，與日商三井洋行簽訂雙橋電台合同，許以三十年之國際無線電通訊獨占權。作繭自縛，言之可勝浩歎。當時舊交通部頗思自拔，乃與美商另訂合同，以謀出路。卒因日本英國反對甚力，大電台未能實施建造。當一九二一年間，華府會議時，有人提出中國無線電國際共管議案，以解中英日美間之糾紛。當時我國無線電事權之糾紛，於此可見一斑。

（二）南滿及中俄中法中英交界之接線情形

日本，東方之霸者也，當日俄戰爭後，其在南滿之勢力，除承繼一切俄人侵略所得之權利外，復積極利用機會，使南滿爲朝鮮第二。當日俄戰爭之先，俄國對於滿州之鐵道電政等，均有極精密計劃。大東北在華水線之專利合同，亦明指由旅順口安設水線與俄國電線聯絡通報，不在此限，予俄人以獨自經營之權。俄戰敗後，長春以南各地，盡入日人勢力範圍，長春以北則仍在俄人侵略之下。自長春南下經瀋陽而大連沿路之電線（南滿支路由蘇家屯至安東，情形亦同）。日人別有企圖，不允交還。南滿路境外電報線則許我國備價五萬元贖回，以資搪塞。日人視南滿，早如附屬地，南滿線之收回，以現勢視之，殊非易事。且大連佐世保間，設有水線，電報價格，又極低廉。我國北方之對日通訊，幾全部經由南滿，為日人所把持。大連烟台間，亦有水線一根，我人所能管理者，祇七哩半。日人在烟另設轉報局。民國十二三年間，中日電信會議，我方提案四件：（一）中國擬在大連及南滿鐵路區域內，設立電線及電報局所，傳遞電報。（二）烟台大連水線，在烟台一端之收發報事宜，應完全歸中國電報局辦理。（三）南滿日局自相往來及與日本各處互相來往之電報一律按照所定報價，以三分之一貼給電局，作為主權費。所有往來電報報底及賬目，彼此均可派員查閱。（四）南滿日局自相往來電報純由日局電線傳遞者，其報價應與中國電報局國內電報價目一律，以免競爭。上述四項，理由本極充分，辦法亦極公允，乃日人望望然去之，卒未成議。現在中日電信會議，舊事重提，未識能有結果否也。

我國陸線之有關國際通訊者，南滿線既如上述，其次當以中俄之關係為最。俄人盤據北滿，其大本營乃中東鐵路，沿路架設電線，除專用電報外，兼營商報，東通綏芬河，接俄之伯力及海參威，西通滿州里，直達俄京。近以中俄會議，電政方面亦在哈爾濱作收回之談判。該路情形己與南滿不同，或得早日成議，亦未可知。

中俄直接通信，在俄國大革命期內，俄軍奉有赤塔政府命令，停止通報，迄未恢復。計原有之線路爲(一)東面在琿春與樸希渥脫之間架設聯絡電線。(二)北面在瑷琿海蘭泡間直接聯絡。(三)蒙古方面於買賣城恰克圖間互相接線。由恰克圖起穿過蒙古至北平天津之陸線，大北公司曾向中國電局租用一根，藉以連接該公司之通信網，現己不堪復用。中俄聯絡通訊，日後必當議及，我國對中東路電權之如何收回，原定聯絡線之如何恢復，新疆外蒙察熱綏對外通訊之如何利用無線電，均應及早注意，否則事後追悔，必無及矣。

此外中法中英陸線聯絡，一通緬甸，一通安南，均以營業不旺，地處邊陲，無關重大，茲紀其聯絡地點如下：

(一)中法線協約，據光緒十四年原約，所定聯絡地點如下：

廣西省鎮南關	與安南電線聯絡
廣東省東興鎮	仝上
雲南省河口	仝上

雲南省思茅　　仝　上

（二）中英線恊約，據光緒二十一年原約，所定聯絡地點如下：

雲南省騰越　　與緬甸電線聯絡並通印度

上述情形，乃典籍中之可考者。年來外蒙古已在俄人勢力之下，西藏等地，又有英帝國勢力之侵入。各地僻處西北，其與俄國印度，有無電訊之聯絡，殊不敢必。臥榻之旁，他人覬覦已久，而我尚木然無所知，可恥也。

（三）無線電國際通訊之必要與成功

水線陸線方面，既無處不受外人之把持節制，吾國欲爲國際通訊，無線電實爲惟一之生路。無線電自短波應用後，電台設備較廉，遠非水線之動輒千百萬金可比，在我貧弱之中國，此爲最適當之國際通訊利器。又無線電專利權，雖在合同上已爲日英兩國所刼持，然事實上因電台從未接收，合同條件尚難履行，非如大東北條約之一無彈性。據本書第七章第一節所述，中國最早之國際無線電通訊，實在一九二七年瀋陽柏林間之通報，惟因瀋陽僻在東北，其轉報範圍不甚廣大，故價値較小。國民政府之第一次與外國直接通報，則在一九二九年二月十四日也。

民國十七年，上海法租界當局於汶林路私設短波電台，收發國外商報，以西貢及菲律濱爲轉報樞紐。西貢爲法國屬地，自不成問題，菲律濱無線電合組公司，原擬設法與中國通報，但不知與何方面接洽，會法人向彼兜攬，遂與合作。事爲國民政府所知，乃提出嚴重抗議，並由建設委員會向菲律濱公司交涉，該項通報事宜，改由建委會負責辦理，法菲合同，應卽停止。建設委員會自造五百瓦特之短波發報機，先與菲律濱試驗通報，結果甚佳。繼乃與菲律賓無線電合組公司訂立通報合同，擯法人於局外。於民國十八年二月十四日正式開始收發世界通訊，成績優美，極受國人之贊許。上海時事新報於是日著一社論題名「國際通訊之嚆矢」，闡發極詳，茲特錄之，以供參考。

「國府建設委員會國際無線電台，本日以自造電機正式與菲列濱通報，此我國自設電報機關與海外直接通報之嚆矢，在我國交通史上，可留一不磨之紀念，而國民革命以後新中國建設之精神，亦將藉此以表見於世界，值得吾人之注意者也。

去年粵飛機長途飛行過滬時，愚嘗著論，以爲近代科學文明之產物，於人類福祉上效益最宏者，厥爲飛行機與無線電。國家而不能充分利用此二大利器者，將無以並列於近世國家之林。革命後之新中國，於軍事甫竣百端待理之際，諸般建設，自非一蹴可幾，然於獎進航空，規畫無線電事業之發展，則旣有相當之努力，宜益持以毅進之精神，必以科學的與非科學的爲劃開新舊時期之標準，始爲期求國際平等之最實際的努力。果全國之精神力量胥集汁於此點，則軍事將大有可爲。今建委會之國際無電線通報，竟能於短期間內實現之。吾人他固勿論，設想旅菲僑胞或其他海外僑胞接得來自本國自設電報機關所發來之電訊，對於祖國之漸趨進步，其感奮興起將爲何如耶？

夫以民族譬之於自然人，則國防與軍備，爲民族之雙臂，智識與文化，爲民族之神經，航業爲民族之足，而電報事業，則不僅爲民族之耳目，亦兼司民族之喉舌者也。我國電政，歷來因軍閥戰亂之摧殘，與本身進展遲緩，致外國電報機關，乘間興起以補需要之不足。本國南北商埠間之商報，且有因通電地點或他種阻礙，而假手於外國電局者。國際通電，則更非乞靈於英丹美法諸國所經營之電線不可。不僅金錢外溢，每年至七八百萬之鉅，而以四萬萬人口之民族，立於今日之世界，不僅不能自有其耳目，且不能自有其口，獨立國家之要素，所餘幾何。在如此狀況之下，遇有意志之待宣，事實之待白，殊不能自必出之於本國之喉舌者，能否得達於世界之耳目。自五卅事件以來，此種痛苦，吾國民蓋嘗之稔矣。建委會此次自造之電台，雖僅為一千瓦特之電力，與其計畫中所建造之兩大電台，以一具直接與美洲之桑港通報，以一具與歐洲之德國通報者，發電能率相懸尚鉅。然以我國收回國際通信權之急要，而此兩大電台之構築裝置，尚需一年之時日，則先以電力較小之電台，與距離較近之菲律濱通報，一切公私商電，可由菲島轉達於世界各大都市，已不啻喉舌被扼之繩索，一旦解除，達情通話之官能，重行恢復，於增進中外關係之密接，宜為世界以平等待我之國家所歡迎。而交通障礙之解放，又於國家獨立之始基，有重大之意義矣。

於此而外，尚有欲提示於吾國人者。今日之中國，其最大急務，一曰解除國際上之不平等，二曰努力國內之建設。然國際平等，必以不弱於人之成績示世界，而後平等之實際可期。此次建委會與菲通報之電台，由中國之工程師建造之，由中國之專家管理之，事前試驗，經菲島無線電合組公司認為滿意，始訂交換通報之辦法。此其至少限度之意義，即足以明示世界以中國人經營近代新事業之能力，不亞於他人，果事事物物皆能如此，不僅世界對我之觀感，將為一變，而實際上百事真有力自營，何待他人之越俎。己身已足以植立，何患他人之不讓，此一義也。居今日之中國而言建設，經濟人才資料環境各方面，皆有不能一蹴而幾者。謂將因噎廢食，决非新邦所宜爾。然僅望洋興歎，則將一事不能就。故唯一可行之法，亦唯先舉其輕易可行者，而同時仍不中輟其規模較大而較久遠者。例如交通，一方面進行建造鐵路，但同時即可以先着手築成公路，有簡單之成績，終勝於無。早一日可應用，應勿放棄。正猶建委會以電力較小之電台，先由菲島以間接通電於世界，正無礙於一年以後大電台築成後直接與美德通電，而公衆固已多受一年之便利矣。一切建設，皆願作如是觀，此又一義也。

近來國人對於國家之前途，大抵焦勞期待之情緒多，而可資慰藉奮發之資料少。故於國際通電之第一日，為言建設之要義如此。願建委會不懈益勤，無負國際與本國之期待。尤願國人對於近代中國之興起，有堅強之自信，一致努力於向上前進。俾國內建設事業之成績，日多一日，國家平等自由之障礙，日少一日：吾人彌筆以竢之矣』。

香港為大東大北兩公司在遠東之水線根據地，營業旺盛，與上海相彷彿。港政府於一九二四年前後，自設無線電台數所，與南洋羣島及菲列濱通報，與水線相競爭。後又與福建廣東廣西各省軍用電台約時通報，報價既不一致，軍用電台之業務亦不可靠。建委會以港滬港粵之間，應有正式電台，維持業務，以便商民。乃於通菲之後，派員赴港，與港政府接洽，並規定報價及轉報章程。同年六月，港滬港粵之無線電報正式開放，大東北公司之報局，因此又受一打擊。粵港之間，原有中國電線，惟因業務不良，效用甚小，香港之中國電報局，僻處大東北公司樓上，相形見絀。目下廣州市已決定安設粵港電話水線，此乃最妥善之辦法。交通部於接收建委會事業之後，繼續原定計劃，依次與澳門爪哇等地通報，最近中日無線電通報辦法亦將商定，皆好消息也。

出洋電報，以歐美爲最重要。與美國通報，總轉報台自在舊金山；與歐洲通報，其轉報地點，應爲倫敦乎，抑柏林乎，抑巴黎乎，此事頗費考慮。建委會於受命辦理無線電事業時，即指派專員，籌備購機訂約事宜。當時報價者，有英美法德四國行家，審查結果，美洲無線電合組公司機件既甚精美完備，價復廉於英貨，遂決定以美金十七萬元，購其短波束射式收發報機兩全副，電力各爲20—40KW.。又以德國得律風根公司之機器亦尙完善，其對華友好之態度，自歐戰以後，爲國人所共諒，故亦訂購2KW自動短波收發報機四套，以爲國際電報支台之用。通報地點，一爲美國舊金山，一爲德國柏林。巴黎方面已有交通部所定購之電台可以通達，倫敦方面則以馬可尼公司機件太貴，祇得留待異日。

從前政府興辦電訊事業之所以屢屢受人挾制者，皆以借款關係之故，此次建委會對於此點，特加注意。建委會之建設費，財政部以軍事關係，未能照發，十七年冬定購電台之時，主席張靜江氏以個人名義担保借款二十餘萬元，始克簽訂合同。合同內容完全以平等互惠爲原則，毫無片面利益，暨損失主權之處，並得與其他各國自由另定報務合同，既無壟斷之處，復留後日之地，張氏此舉，可謂盡洗昔日電政積弊之恥。十八年春，交通部以競爭關係，乃亟向法國長途電報電話公司訂購9－15KW.短波電台一座，價爲美金十三萬元，殊覺昂貴，成績亦遠遜美國機器。

建委會購定發報台地址在上海真如區，約二百二十畝，收報台地址在上海劉行區，約二百五十畝，相距爲五·四英里，地段廣坦空曠，於收發電波，極爲相宜，可供四座大電台之用。支台設在楓林橋，中央收發室則在黃浦灘仁記路之沙遜大廈。交通部電台原擬設在浦東，後因管理太不方便，亦移設真茹與劉行。國際大電台於十九年十二月六日正式成立通報。中美通報電台呼號爲XGK（波長十六、〇四公尺）及XGL（波長三十七、六四公尺）中德電台呼號爲XGN（波長十八、三公尺）及XGO（波長三十九、五八公尺）中法電台呼號爲XRA（波長十六及二十四公尺）。發報台收報台及中央收發室間，用遙控電纜，在租界內租用電話線十七對，在租界外自建電纜二條，計二十四對。電台完成，總計建設費用約國幣二百萬元。交通部有此成績，殊可喜慰也。

(四) 國際無線電報務合同之簽訂

建委會於民國十七年十一月十日簽訂中美中德二項報務合同，十八年二月十五日簽訂中菲報務合同。交通部亦於十八年三月四日簽訂中法報務合同。各合同內最可注意者厥有以下四點：(合同另載附錄)

(一)報費分攤問題　關於無線電路之報費，建委會所訂合同，均爲收發雙方對分，交通部則爲發方得三分之二，收方得三分之一。建委會所持理由，以爲對分最屬公平，交通部理由則謂中國發報多於收報，發方多分，於中國有利。關於此點，部會當日主管人員，爭論頗烈。及建委會移交無線電管理權之後，交通部卽與美德二國交涉請求修改合同，一如中法間之辦法。美洲無線電合組公司因從來該公司所訂合同，無一不用對分之法，不允所請。德國海陸交通公司則承諾修改。據作者統計所知，國際水線電報，確爲去報多於來報，然多亦有限。目下國際無線電台之經驗，則適得其反，交部之以爲有利者，結果反受損失。此皆一時之現象，未可據爲定論也。

(二)範圍問題　四合同之內，惟中法及中德合同說明拍往東三省之電報，不在合同範圍之內，其故蓋以東三省當局已於事前與德法二國訂有報務合同，且通報頗有成績，故合同上不能無此註明。至中美中菲則因無合同之束縛，故東三省字樣未明文提出。假如日後東北當局能將電訊合同事宜，請中央統籌主持，則對外各種合同，當較爲齊整經濟也。

（三）年限問題　合同年限，中美爲十年，中菲爲八年，中德中法皆爲六年。按中國現時情形，合同年限以短爲宜，以便有改進之餘地。然究之實在，則亦無大出入。中美中菲二合同之所以較長者，乃以美方力爭之故，蓋美國方面經營無線電者，尙有第二三家競爭之可能也。

（四）路由問題　中法合同第五條載：「由中國拍往法國以外之歐洲各國或其他更遠地點之無線電報，在中國未與該地有直接無線電聯絡時，應全數經由中法電路拍發」此項條文爲其他合同所無。假如中國欲發一西班牙電報　中德電路及中法電路皆可轉遞，無論經由何路，在中國固無差別，惟若中法電路效率較低，或業務過繁，而在合同上有前項束縛，不能交由他路轉遞，則將感受困難矣。

（五）　世界注目之一九三〇年年底

我國與大東大北兩水線公司，先後所訂合同，約有二十件之多，頭緒極繁，其中至一九三〇年到期者，幾占其什九。茲摘述其較重要者如下：

（一）大東公司滬港水線登陸及接線合同（訂於一八八三年至一九三〇年底期滿）

（二）大東水線在福州登陸及設立電局合同（訂於一八八四年至一九三〇年底期滿）

（三）大東借用川石山南台陸線合同（訂於一九〇二年至一九二五年底期滿）

（四）大北水線在吴淞登陸及借用淞滬陸線合同（訂於一八八三年至一九三〇年底滿期）

（五）大北安設廈門鼓浪嶼水線及借用陸線合同（訂於一九一一年至一九三〇年底期滿）

（六）大北公司專利合同（訂於一八九九年至一九三〇年底期滿）

（七）大東大北兩公司專利條款（訂於一九一三年至一九三〇年底期滿）

（八）大東大北兩公司滬烟沽水線代設借款合同（訂於一九〇〇年至一九三〇年底滿期）（計價英金二十一萬鎊）

（九）大東大北續訂滬烟沽水線代辦合同（同右）

（十）大東大北烟沽副水線代設代管合同（訂於一九〇一年至一九三〇年底期滿）（計價英金四萬八千鎊）

（十一） 大東大北預付報費合同（卽借款英金五十萬鎊）
（訂於一九一一年至一九三〇年底應付清）

（十二） 大東大北會訂歐美電報齊價攤分合同 （訂於一八九六年至一九三〇年底期滿）

（十三） 大東大北會訂歐美電報齊價攤分合同 （訂於一九〇五年至一九三〇年底期滿）

（十四） 大東大北會訂川淡滬崎水線報價合同 （訂於一九一四年至一九三〇年底期滿）

以上合同中之最足以束縛我國發展，損害我國主權者，厥惟（一）非經該兩公司同意，我國不得與其他各外國另訂接線通電辦法；（二）國際報價及本線費，不能自由規定；（三）滬福廈烟等處之電報收發，均受其牽制束縛，（四）挾制日本及太平洋公司以爲共同之壟斷。因此，我國政府與民衆，皆渴盼一九三〇年年底之來臨，以期及時取消此種不平等條約。據吾人之主張，水線公司之登陸權收發權，可以取消之。國際報價，無論水線無線電，可以自由訂定之。假如兩公司固執不化，欲憑藉其帝國主義以相欺壓，則我國儘可於合同期滿之後，擯之於國門之外，以無線電爲替代品，擔負全部國際業務，彼雖頑强，果知我之不可侮，則亦必低首就範。不僅此也，世界列强如美法德諸國，在中國無電訊專利者，無一不熱誠盼望中國脫離大東北之覊絆，以與彼等訂立平等互惠之通訊關係。故一九三〇年年底，實爲全世界所注目之日期。交通部於是年之初，卽組織「國際電信交涉委員會」以交通外交兩部重要人員為委員，以交通部電政司長為委員長，一方面與大東大北太平洋三公司交涉，另一方面與日本政府開談判。自水線會議在南京開幕以來，轉瞬已逾一年，世界注目之一九三〇年年底，亦早於風雨中慘淡以去，（年終南京有大風雨故云），而交涉結果之披露者，尚極有限。交部電政界内部不幸又發生糾紛，各省電訊職工羣訐其司長以受賄，目下此案尚在監察院徹查中。修訂後之合同，已由交部呈請行政院審查，截至本書脫稿時，尚未公佈。據報紙所載，則登陸年限已延長十四年，國際報費由中國及公司雙方協定，仍不得以無線電減價競爭。此二點頗可研究。交部於本年公佈『海電登陸取締規則』，此中規定每一海線，應向交部繳費一百元，領執照一紙，其有效年限，由交部核定，交部並得於公司違反規則時撤銷其執照。夫水線登陸權，關係非常重要，其核定手續，似不應如此輕率簡單。無線電為我國將來世界交通惟一之生路，更不應作繭自縛，使無線電報價不能隨時設法減低，與外國海線相競爭。所謂『齊價攤分』，今昔無異，將何以自解於國人。據江蘇福建河北諸省之電信職工會所宣言：『電報價目，在舊合同內，我國與歐州往來，本線費不分內地上海，一律每字三十八生丁半。與美州往來，本線費不分內地上海一律每字四十八生丁半。今則內地本線費雖加至六十生丁及七十生丁，而上海則為每字三十五生丁及四十五生丁。國際電報，上海居全國十分之六以上，每字如減三生丁半，每年損失甚大。內地出洋電報甚少，雖加二十一生丁半，實亦得不償失。且我國既自有國際無線電台，內地出洋電報經由中國電局拍至上海，亦萬無再交外國水線公司拍發之理。其所加之二十一生丁半，原非大東北公司之事」。以上所言，交部當局未加辨白，亦吾人所應注意者也。

交通部此次交涉，據吾人所聞，其勝利之點約爲下列數事：（一）福州廈門二處，大東北公司祇能設繼電房，不得設電局收發電信；（二）上海大東北公司及太平洋公司門外加掛中國電局招牌，報差穿中國電局號衣；（三）大東北公司不能向公衆直接收發，收發主任由中國委派；（四）收回滬烟沽水線，但須償付借款及預付報費，以目下金價計算，約爲國幣六百餘萬元；（五）取消平津沽借約及公司繼電房（六）不承認專利。其實香港以北之水線，皆在中國海境以內，不應作爲國外電線看待，其管理權應操於中國電局，交通部儘可爲進一步之交涉，不必專注意於招牌及號衣之小節。且既不承認其專利，卽不應承認其齊價。但吾人於此案未正式公佈以前，不得不以「顧小失大」及「態度欠硬」之咎爲賢者責也。

日本政府之滬崎水線，與大北公司有交換利益之關係，南滿電權與滿鐵關係甚多，此二事正在交通部進行交涉之中。至川淡線，青佐線，及烟大線三問題則尙爲較易辦理者，吾人亟盼於短時期內得一好消息也。

第十章 結論

（一）我國有線電與無線電之分工合作

辛亥革命以來，有線電之情形，外則軍電官電，積欠累累，內則線路損壞，管理失馭，無線電一旦起而與之爭，真如摧枯拉朽。民國十七十八年間之事，足以證之。有線電無線電今既統一在交通部之下，我人爲今後計，將採用建委會之政策，盡力興辦國內無線電，爲有線電之替代，一任有線電自生自滅，以終其天年乎？抑或如有線電界之主張，以無線電爲有線電之附屬品，置無線電於有線電管理之下，救有線電之窮，避免分立競爭，而使無線電繼有線電之後，沉溺于晏安自溺之途乎？曰，皆不然，以上二策，各有所敝，而未嘗知今後之有線電，亦自有其整理自救之方也。

有線電之線路，其破壞情形，彷之津浦平漢隴海湘鄂南潯鐵路等，或可得一概念。嘗聞之滇友言，當某軍退出雲南時將沿途電報木桿，晝付一炬，火光熊熊然，照耀如白日。雲南之電桿，于焉而全毀。馮閻稱兵之時，河南一帶，兵連禍結者亙六月，電報線之毀壞，以千里計，西北一帶之電線，殆亦十毀八九。四川一省，廿年來，無日不在戰爭之中，電政之情形日惡，可以理想得之。且也軍電欠費，官電記賬，私人之電報又復矇混官電，任意拍發，因之而電局之損失更大。欲求彌補，非加價不可。價愈高而報愈少，卒至線壞而不修，機破而不理，聽其自然，坐待末日之降臨。說者以爲有線電果爲贅旒可棄之物乎？英國之電訊交通，爲世界之最負盛名者。其有線電與無線電同在嚴格管理之下，其機件爲時下最新式最合用之配合，其人員亦日夜研究，求所以進步改良之道。對於電報之收發遞送，則力求迅速，對於顧客之招待應接，則務使滿意。如是之兩種業務，方可言合併。否則非有線電依無線電爲生活，同遭刼運，卽無線電隨有線電以腐化，而莫由自拔也。

有線電整理之要點；一曰心理革命，二曰物質建設。此兩個新名詞，似已成老生常談，陳腐不堪再用然。苟而切實體會，則陳腐可化爲新奇，正非異事。電務人員，多嘗自認抱有鐵飯碗者，又有以卒業學校爲結黨號召者，此種心理不改革，有線電將終不可救。故吾曰，第一心理革命，物質建設之重要，尙其次焉者也。

路線之整理，機器之添換，夫人皆能言之。今後之修復路線方針，宜求質之良好而不在量之多寡。機器之添換，亦宜以近畿幾省爲出發點。窮鄉僻壤之電訊，姑留以待之三年五年之後。而雲貴陝甘等地之通訊，暫使無線電擔此重任。分工合作，此其要義也。

以學理言，無線電可爲崇山峻嶺海面天空及長距離間之通訊，而不甚合宜于鄰近之城市。以常理言，則電政本一體，何能獨榮獨生，使有線電因競爭而日漸消亡。秉此兩義，則國內長距離間之通訊，應以無線電任之，邊陲各地暨兵災各處之通訊，亦應由無線電任之。無線電肩此重任，既可利便人民之通訊，而有線電相當時間，稍舒喘息，可以徐圖改善。而雙方既有競爭與比較，自必各求進步。在此種沉迷之社會中，多得一種刺戟，亦是福利。今有人焉，不求自身之進步，徒欲遏止他人之發展，且欲從而壟斷統治之，其爲愚也誠不可及矣。

中國今日全國通訊網之完成，決不能專恃有線電或無線電，實有待於二者之分工合作。有線電之整理擴充，既非旦夕可致，而無線電之可用波段，又極有限，自應以較經濟之方法使用之，不宜浪費之於短距離間之國內通訊。是故雙方合作，則截長補短，相互爲用，完善可靠之全國通訊網，可以早日完成。二者分工，則各自成家，競爭求勝，業務因之日見進步，民衆受其利益。如是則無線電與有線電，相成相益，各得進展，莫由互損。交通部既負有整個運用之權，必當負通盤籌劃之責。時乎時乎不再來，吾人將於此以覘交通部之政績矣。

（二） 國際通訊主權之自立

第九章中，已將水線交涉敍述一過。一九三〇年年底亦已輕輕過去。幸而國際電台業已造成，今後我國國際通訊主權之出路，將全賴此短波無線電。水線交涉雖極複雜迷離之大觀，其重心所在，要言不煩，本書亦將揭以示之國人。

吾人於辦理此類交涉之時，第一步須先宣布一切舊合同之期滿失效。如日本之雙橋電台合同，某當局於二年前尙以爲不能不理會者，其實除不理會以外，別無他法，今日某君亦取此態度矣。大東大北對我之不平等條約，凡有常識，皆知其不可繼續。曩昔猶有以爲水線在彼掌握之中，我不得不俯首聽命於彼，否則世界且將與我隔絕。今日之情形則大異於昔矣，國際大電台，南有上海，北有瀋陽，彼果蠻橫不肯就範，我國之電訊，可以全數交由無線電台拍發，水線聽彼自便可也，移歸故鄉亦可也。蓋無論如何困苦艱難，我國決不至與世界斷絕通訊。水線登陸權，他國雖亦有自由開放者，在我國情況特殊，正不妨由政府規定法律，收爲國有。外國公司苟欲登陸，若干海里以內之水線，應歸中國電局所有，收發權更無論矣。吾人固不欲責當局以已甚，然交涉云云者，非僅乞人殘餘之謂，我方不確立方針，早事準備，而徒事臨歧哭泣，望洋興歎，庸有濟乎？

目下中美中德中法中非四項無線電路既已通達，其次吾人應卽注意於中英之倫敦上海路。倫敦爲世界政治經濟之中心，亦爲水線之大本營。如能直接以無線電通訊，自極便利。中日關係密切，交易頻繁，南京東京間及上海大連間均宜連絡，目下交通部已在進行接洽籌備。此外則俄國，印度，南洋羣島，南美洲，澳洲，坎拿大等處，均應次第進行，接洽聯於水線價值太昂，而我復無海軍以爲唇齒之助，短期間内决無自設水線之可能。欲求國訊主權之自立，舍無線電一道末由也。

(三) 無線電研究與製造之提倡

無線電事業之基礎，不在多向外國購買電台機器，而在我國國人有無自動研究無線電之能力。此於其他各種學術，皆爲通例，而在無線電則尤爲重要。其故有二。(一)無線電之科學，發展較無論何種學問爲速，每隔一二年，即有新奇之發現或發明，震撼全部事業。吾人若無自動研究之能力，與其他各國緊緊相隨，徒事食人殘唾，則結果必無以自立。研究之責任，學術機關專科大學及製造廠家固應擔負其大部份，而業餘電台及其他愛好研究無線電者亦可分擔一部份。目下在中國最時髦者，僅爲短波通訊及播音，此後「無線電傳形」及「無線電視」均將逐漸推行於中國，日新而月異。眼前有如此廣闊新奇瓌麗之科學田園，吾人奈何不努力前進耶。(二)別種科學研究，如化學，如飛機，如電機，皆需要較多之款項以開始，且非多年之研究不能發生效果。學問較淺之人，更不知從何下手。惟無線電則不然，中學一二年級生，即可購置一二小器具，如電容器，線圈，聽筒之類，自行配合，以收聽本城之音樂廣播。音樂既得，興趣自生。其聽後者，必進而更求聲浪之放大及遠地之音樂。如此進行，學生乃得一最好之科學實習，苟再加以父兄師友之奬導，則其成就必甚可觀。不僅學生可爲此也，農工商教育界之人士，苟有興趣，亦宜爲之。目下我國最普通之娛樂爲賭博，家庭濡染，甚至幾入幼稚園之兒童亦樂此而不疲。一部份家庭苟能以無線電爲娛樂，小之則專事收音，大之則習爲業餘收發，與歐美各國業餘電台互通音問，卽無新發現，其趣味之雋永，亦已不可言喻矣。

美國加入歐戰時，軍中無線電報務人員不敷應用，乃通告全國，徵求業餘電台之少年，一時奮起應募者以數千人計，其有裨于美國軍隊之東渡也，實非淺鮮。戰後業餘電台更形發達，短波之成功，業餘電台厥功最偉，前章已詳言之。我國苟能養成青年研究玩弄無線電之風氣，雖不必千百人中得一人才，無線電事業之基礎，亦將賴此而完固矣。

若論無線電製造，以前所謂製造廠家，其實祇能做配製之工作，原料及重要機件皆來自外國。配製雖亦包含許多技巧，然究非根本之計。目下因廣播不發達，軍用短波機業已敷用，市塲上頓露飽和之現象，各廠家咸有不能維持久遠之勢。此後無線電製造如欲再圖進展，必須具有極大之毅力與決心，自造真空管，自造各種電容器及變壓器，始能與舶來品相競爭，而爲無線電科學研究之大本營也。

（四） 空間之法律

陸地上及海面上人類之行爲，皆應受法律之限制，在空間亦不應有例外。電波之傳遞，散佈空間，盡人可收，惟波段不同時始不致互相騷擾，故空間之法律制裁，尤爲切要。如舊式火花隙發報機所發訊號，波長不能銳確，最易擾亂其他電台之收發及廣播，自應在取締之列。然吾人於上海傾聽廣播音樂時，常聞耳邊有電報聲浪騷擾，此皆來自黃浦江上各國之兵艦，其所用者，多半爲火花式也。外國人多爲法治之國民，在上海則常不遵守法律。中國兵艦亦復如是。又如最近之短波發報機，其波長較爲銳確，然亦必須各電台各自保持其個別之波長，始不致互相騷擾。今國內軍用電台，關于應用波長，絕對不受交通部之節制，今日用十八公尺，明日可以隨意改用二十公尺，但求自身之便利，不問波段之分配。似此情形，空間尚有何法律之可言。吾人於夜靜更深時，仰視太空，但見星月麗天，萬籟沉寂，以爲在此空間，當不復更有人類之衝突，不知此中之問題，其複雜乃一如上海之社會也。

空間之法律，第一當推國際無線電報公約。一九二七年華盛頓會議所修正之公約及附屬規則，已於第三章第七節論及之。此項規則規定國際間及海面上所應遵守之條文，如執照之發放，週率（波長）之分配及應用，報務員考試之資格，移動業務之應守規則及程序，騷擾之取締，違章之報告，呼號之分配，遇難呼救之程序，特別業務，及記賬辦法等，均極詳明。此種一般之規定以外，各國政府對於固定電台軍用電台及廣播電台之業務，自應另行頒佈法律，以資遵守。十八年八月，國民政府公佈『電信條例』，計廿二條，其內容異常簡單，僅規定(一)電信機器進口，必須交通部發護照。(二)電信因特別事故不能傳遞時，通信者不得要求損失賠償。(三)電信線路得擇便建設。(四)私設電信事業及廣播電台，必須經部核准。(五)收音機必須登記領照。此外與無線電均無關係，至對於騷擾之如何防止，各項電台之如何管理取締，則一字亦未提及。建設委員會於十八年嘗草擬「中華民國無線電條例」計七章七十八條，內容比較切實，惟此項條例，未經立法院通過，管理權移轉以後，此項條例，更無人過問。作者以爲吾人固不願法令太多，然空間苟欲保持秩序，必須制一完美之新法，而由全國共同遵行。茲將新法之要點列舉如下，以爲此書之結束：

(一)全國無論何種電台之呼號及週率(波長)，應由交通部依照國際公約指定之。

(二)全國各電台之報務員，必須經過考試，始得行使職務。

(三)舊式電台之足以發生騷擾者，應卽停止使用。

(四)凡非中華民國國籍之人民或團體或機關，絕對不得在中國國境內設立置有發訊機之電台，試驗及業餘電台除外。

(五)各省政府之無線電事業計劃，須經交通部核定方得施行。

(六)國際無線電報之報價，不得爲水線報價所限制。

(七)在中國海口停舶之外國船隻，應將其船舶電台執照呈驗，並不得拒絕檢查。

（八）凡航行中國沿海及內河之輪船，在五百噸以上而載人逾五十名者，須一律安設無線電台。

（九）船舶電台在該船停泊口岸時，不得使用無線電通信。但遇他船危急呼救時，不在此限。

（十）試驗電台及業餘電台應向交通部註册領照，並不得妨礙其他電台之業務。

（十一）廣播電台發射電力應力求穩定，其電波週率，上下不得逾百分之一。

（十二）無線電收音機免費登記。

（十三）無線電機件進口稅率加重，護照取銷。

（十四）各長短波電台之波長，應保持不變。其允許變動百分率，視當時無線電技術進步狀況訂定之。

（完）

附錄一

參考書目錄

(甲)西文類

1. History of Wireless Telegraphy and Telephony. By G. G. Blake (1928)
2. Economics of the Radio Industry. By H. L. Jome (1925)
3. The Cable and Wireless Communications of the World. By F. J. Brown (1927)
4. Radio: Beam and Broadcast. By A. M. Morse (1925)
5. The Radio Industry: Story of Its Developments As Told by the Leaders of the Industry. (1928)
6. International Aspects of Electrical Communications in the Pacific Area. By Leslie Bennett Tribolet. (1929)
7. Cable and Wireless. By George Abel Schreiner (1924)
8. The Electrical Word, the Rise of Radio. By Paul Schuberg (1928)
9. Radio. Edited by Irwin Stewart (1929)
10. Extract from Hearings before the Committee on the Interstate Commerce: A Bill to Provide for the Regulation of the Transmission of Intelligence by Wire or Wireless. December, 1929.
11. The Wireless Age: Published by R. C. A.
12. The Marconi Review: Published by the Marconi Wireless Telegraph Co.
13. Bulletin de la Sociétè Francaise Radioêlectrique.
14. Vier Jahre Deutscher Rundfunk. Von Dr. E. H. Bredow.
15. A Sketch of the Activities of the Japan Wirless Telegraph Co. Ltd. 1930.
16 World Engineering Congress Proceeding, Tokyo, Japan. Vol. 19-20, 1929.

（乙）中文類

一 李郁著華府無線電會議及我國之電政前途觀
二 國民政府交通部接收北平部署及所屬機關委員會彙刊
三 謝彬著中國郵電航空史
四 民國十九年中央廣播無線電台年刊
五 建設委員會辦理國營無線電事業之經過
六 建設委員會出版 無線電月刊
七 中國工程學會出版 工程
八 中國科學社出版 科學

附　錄　二

中國全國商用及專用電台調查表（民國二十年二月二十八日製）

電台名稱	呼號	電力	波長（公尺）	機式	主管機關	性質
上海總台第一機	XHF	500W	37	短波	交通部	收發國內商電
第二機	XHG	100W	日 31　夜 60	″	″	″
第三機	XHI	100W	日 28　夜 56, 70	″	″	″
第四機	XHJ	100W	日 40　夜 68, 85	″	″	″
第五機	XHK	100W	日 33　夜 64	″	″	″
第六機	XHL	500W	日 25　夜 31	″	″	″
第七機	XHM	250W	75	″	″	″
第八機	XHN	100W	日 29　夜 58	″	″	″
第九機	XHO	100W	日 38　夜 76, 82	″	″	″
第十機	XHP	250W	40	″	″	″
第十一機	XHQ	250W	日 25　夜 48, 72	″	″	″
第十二機	XHR	500W	日 25, 36　夜 41, 51	″	″	″
第十三機	XHS, XHT	100W	日 30　夜 60	″	″	″
南京一台第一機	XHA	100W	日 41　夜 66	″	″	″
南京二台第一機	XHB	250W	日 28, 38　夜 61	″	″	″
第二機	XHC	100W	日 40,5　夜 44	″	″	″
第三機	XHD	100W	日 35,5　夜 66	″	″	″

五六

安 慶 電 台	XIJ	100W	日 42	夜 66	短 波	交 通 部	收發國內商電
甯 波 電 台	XIQ	100W	日 36, 58	夜 60, 73	„	„	„
杭 州 電 台	XIP	100W	日 66	夜 77	„	„	„
定 海 電 台	XIO	150W	日 53.5	夜 77	„	„	„
蕪 湖 電 台	XIK	100W	日 40, 42	夜 72	„	„	„
崇明電台第一機	XHY	15W	日 61	夜 70	„	„	„
第二機	XHZ	15W	日 58	夜 76	„	„	„
厦門電台第一機	XIA	100W	日 32	夜 58	„	„	„
第二機	XID				„	„	„
第三機	XGU	250W	日 39	夜 61	„	„	收發港厦商電
福州電台第一機	XIB	100W	日 36	夜 5[illegible]	„	„	收發國內電商
第二機	XIC	150W	日 36	夜 51	„	„	„
漢口總台第一機	XJF	250W	日 32	夜 57	„	„	„
第二機	XJA	250W	日 29	夜 59	„	„	„
第三機	XJB	100W	日 32	夜 74	„	„	„
第四機	XJD	100W	日 37	夜 70	„	„	„
第五機	XJG	1000W	32		„	„	„
宜昌電台第一機	XJH	250W	日 45	夜 77, 90	„	„	„
第二機	[illegible]I	150W	42			„	„
南 昌 電 台	XJL	75W	日 31	夜 60, 69	„	„	„
長 沙 電 台	XJS	100W	日 37	夜 75	„	„	„
青島總台第一機	XKM	100W	日 26, 33	夜 68, 75	„	„	„
第二機	XKN	150W	日 48	夜 70	„	„	„

濟南電台	XKJ	100W	日 60 夜 70	短波	交通部	收發國內商電
烟台電台	XSC	250W	日 39 夜 51	"	"	"
廣州總台第一機	XLA	500W	23,5	"	"	"
第二機	XLE	50W	日 31 夜 39	"	"	"
第三機	XGY	100W	55	"	"	收發港汕商電
汕頭電台第一機	XLG	75W	日 32 夜 63	"	"	收發國內商電
第二機	XGZ	100W	日 32 夜 43	"	"	收發港汕商電
重慶總台第一機	XMC	250W		"	"	收發國內商電
第二機	XMD	250W	日 28, 41 夜 43, 53	"	"	"
成都電台	XMA	250W	32	"	"	"
萬縣電台	XMF	100W	44	"	"	"
北平電台	XKA	250W	日 28, 39 夜 70	"	"	"
天津電台第一機	XKE	250W	日 27, 34 夜 65	"	"	"
第二機	XKF	500W	日 38 夜 72	"	"	"
吳淞電台	XSG	5KW	600, 1600, 2100	長波	"	收發船舶電報
上海海岸電台	XSH	0,2KW 0,5KW	600 1150	長波眞空管式 及火花式	"	"
武昌電台	XSW	5KW	600, 1600, 2100	"	"	"
烟台電台	XSC	5KW	600, 1600, 2100	長波火花式	"	"
青島電台	XST	12KW	600, 1200 2800, 4000	"	"	"
上海國際電台	XGK	20KW	16,04	短	"	收發中美電報
"	XGL	20KW	37,64	"	"	"

上海國際電台	XGN	20KW	18,30	短波	交通部	收發中德電報
〃	XGO	20KW	39.58	〃	〃	〃
〃	XGR	15KW	16,00	〃	〃	收發中法電報
〃	XGQ	15KW	28,00	〃	〃	〃
〃	XGP			〃	〃	中港菲爪通信
〃	XGN			〃	〃	〃
〃	XGM			〃	〃	〃
〃	XGI	2KW	18,00	〃	〃	〃
〃	XGX			〃	〃	〃
〃	XGS	2KW	24,50	〃	〃	〃
瀋陽總台	XTA			〃	東北無線電管理處	收發國内官商電
〃	XTB			〃	〃	〃
〃	XTC			〃	〃	〃
〃	XTD			〃	〃	〃
〃	XTE			〃	〃	〃
哈爾濱電台	XTK			〃	〃	〃
〃	XTL			〃	〃	〃
營口電台	XTO			〃	〃	〃
長春電台	XTQ			〃	〃	〃
齊齊哈爾電台	XTS			〃	〃	〃
葫蘆島電台	XTV			〃	〃	〃
熱河電台	XTX			〃	〃	〃

富錦電台	XTY			長波	東北無線電管理處	收發國內官商電
南京電台	XUY			”	”	”
瀋陽電台	XOM	10KW	3000	”	”	”
哈爾濱電台	XOH	5KW	1300	”	”	”
營口電台	XOJ	1,5KW	600	”	”	”
長春電台	XOK	2KW	1150	”	”	”
齊齊哈爾電台	XOT	1KW	1025	”	”	”
吉林電台	XOKB	1,5KW		”	”	”
葫蘆島電台	XOZ	1,5KW		”	”	”
滿洲里電台	XOO	100W	700	”	”	”
索倫電台	XUV	100W	700	”	”	”
洮安電台	XUW			”	”	收發國際電報
洮南電台	XUX			”	軍政部	收發官軍電
瀋陽總台	XGA	10KW	14, 28, 3	短波	”	”
南京電台	XGI	500W	36	”	”	”
”	XGIA	250W		”	”	”
上海電台	XGIC	100W 500W	36, 6	”	”	”
徐州電台	XGID	100W	38	”	”	”
漢口電台	XG5A	100W	43, 68	”	”	”
宜昌電台	XG5B		39	”	”	”
襄陽電台	XG5C			”	”	”

青島電台	XH4A			短波	軍政部	收發官軍電
北平電台	XH5	100W	37	„	„	„
南京電台	XKO	120W	36	„	海軍部	„
廈門電台	XPP			„	„	„
福州電台	XPW	100W	37	„	„	„
上海電台	XOB	500W	1200, 800, 600	長波	軍部	„
上海電台	XPG	50W	47	短波	海岸巡防處	收發巡防處各種業務電報
„	XPH	100W	48	„	„	„
坎門電台	XPN	150W	37, 51	„	„	„
東沙島電台	XPI	50W	46	„	„	„
廈門電台	XPR	100W	45	„	„	„
„	XPR	1KW		長波	„	„
沈家門電台	XPM	500W		„	„	„
嵊山電台	XPZ	150W	600, 800	„	„	„
坎門電台	XPN	150W	600, 800	„	„	„
東沙島電台	XPI	1KW 2.5KW	600 1400	„	„	„
南京電台	XLIA	100W	45, 60	短波	財政部	收發官電
上海電台	XLIB	75W	39, 70	„	„	„
南昌電台	XLIC	100W		„	„	„
北平電台	XLID	150W	40, 62	„	„	„
上海電台	XN3A	100W	41	„	外交部	„
南京電台	XN1B	100W	43, 46	„	„	„

北平電台	XPK	5KW	1600, 2100 2650, 3150	長波	河北省政府	收發官軍電
大沽電台	XOQ	1.5KW	600, 1200, 1600	〃	〃	〃
天津電台	XOV	.5KW	750, 1500	〃	〃	〃
北平電台	XT7	150W	35	短波	〃	〃
天津電台	XN9B	50W	38	〃	〃	〃
〃	XOV2	10W	34	〃	〃	〃
太原電台	XN9	100W	37	〃	山西省政府	收發官軍商電
〃	XT3	1[illegible]0W	35	長波	〃	〃
雲南電台	XQM2	100W	36	〃	雲南省政府	〃
貴陽電台	XO5	120W	41	〃	貴州省政府	〃
迪化電台	XRM	25KW	3000, 500	〃	新疆省政府	〃
喀什噶爾電台	XRK	25KW	3000, 5000	短波	〃	〃
雲南電台	XQM	50KW	10500	〃	雲南省政府	〃
洛陽電台	XRY	5KW	1200, 1600	〃	河南省政府	〃
廣州電台	XNB	350W	38	〃	廣州省政府	收發官軍電
〃	XNC	150W	47	〃	〃	〃
〃	XND	100W	51	〃	〃	〃
〃	XNF	500W	25	〃	〃	〃
惠州電台	XKA	50W	41	〃	〃	〃
北海電台	XKB	100W	49	〃	〃	〃
海口電台	XKD	100W	42	〃	〃	〃
虎門電台	XKI	15W	51	〃	〃	〃

[表]

虎門電台	XKJ	1·0W	49	長波	廣州省政府	收發官軍電
汕頭電台	XKL	100W	36	,,	,,	,,
中山電台	XKM	50W	40	,,	,,	,,
台山電台	XKN	50W	46	,,	,,	,,
嘉積電台	XKP	'15W	48	,,	,,	,,
九江電台	XKO	15W	49	,,	,,	,,
廣州電台	XNA	8KW		,	,,	
,,	XNP	100W	300, 900, 1300	,,	,,	,
瓊州電台	XPCH	57W		,,	,,	,,
梧州電台	XO5	100W	43	短波	廣西省政府	,,
,,	XNW	1KW		長波	,,	,,
南甯電台	XKNG	.5KW		,,	,,	,,
,,	XKS	1·0W	37	短波	,,	,,

* 船舶電台見另表。
* 軍用電台總數約有二百，除固定電台外，事關軍事秘密，不備錄。
* 通空電台除中國航空公司滬漢線在上海南京九江漢口等地已設有電台外，他處尚未設立。
* 專用電台，各省政府各市政府各辦事處各部會裝設甚多，不易調查，例如青島有電台五，呼號爲 XT1 XT2 XT3 XT4 等上表調查時，未及加入。
* 東北電台與第七章中之附表所載略有出入。因材料來源不同，前表得自東北電政監督處，而此則得自交通部，故並存之。

附　錄　三

中國全國船舶電台調查表（民國二十年二月二十八日製）

電台	名稱	呼號	主管者	國籍	性質	
領港	Ling Kong	XNAA	The Shanghai Licensed	England	O	X
新揚子	Hsin Yangtse		Pilots' Association	"	"	"
鳳翔	Fung Siang	XNAB	泰豐輪船公司	China	PR	ZI
和興	Ho Hsing	XNAC	昭祥輪船公司	"	"	"
肇興	Showhsing	XNAD	"	"	"	"
聯興	Lienhsing	XNAF	"	"	"	"
裕興	Yohsing	XNAG	"	"	"	
北華	Pei woh	XNAH	華北航業公司	"	"	"
北泰	Pei tai	XNAI	"	"	"	"
北孚	Pei fu	XNAJ	"	"	"	"
北晉	Pei Chin	XNAK	乾通輪船公司	"	"	"
	Saucy	XNAL	The S'hai Tug & Lighter Co., Ltd.	England	P	X
	St. Dominic	XNAM	"	"	"	"
	St. Sampson	XNAN	"	"	"	"
	St. Aubin	XNAO	"	"	"	"
華安	Wahan	XNAP	長安輪船公司	China	PR	ZI
源安	Yuen an	XNAQ	源安輪船公司	"	"	"
北昌	Pei chang	XNAR	乾通輪船公司	"	"	"
北康	Pei kong	XNAS	華北航業公司	"	"	"
毓大	Yuta	XNAU	毓大輪船公司	"	"	"
公平	Kung Ping	XNAV	招商輪船局	"	"	"
同華	Tung Woh	XNAW	"	"	"	"

丨长匡

廣　大	Kwangta	XNAY	招商輪船局	China	PR	ZI
泰　順	Tai shun	XNAZ	,,	,,	,,	,,
廣　利	Kwang Lee	XNBC	,,	,,	,,	,,
中　和	Chung Woo	XNBD	華豐輪船公司	,,	,,	,,
毓　濟	Yochi	XNBE	毓大輪船公司	,,	,,	,,
源　順	Yuen shun	XNBF	大通與輪船司公	,,	,,	,,
和　順	Woo shun	XNBG	,,	,,	,,	,,
隆　順	Loung shun	XNBH	,,	,,	,,	,,
日　昌	Jih chang	XNBI	日昌輪船公司	,,	,,	,,
華　恆	Hwaheng	XNBJ	新華輪船公司	,,	,,	,,
廣　利	Kwang Lee	XNBK	慶記航輪公司	,,	,,	,,
茂　利	Mao Lee	XNBL	,,	,,	,,	,,
豐　利	Fong Lee	XNBM	,,		,,	,,
安　利	An Lee	XNBN	,,	,,	,,	,,
純　利	Chun Lee	XNBO	,,	,,	,,	,,
乾　利	Chian Lee	XNBP	,,	,,	,,	,,
迴　安	Hwei An	XNBQ	,,	,,	,,	,,
中　華	Chung Hwa	XNBS	,,	,,	,,	,,
甯　興	Ning Shin	XNBU	三北航輪公司	,,	,,	,,
萬　象	Wanbsing	XNBV	,,	,,	,,	,,
春　和	Tsung Woo	XNBW	華豐輪船公司	,,	,,	,,
東　新	Tung Hsin	XNBX	呂慶記輪船公司	,,	,,	,,
新甯紹	Hsin Ning Shao	XNBY	甯紹輪船公司	,,	,,	,,
甬　興	Yung Shan	XNBZ	,,	,,	,,	,,
圖　南	Too-uan	XNCA	招商輪船局	,,	,,	,,
新　昌	Hsin chang	XNCC	,,	,,	,,	,,
新　銘	Hsin ming	XNCD	,,	,,	,,	,,
新　豐	Hsin fung	XNCE	,,	,,	,,	,,

嘉禾	Kabo	XNCF	招商輪船局	China	PR	ZI
廣濟	Kwang chi	XNCG	,,	,,	,,	,,
遇順	Yushun	XNCI	,,	,,	,,	,,
順利	Shun-lee	XNCJ	慶記航輪公司	,,	,,	,,
長興	Chang Shin	XNCL	三北航輪公司	,,	,,	,,
華平	Hwah ping	XNCM	南華輪船公司	,,	,,	,,
娥媚	Nyo-mei	XNCO	招商輪船局	,,	,,	,,
成利	Cheng-lee	XNCP	慶記航輪公司	,,	,,	,,
海平	Hai Ping	XNCQ	海昌輪船公司	,,	,,	,,
大中	Tachung	XNCR	寧安輪船公司	,,	,,	,,
福利	Foo Lee	XNCS	慶記航輪公司	,,	,,	,,
良興	Liang Shin	XNCT	,,	,,	,,	,,
英利	Eng Lee	XNCU	,,	,,	,,	,,
毓通	Yu-tung	XNCV	毓大輪船公司	,,	,,	,,
新利	Hsin Lee	XNCW	慶記航輪公司	,,	,,	,,
新江天	Tsing Kiang Teen	XNCX	招商輪船局	,,	,,	,,
增利	Tseng Lee	XNCZ	慶記航輪公司	,,	,,	,,
海順	Hai Shun	XNDA	,,	,,	,,	,,
泰利	Tai Lee	XNDB	,,	,,	,,	,,
同利	Tong Lee	XNDC	,,	,,	,,	,,
鳴鶴	Ming Hau	XNDD	三北航輪公司	,,	,,	,,
福申	Fushen	XNDE	施運輪船公司	,,	,,	,,
泰山	Tai Shen	XNDF	三北航輪公司	,,	,,	,,
新平安	Hsing Ping An	XNDG	新大通輪船公司	,,	,,	,,
華戊	Hwah Wu	XNDH	南華輪船公司	,,	,,	,,
鄭州	Cheng-chow	XNDI	China United Nevigation Co	,,	,,	,,
州	Hsu-chow	XNDK	,,	,,	,,	,,
大賚	Dalia	XNDL	昭義輪船公司	,,	,,	,,

元	大	Yuen Ta	XNDM	毓大輪船公司	China	PR	ZI
大	興	Tah sing	XNDN	安通輪船公司	„	„	„
海	州	Hai chow	XNDQ	China United Nevigation Co.	„	„	„
慶	甯	Chin Ning	XNDS	中寧輪船公司	Italy	„	„
元	利	Yuen Lee	XNDT	元恆輪船公司	China	„	„
建	新	Kien Hsin	XNDV	劉慶記輪船公司	„	„	„
流	星	Liuhsing	XNEA	Chinese Maritime Customs	„	O	X
海	星	Haihsing	XNEB	„	„	„	„
厘	金	Likin	XNEC	„	„	„	„
併	徵	Ping ching	XNED	„	„	„	„
專	條	Chuen tao	XNEE	„	„	„	„
長	庚	Cheng Keng	XNEF	„	„	„	„

附註：以上船舶電台所用波長皆為450, 600, 800公尺。

PR一移動電台之供有限公衆通訊者。

ZI一第二等船舶電台，每日八小時工作。

O一移動電台之專供官電用者。

X一工作時間不定之電台。

P一移動電台之供私人通信者。

附錄四

中美無線電報務合同

中華民國十七年，即西歷一千九百二十八年，十一月十日，美國無線電合組公司（此為第一造，係按照美國德萊衛州法律所組織之公司。以後簡稱合組公司）與中華民國建設委員會（此為第二造，以後簡稱建委會）。為訂立合同事。查合組公司於美國太平洋岸及大西洋岸置有無線電台多座，收發國際電報，建委會現欲於最近期間，在上海建立能與合組公司所轄無線電台通訊之電台，茲因兩造欲使第一造在美國太平洋岸之一座電台或多座，與第二造將在上海設立之電台聯成直接通達之無線電路，以人工及高速率自働雙工之方法，收發商用無線電訊，為此兩造協議，訂立合同如下：

第一條　合組公司與建委會對於其電台各須置備最新式之機件，以適當及有效之方法維持之。中美雙方須能同時收發電報，並須備有充足及訓練純熟之職員，以供調遣。自後於雙方互願之業務及日夜時間內須在各該電台儘先從速收發其所有之無線電訊。

第二條　合組公司對於其統轄範圍內所有之電報，凡拍致中國，或由中國轉遞者，除由發報人自行規定路由者外，皆應由上述之無線電路拍發。但建委會於上海設置之中央營業處，至少須有與其他相與競爭之水線公司營業處有同等之便利。同時建委會必須以上述電台專供商用。

第三條 建委會對於其統轄範圍內所有之電報，凡拍致美國，或由美國轉遞者，除由發報人自行規定路由者外，皆應由上述無線電路拍發。但合組公司業在舊金山成立之中央營業處，至少須有與其他相與競爭之水線公司營業處有同等之便利。同時合組公司必須以上述電台專供商用。

第四條 除本合同所規定外，其無線電通訊業務之執行，記帳，及結算辦法，悉須按照國際電報公約之業務規則，及該項規則此後之修正條文辦理。

凡經上述電路之電報，其每字報費分配如下：

甲 無線電路在上海終點以外之報費，

乙 無線電路費，

丙 無線電路在美國終點以外之報費，

(甲)無線電路在上海終點以外之報費，應全歸建委會處理。(乙)無線電路費，應由兩造均分。(丙)無線電路在美國終點以外之報費，應全歸合組公司處理。兩造帳目，每三個月以金法郎爲單位，結算清楚，其差額應交由兩造同意之機關匯兌之。依照上項規定，建委會對於上海用上述電路拍發之電報，其報費收入應劃歸合組公司者，須按日存入信託機關內。同時合組公司對於在舊金山用上述電路拍發之電報，其報費收入之應劃歸建委會者，亦須按日存入信託機關內。

第五條 凡經過上述電路之電報，其每字報費以金法郎爲標準，由兩造協議規定，但不得高過其他相與競爭之通信機關之價目。對於遲緩電報，新聞電報，及其他特別業務電報之減價辦法，應由兩造協議規定。對於中美政府之官報，其無線電路兩端間之無線電，應減收半價，但該項官報所有之外線費，仍應照收全價。至兩造之業務公電，應完全免費。但遇不能直接通達時，則所有業務公電報費，應各自擔負之。

第六條 於上項無線電路之報務太形擁擠，或遲滯時，爲公衆利益起見，兩造得將電報送交其他電訊機關拍發。如無線電路費與該項電訊機關之電費有參差時，其差額應歸入兩造應均分之帳目內。對於此條任何一造得隨時通知他造，於相當時間後撤銷之，或於任何一造，每月之此項差額，得加以限制。如遇任何收報或發報電台之本身，或該項電台互相間，或電台與中央營業處間之電線有中阻或毀壞等情事，應竭力設法恢復其原狀，或於最短期間內重行建設。

第七條 合組公司願以其所有國際無線電通訊組織，供給建委會傳遞該會國境內發出或轉遞之電報，同時建委會願以其所有之通訊機關，供給合組公司傳遞在美洲各國發出之電報，或在合組公司設有良好通訊機關之國內所發出之電報。

第八條 兩造應互相協助，以謀所聯合經營之電路之成功及獲利。

第九條 如遇戰事或公衆危險時，美國政府如將第一造之上述電台收歸管理，或建委會暫時停止第二造之上述電台，以前規定與合組公司間之商用通信，或將該項通信大行減縮，則在此收歸管理，暫停通信或縮小營業時期內，本合同暫停實施，但一俟收歸管理，暫停通信，或縮小營業等情終止，本合同應即有效。

第十條 兩造自後應以友誼之態度，調停及免除兩造對於履行本合同之爭端，如對於本合同上之爭端不能調停或解決時，該項爭端應付之公斷，由一造請定公斷人一人。以書面通知他造，並請他造亦請定公斷人一人，他造於收到書面通知後十日內，應請定第二公斷人一人，以書面通知第一造，再由被任命之兩公斷人選請第三公斷人一人。如第一造收到請定第二公斷人之通知後廿日內，兩公斷人尚不能協同選出第三公斷人時，則兩公斷人應公請瑞士盤恩國際電報公會會長，或其他高級職員選任第三公斷人。兩造對於爭端之決定，如係公斷人一致主張，或多數主張者應盡遵守之義務。公斷會議之時地，應由公斷人決定，所有公斷費用，應由敗訴一造担承，或由公斷人指定兩造應分擔之成數。

第十一條 兩造皆得自由與其他各國訂立無線電報務同合，但亦不得違背本合同第二第三兩條之規定。

第十二條 本合同自上述合組公司及建委會之無線電路開收商報日起實行，於實施日起，以十年爲本合同之有效期間，十年後，得繼續有效，每次以五年爲限。但於原定十年期滿，或以後任何繼續有效之五年期滿，至少於期滿一年前得由任何一造以書面通知他造，聲明廢止本合同。

第十三條 兩造及其承繼者，或合法代表者，或讓與者，皆應遵守本合同所賦與之義務，及權利。本合同對於合組公司及建委會之義務及責任，應遵照美國紐約州及中華民國法律說明解釋及實行。

第十四條 本合同繕具中英文各二份，兩造各執一份，互相印證無誤。但中英文意義如有歧異時，應以英文爲準。

茲特證明兩造對於本合同已由兩造合法職員自訂合同之日起實施。

訂立合同者

美國無線電合組公司 (Signed) A.B. Tyrell

中華民國建設委員會 張人傑

附錄五

中德無線電報務合同

中華民國十七年，即西歷一千九百二十八年，十一月十日，德國柏林海陸無線電交通公司(此爲第一造，以後簡稱海陸公司)。與中華民國國民政府建設委員會，(此爲第二造，以後簡稱建委會)。爲訂立合同事，查海陸公司於德國置有無線電台多座，收發國際電報，建委會現欲於最近期間，在上海建立能與海陸公司所轄無線電台通訊之電台，茲因兩造欲使第一造在德國之一座電台或多座，與第二造將在上海設立之電台，聯成直接通達之無線電路，以人工及高週率自働雙工之方法，收發商用無線電訊，爲此兩造協議，訂立合同如下

第一條　海陸公司與建委會對於其電台，各須置備最新式之機件，以適當及有效之方法維持之。中德雙方，須能同時收發電報，並增加各種設備，以便應時利用傳跡無線電報，無線電傳影，無線電話，及其他新發明。兩造須備有充足及訓練純熟之職員，以供調遣，自後於雙方互願之業務及日夜時間內，須在各該電台儘先收發其所有之無線電訊。

第二條　海陸公司對於其統轄範圍內所有之電報，凡拍致中國，或由中國轉遞者，除拍致

東三省，及由發報人自行規定路由者外，皆應由上述之無線電路拍發。但建委員會於上海設置之中央營業處，至少須有與其他相與競爭之水線公司營業處有同等之便利，同時建委會必須以上述電台專供商用。

第三條　建委會對於其統轄範圍內所有之電報，凡拍致德國，或由德國轉遞者，除由發報人自行規定路由者外，皆應由上述無線電路拍發。但海陸公司業已成立之中央營業處，至少須有與其他相與競爭之水線公司營業處有同等之便利，同時海陸公司必須以上述電台專供商用。

第四條　除本合同所規定外，其無線電通信業務之執行，記帳，及結算辦法，悉須按照國際電報公約之業務規則，及該項規則此後之修正條文辦理。

凡經上述電路之電報，其每字報費分配如下：

甲　無線電路在上海終點以外之報費。

乙　無線電路費，

丙　無線電路在德國終點以外之報費。

(甲)無線電路在上海終點以外之報費，應全歸建委會處理。(乙)無線電路費，應由兩造均分。(丙)無線電路在德國終點以外之報費，應全歸海陸公司處理。兩造帳目，應按月以金法郎爲單位，遵照一九二五年巴黎電報公約執行條例第七十八條第八十一條之規定，結算清楚，其差額應交由兩造同意之機關匯兌之。依照上項規定，建委會對於在上海用上述電路拍發之電報，其報費收入之應劃歸海陸公司者，須按日存入信託機關內。同時海陸公司對於在柏林用上述電路拍發之電報，其報費收入之應劃歸建委會者，亦須按日存入信託機關內。（註：無線電路費已由交通部向德方交涉改爲發報者得三分之二收報者得三分之一）

第五條 凡經過上述電路之電報，其每字報費以金法郎爲標準，由兩造協議規定，但不得高過其他相與競爭之通信機關之價目，對於遲緩新聞電報，及其他特別業務電報之減價辦法，應由兩造協議規定。對於中德政府之官報，其無線電路兩端間之無線電費，應減收半價。但該項官報所有之外線費，仍應照收全價。至兩造之業務公電，應完全免費。但遇有不能直接通達時，則所有業務公電之報費，應各自担負之。

第六條 於上項無線電路之報務太形擁擠或遲滯時，爲公衆利益起見，兩造得將電報送交其他電訊機關發拍。如無線電路費，與該項電訊機關之電費有參差時，其差額應歸入兩造均分之帳目內，對於此條，任何一造得隨時通知他造，於相當時間後撤銷之。或於任何一造每月之此項差額，得加以限制。如遇任何收報或發報台之本身，或該項電台相互間，或電台與中央營業處間之電線，有中阻或毀壞等情事，應竭力設法恢復其原狀，或於最短期間內重行建設。

第七條 海陸公司願以其所有之國際無線電通訊組織，供給建委會傳遞該會國境內發出或轉遞之電報，同時建委會願以其所有之通訊機關，供給海陸公司傳遞在歐洲各國發出之電報，或在海陸公司設有良好通訊機關之國內所發出之電報。

第八條 兩造應互相協助，以謀所聯合經營之電路之成功及獲利。

第九條 如因不可抗力，（如罷工，封鎖，無辯論餘地之政府合法命令，革命或其他情形）。以致德國政府將第一造上述電台收歸管理，或建委會暫時停止第二造之上述電台，以前規定與海陸公司間之商用通信，或將該項通信大行減縮。則在此收歸管理，暫停通信，或縮小營業時間內，本合同暫停實施。但一俟收歸管理，暫停通信或縮小營業等情終止，本合同應即有效。但兩造電台之一，如有因工程上，或其他缺點，以致業務停頓，而該造又不以同等之電台代替時，則本合同於業務停止六十日後，應即作爲撤銷。

兩造爲便利收送電報起見，應將電台設備，與各該國之電報電話有充足之直接聯絡，所有此項費用由兩造各自擔任之。如建委會因故不得與該國之電報電話聯絡時，或該項電報電話不能妥速傳遞內地電報時，建委會應於國內各要埠設立分台。

第十條 兩造自後應以友誼之態度，調停及免除兩造對於履行本合同之爭端，如對於本合同上之爭端不能調停或解決時，該項爭端應付之公斷，由一造請定公斷人一人，以書面通知他造，並請他造亦請定公斷人一人，他造於收到書面通知後十日內，應請定第二公斷人一人，以書面通知第一造，再由被任命之兩公斷人選請第三公斷人一人，如第一造收到請定第二公斷人之通知後二十日內，兩公斷人尚不能協同選出第三公斷人時，則兩公斷人應公請瑞士盤恩國際電報公會會長，或其他高級職員，選任第三公斷人。兩造對於爭端之決定，如係公斷人一致主張，或多數主張者，應盡遵守之義務，公斷會議之時地，應由公斷人決定，所有公斷費用，應由敗訴一造担承，或由公斷人指定兩造應担分之成數。

第十一條 兩造皆得自由與其他各國訂立無線電報務合同，但不得違背第二第三兩條之規定。

第十二條 本合同自上述海陸公司及建委會之無線電路開收商報之日起實行，於實施之日起，以六年為本合同有效期間，六年後，得繼續有效，每次以一年為限，但於原定六年滿期，或以後任何繼續有效之一年期滿，至少於期滿三個月前，得由任何一造以書面通知他造，聲明廢止本合同。

第十三條　兩造及其承繼者，或合法代表者，或讓與者，皆應遵守本合同所賦與之義務及責任，應遵照德國及中華民國法律說明解釋及實行。如德國郵電部將海陸公司之電台收歸自用時，則該郵電部應加入本合同，但郵電部及建委會均得於郵電部收回海陸公司之電台後十二個月內，以六個月前之通知，聲明廢止本合同。

第十四條　本合同繕具中英文各二份，兩造各執一份，互相印證無誤，但中英文意義如有歧異時，應以英文為準。

茲特證明兩造對於本合同已由兩造合法職員自訂合同之日起實施。

訂立合同者　德國柏林海陸無線電交通公司　(Signed) E. Kocher

中華民國國民政府建設委員會　張人傑

附錄六

中法無線電報務合同

On the fourth day of the third month of the eighteenth (18) year of the Republic of China, i.e. 4th March, 1929, between THE RADIO TELEGRAPH AND TELEPHONE ADMINISTRATION OF MINISTRY OF COMMUNICATIONS OF THE NATIONALIST GOVERNMENT OF THE REPUBLIC OF CHINA (hereinafter called the CHINESE PARTY), on the one part, and THE REPRESENTATIVE IN CHINA OF THE COMPANY RADIO-FRANCE, the SOCIETE FRANCAISE DES TELEPHONES INTERURBAINS (hereinafter called the FRENCH PARTY), on the other part, it is agreed as follows:—

ARTICLE 1.

Both parties undertake to establish and handle public direct bilateral Radio-Service between the Republic of China, except the Three Eastern Provinces, and France.

Each of the contracting parties hereby undertake to establish no wireless service with any station whatsoever which may be situated on the territory or Colonies, Protectorates, and territories under mandate of the country where the other party is already established, without the written authorisation of the latter party.

ARTICLE 2.

Both parties undertake to equip their respective stations with the most up-to-date apparatus enabling same to operate in a quick and reliable service. The station shall be fitted with high speed telegraph apparatus, operated by controlling stations, etc., The Chinese Party agrees to put into service its short wave station at Shanghai with the controlling office in the business center of this town, and when it sees fit, any other suitable stations within the Republic of China, which may be operated in future by the Chinese Party. The French Party will place at the disposal of the service its short wave station at Saint-Assize and/or another of the French redio-station which is suitable for this communication.

ARTICLE 3.

Each party shall be responsible for its own station and the maintenance of a technically good service and is bound to keep the equipment of its station in good condition, adequate for the purpose and volume of the traffic, to increase as far as necessary the facilities and always to provide a sufficient and capable staff. Both parties shall make all possible endeavour to secure and to maintain quick, safe and satisfactory service for the said radio communication.

This responsibility shall not include recognized cases of "force majeure" especially cases of unavoidable acts of nature, it also applies if service interruption is caused by circumstance beyond the control of the parties provided the respective parties take all necessary steps to remove the causes of such difficulties, such circumstances are strikes, lock-outs, lawful decrees by the Government, which according to the laws of the country are indisputable, revolutions or other similar occurrences. As soon as the cause of such interruption is removed, the message traffic as outlined in this agreement shall be re-opened.

To secure a sufficient supply and quick distribution of radio telegrams both parties undertake to connect their stations and equipment. directly in sufficient manner, with the telegraphic and telephone services of their respective countries.

Each party shall bear all expenses for the operation and maintenance of its respective station.

150

ARTICLE 4.

The radio service of both stations shall be operated in accordance with the provisions of the International Telegraphic and Radio Telegraphic Conventions and Service Regulations annexed there—to as well as in accordance with laws and decrees of their respective Government which are or may be in force at any time during the terms of this Agreement.

A schedule fixing the working hours shall be made by mutual agreement in accordance with the volume of traffic, the receiving and tranmitting conditions, etc.,

ARTICLE 5.

The Chinese party agrees to transmit to the French party all radio-telegrams which come to the Chinese party from any part of China which are distined to France or Colonies. The Chinese party also agrees to transmit to the French party all radio-telegrams which may be destined to any other country in Europe or beyond until the latter country is in direct radio communication with any of the stations operated by the Chinese party.

The French party agrees to transmit to the Chinese party all radio-telegrams which come to the French party which are destined to any part of China except the Three Eastern Provinces.

Should, however, the sender prescribe another route of transmission both parties have to transmit radio-telegrams in accordance with the wishes of the sender.

Both parties reserve their full right to make any other agreements with all countries, except for the exchange of radio-telegrams between the Republic of China (excluding the Three Eastern Provinces) and France and her Colonies.

ARTICLE 6.

The total rates per word for radio-telegrams to be transmitted on direct radio circuit China-France, shall consist of the following fees:—

(a) Fee for the radio transmission
(b) Terminal and transit fees of each party
(c) Outpayments for connecting radio, cable, or land lines.

The total rates per word shall be calculated in Gold Franc and shall be fixed by both parties, the same to be set forth in separate letter to be exchanged at the same time when this Agreement is signed. These total rates may be changed only by mutual agreement.

The fee for the radio transmission (a) shall be divided between the two parties in the ratio of 2/3 for the transmitting and 1/3 for the receiving party. The terminal and transit fees (b) and the outpayment (c) shall be due to the respective parties concerned and shall be excluded from division.

The monthly accounts and/or the account sheets themselves shall be made and settled in accordance with the rules given in Articles 78-81 of the Execution Acts of the International Telegraph Convention, Paris. revision 1925, or its further revision.

The state telegrams of the French and Chinese Governments shall benefit a 50 per cent reduction on the wireless circuits between France and China in both directions.

The service message exchanged between the two contracting parties, as well as the service messages provided for under the International Telegraphic Conventions in force shall be transmitted free of charge on that route.

Special services whether provided for or not under International Regulations may be established by mutual consent of both parties.

ARTICLE 7.

Should it become absolutely necessary on account of special circumstance following the interruption or congestion of the radio circuit specified in this Agreement to deviate telegrams to another wire or radio communication, and should the rates for this other communication be higher than the rates for the radio communication mentioned in this Agreement, both parties would agree to bear the supplementary charges, if any, in proportion, viz: 2/3 by the transmitting party, and 1/3 by the receiving party. If service message cannot be transmitted on the direct radio-circuit mentioned in this Agreement, and must be deviated to anotner wire or radio communication, the cost of this deviation shall be born by both parties in equal proportions as above.

The parties shall endeavor as much as possible to reduce to minimum the number of such deviation.

ARTICLE 8.

Both parties shall be entitled to transfer the rights and obligations of this Agreement to a third party only by mutual consent, except in case where this party is legal successor of one of the parties of this Agreement. In case the French P.T.T. Administration takes over the stations, actually operated by the French party, into its own service, the French P.T.T. Administration enters into the Agreement in the place of the French party. Likewise in case any, other Chinese Governmental Administration takes over the stations operated by the Chinese Party, into its own service, the said Governmental Administration enters into the present Agreement in the place of the Chinese party.

ARTICLE 9.

Should, after the service is established, one of the two contracting parties fail to maintain the service during a period of 30 consecutive days, except in case of force majeure, as indicated in Art. 3, the other party shall be entitled to notify in advance to the defaulting party, the cancellation of the Agreement.

In the event of the defaulting party failing to restore the service within 15 days following the reception of such notification, the cases of force majeure being exception, the cancellation of the Agreement shall became an accomplished fact.

ARTICLE 10.

The engagement of both contracting parties contained in this Agreement shall be interpreted and executed according to the laws of China and Frence respectively.

ARTICLE 11.

This Agreement shall come into force from the date of signing and shall remain in force six years reckoned from the date of starting the proper service.

Upon expiration of six years this Agreement shall continue to be in force for the period of another six years unless a six month previous notice is given by one of the parties prior to the expiration.

ARTICLE 12.

The parties to this Agreement shall endeavour in a friendly way to adjust and dispose of any dispute or disagreement which may arise between them regarding the interpretation or execution of this Agreement. Should, however, any dispute and/or disagreement arise in connection with this Agreement, which could not be settled by mutual adjustment, the same shall be decided by arbitration. Each party to this Agreement in this case nominate within 30 days one arbitrator, and the two arbitrators nominated by the parties shall elect an umpire. In case the two arbitrators cannot come to an agreement regarding the choice of the umpire within a period of fifteen days, the Presidant of the League of Nations, or its representative shall be approached to nominate an umpire. The award of the arbitration shall be pronounced on the basis of the majority of votes. Both parties to this Agreement agree to accept the award of the Arbitration and to carry out its decision.

This Agreement is executed in four copies of which one copy is retained by the Chinese Party, one by the French Party, one to be kept by the Ministry of Communications and one copy deposited with the French Consulate at Shanghai.

This Agreement must bear for the Chinese Party the approval of the Ministry of Communications and for the French Party must be legally witnessed by the French Consulate General at Shanghai.

For the Radio-Telegraph and Telephone Administration of the Ministry of Communications

(*Signed*) 于潤生

For the Societe Franciase des Telephone Interurbains

(*Signed*) M. Pavlovsky

附註：本合同在交通部檔案中未見中文譯本故抄錄英文原本以存其真 編者注

附錄　七

國際無線電報來去報字數及收入統計圖

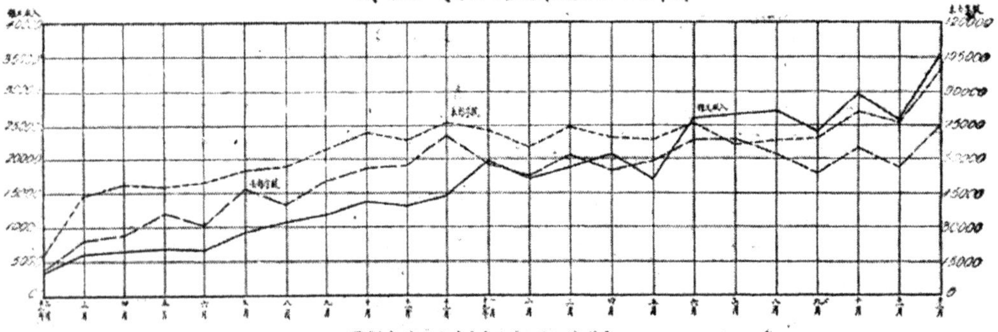

國際無線電報來去報字數及收入統計表

年月	十八年二月	三月	四月	五月	六月	七月	八月	九月	十月	十一月	十二月	十九年一月	二月	三月	四月	五月	六月	七月	八月	九月	十月	十一月	十二月
來報字數	[illegible]	[illegible]	[illegible]	[illegible]	[illegible]	[illegible]	[illegible]	[illegible]	[illegible]	[illegible]	[illegible]	[illegible]	[illegible]	[illegible]	[illegible]	[illegible]	[illegible]	[illegible]	[illegible]	[illegible]	[illegible]	[illegible]	[illegible]
去報字數	[illegible]	[illegible]	[illegible]	[illegible]	[illegible]	[illegible]	[illegible]	[illegible]	[illegible]	[illegible]	[illegible]	[illegible]	[illegible]	[illegible]	[illegible]	[illegible]	[illegible]	[illegible]	[illegible]	[illegible]	[illegible]	[illegible]	[illegible]
銀元收入	[illegible]	[illegible]	[illegible]	[illegible]	[illegible]	[illegible]	[illegible]	[illegible]	[illegible]	[illegible]	[illegible]	[illegible]	[illegible]	[illegible]	[illegible]	[illegible]	[illegible]	[illegible]	[illegible]	[illegible]	[illegible]	[illegible]	[illegible]

說明：(一)十八年二月十四日為我國國際無線電報開幕日，故二月內共十五日收字數 [illegible] (二)銀元收入乃我國於來報去報上應得之款 [illegible] 部份業已扣除 (三)國際電報 [illegible] 銀元收入數目與來去報字數不能成比例 (四)十九年十二月 [illegible] 收入大增 (五)表中 [illegible]

國內無線電報發報字數及收入統計圖

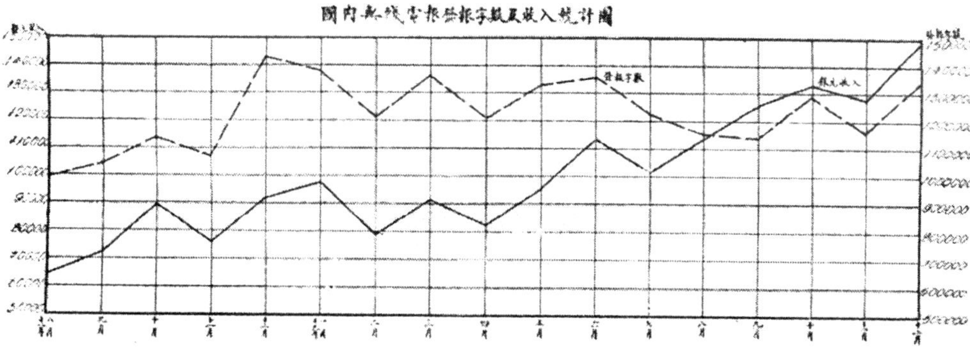

國內無線電報發報字數及收入統計表

年月	十八年八月	九月	十月	十一月	十二月	十九年一月	二月	三月	四月	五月	六月	七月	八月	九月	十月	十一月	十二月
發報字數	[illegible]	[illegible]	[illegible]	[illegible]	[illegible]	[illegible]	[illegible]	[illegible]	[illegible]	[illegible]	[illegible]	[illegible]	[illegible]	[illegible]	[illegible]	[illegible]	[illegible]
報費收入	[illegible]	[illegible]	[illegible]	[illegible]	[illegible]	[illegible]	[illegible]	[illegible]	[illegible]	[illegible]	[illegible]	[illegible]	[illegible]	[illegible]	[illegible]	[illegible]	[illegible]

説明：(一)國內電報發報字數與收報字數相差不遠故表中僅列一種以免重複 (二)發報字數內有轉報關係[illegible] (三)電報分官[illegible]商[illegible]等級公電免費[illegible]不一

An Economic Study of International & Domestic Radio Communications in China

By

C. C. Wang & C. Yun

Members, Chinese Institute of Engineers,

First Edition, October 1931.

Price: Mex $1.40 per Copy.

All Rights Reserved

版權所有不准翻印

王崇植 惲震 合著

無線電與中國

民國二十年九月初版計二千册

定價實洋壹元肆角

郵費照加

代售處 建設委員會圖書館 南京西華門

國際電訊局王振基君 上海老北門

北平國立圖書館

生活週刊社書報代辦部 上海環龍路華龍路口

各地無線電台 各大書坊

發行人 王崇植 惲震 南京慈悲社六號

印刷者 文瑞印書館 上海四川路一一二號

廣播事業

中華民國三十六年十一月
行政院新聞局印行

廣播事業

廣播事業目次

一、引言
二、我國廣播事業發展經過
三、廣播節目之演進
四、目前概況
1. 廣播事業之管理
2. 現有電台概況
子、中央廣播電台設備簡況
丑、國際廣播電台設備概要
寅、昆明廣播電台機件簡況
3. 收音之督導
五、今後的目標

廣播事業

一、引言

世界廣播事業，自開始到今天，還不過三十年的時光，但它的用途之廣，功效之大，廣被之遠，以及發展之速，都超過其他一切交通工具。

一九一七年第一次世界大戰時，杜尼瑟大尉（Captain H. de A. Donisther）在無線電訓練營（Witeless Training Camp）里播送音樂節目，這是利用無線電播放聲音的開始。不過當時還沒有以廣播爲專業的電台出現，到一九二〇年美國畢茨堡（Pittsburg）魏斯丁好斯公司（Westinghouse Co.）在他們的工廠里建立電台一座，呼號爲KDKA，大家才知道有所謂無線電廣播。從此以後，便像雨後春筍般的，各國都競相設立電台，所有的無線電科學家也都致力於廣播工具的改進。到今天，全球廣播電台已達數千以上，其電力大的也早已超過五百瓩。至於所用波長，且經國際廣播公會規定中波（自五五〇千週至一五〇〇千週）用於近距離播音，短波（自六〇〇〇千週至二五六〇〇千週）用於遠距離播音。並用定向放射，使力量集中。最近超短波（十公尺波長以下）廣播日趨發達，電視（Television，所用週率自四〇五〇〇千週至九四〇〇〇千週）也已由試驗階段進而成爲日用，無線電廣播發展的迅速，實在可驚！

中國廣播事業的興起爲時較晚，到現在不過二十年的歷史。從裝備和普及方面講，當然不能和先進各國相比，然而在中國所特有的環境之下，能够在幾年之中（嚴格說來，過去中國廣播事業的發展都在民國十七年到二十六年的十年之間）建立七八十座電台，收音機發展到百萬多架，成績也很可觀。民國二十六年戰事爆發，沿海沿江地區大部陷敵，多數電台和收音機都淪於敵手；我國廣播事業的發展，因限於財力物力，遂無形停頓。然而政府和廣播當局並不因此實際困難而便忽視或者放鬆了這種宣揚文化，傳達消息，溝通民情，激勵士氣，打擊敵人的重要通訊工具之改進。其間雖然經過不少艱難挫折，但是直到抗戰勝利前夕，始終都有十幾座電台分配在後方各省從事報道、宣傳、和教育等工作，因而使敵僞造謠惑衆的技倆無所得逞，使盟國得以明瞭我國的實際情形，同時更使敵僞壓迫下的民衆在痛苦中得到一些安慰，在黑暗中得到一些光明，使他們的心不致感到絕望，這都是無線電廣播在抗戰中所盡的功用。

勝利後，除依照所訂的復員計畫，將各淪陷地區的電台分別接收外，並就全國所有電台重新統盤調整；或取銷歸併，或加以整理，更改台名。到現在爲止，中央廣播事業管理處所屬的電台，連原有及新設的，總計共有四十一座，分佈全國各省，從事廣播，分別就各自的崗位，發揮廣播應有的效力。

二、我國廣播事業發展經過

廣播事業的任務，平時在對外宣揚一國的國策，對內在宣佈緊要政令，報導正確新聞；至於有關教育、技術、文化、音樂拳拳諸大端，則視環境的需要，隨時隨地，因勢而利導之。戰時廣播，當然更爲重要，所以除海陸空三戰線之外，大家都把廣播稱作第四戰線，其重要也可想而知咧。

我國廣播事業，發軔於十七年春天，由陳果夫先生的提議，而創設一個五百瓦特電力的中央廣播電台。當時國民革命軍已底定東南，建都南京，爲使民衆普遍了解黨義及國家政策，自以廣播爲宣傳最迅速最有效的工具。乃在八月一日開始播音，呼號XKM，波長五五〇公尺。在事先已經派了一批訓練過的收音員，到各省黨部去收音，並錄送報社發表；當時全國人民，耳目爲之一新。以後不久，又計畫另建强電力的大電台。於是一面訂製機器，一面徵地建築，至廿一年十一月十二日七萬五千瓦特中波大電台，正式成立，仍用中央廣播電台原名，改呼號爲XGOA，每天播音十小時以上，海內外都可淸晰收聽。在當時東亞方面，這是唯一的大電台，對於宣傳教育之供獻力量很大。後來因爲工作日繁，機器方面，需要儘速設法自行裝配製造，自給自足；業務方面，也有添設各地電台之必要。乃利用大電台的節餘備貨，試裝五百瓦特短波廣播機一座，附設於中央電台，兩機同時併播；又裝一萬瓦特中波廣播機乙座，併設立長沙廣播電台，接管成立福建廣播電台，添設河北廣播電台（後遷至西安改爲西安廣播電台）等。總計當時全國廣播總電力，超過十萬瓦特，聽衆約二三百萬人，海外尙不在內。當時又辦過收音員訓練班三期，共計訓練收音員四百三十多人，分別派往各省一等縣或市，負責收音。更爲準備廣播戰及傳達國際消息起見，計畫設置三萬五千瓦特電力短波廣播機一座，於廿四年向外訂購機件，廿六年實施籌備，擇定重慶爲設置地址；進行未半，抗戰軍興，乃晝夜趕工完成。

最初中央台節目本以宣傳訓政的實施，及憲政的準備爲主；九一八後，增加團結禦侮及加强民族自强意識的宣傳。謹慎嚴肅，不激不隨。等到戰事爆發，立刻激昂慷慨，發揚蹈厲，暴露敵人罪惡，鼓勵人民抗敵，盡量發揮廣播的效能，一點不再有所顧忌了。國軍西移之後，爲適應當時情勢，先由長沙漢口兩台及在漢新裝之短波台，共同接替中央台任務；繼又加緊籌設昆明六萬瓦特電力中波廣播電台，貴陽一萬瓦特短波廣播電台，並在渝將拆運之機件，改裝一萬瓦特電力中波機，仍名中央廣播電台，用原來呼號波長；後來又添四千瓦特及七千五百瓦特電力短波機，同時併播。至其他接近敵區之電台，也都準備一切，以備萬一軍機緊迫時可以隨時後撤改裝。此外又另設西康甘肅及流動等三台。總計當時計有：

一、中央廣播電台，呼號XGOA，週率一二〇〇，六一九〇，九七二〇，千週波三種，每日播音十六小時，對象爲全國及淪陷區東亞南洋。

二、國際廣播電台，呼號XGOY，週率一一三〇〇，六一三〇千週波二種，每日播音九小時，對象爲全國及南洋歐美。

三、昆明廣播電台，呼號XPRA，週率六九〇千週波，每日播音四小時，對象爲全國及東亞南洋。

四、貴州廣播電台，呼號XPSA，週率九五八〇，一〇〇〇〇千週波二種，每日播音七小時，對象爲本省全國與南洋。

五、福建廣播電台，呼號XGOL，週率九五〇，一〇〇〇〇千週波兩種，每日播音五小時半，對象爲本省及南洋。

六、陝西廣播電台，呼號XKPA，一二九〇千週波，每日播音二小時，對象爲西北各省。

七、西安廣播電台，呼號XKDA，一〇〇〇千週波，每日播音三小時，對象爲本省。

八、湖南廣播電台，呼號XLPA，週率九〇〇千週波，每日播音五小時，對象爲本省戰區及淪陷區。

九、甘肅廣播電台，呼號XMRA，週率一四〇〇千週波，每日播音五小時，對象爲本省及鄰省。

十、西康廣播電台，呼號 XRSA，週率八一一〇千週波，每日播音三小時，對象爲本省及鄰省。

十一、流動廣播電台，呼號 XLMA，週率六二〇〇千週波，每日播音二小時半，對象爲第三戰區。

以上十一台，除中央、國際、（均設在重慶）昆明、西安（設在昆明、西安、）貴州、（設在貴陽）陝西（設在漢中）及甘肅（設在蘭州，現已更名爲蘭州廣播電台）等七台，在抗戰時期，始終屹立未動，作堅强抗敵宣傳以迄勝利外，其他西康台限西康方面，成都已有廣播電台，可以播達，且其時陪都已安如磐石，乃於卅二年加以撤銷；福建台原設在福州，該地陷敵後，曾於卅一年一度遷裝永安，繼續播音；湖南台原設在長沙，因該地陷敵，曾於卅三年一度遷裝沅陵，繼續播音；流動台設在迫近淪陷區，本爲配合第三戰區軍事需要而設，對於激發前線民衆抗敵情緒，播送陷區民衆抗戰消息，及駁斥敵僞荒謬宣傳，收效甚宏，先設於江西上饒，於卅年八月開始播音，名爲上饒廣播電台，旋於次年四月，因軍事關係，遷裝鉛山，繼續播音，更名爲流動廣播電台，繼又因軍事關係，於卅三年七月遷裝邵武，繼續播音。

到卅四年秋天，勝利突然來臨。當即擬訂廣播復員計劃，列舉綱目數十條，旋爲適應環境之變遷，復經迭次修正改訂爲「廣播計劃當前應行趕辦事項」。以後復員接收事宜，大體皆照此進行。

於是指派接收專員，分赴京滬、武漢、平津、廣東暨東北等地，依照預擬計劃，分別辦理各該地廣播的一切接收事宜。在未出發之前，即經先電昆、筑、陝、甘、湘、閩、贛各台，發佈勝利消息，加緊對淪陷區宣傳，撫慰民衆，穩定僞軍，同時並飭電淪陷區各廣播電台工作人員，囑其乘機立功贖罪，努力自效，並妥愼保護機件，靜候接收。

嗣後復員工作，與接收工作，積極開展，或同時並行，或分途推進，先將原有各台迅速恢復，並加以整編。如西安電台撤銷，歸併於陝西電台；福建電台仍遷回福州；湖南電台仍遷回長沙；流動電台撤銷，歸併於浙江電台；又另設江西廣播電台。接收之各台，最先接收者爲南京廣播電台，即以之爲據點；洎國府於卅五年五月五日正式還都後，即將該台改名爲中央廣播電台。卅四年接收者，除南京外，計尚有北平、天津、河北、唐山、石家莊、青島、河南、上海、徐州、江蘇、浙江、漢口、廣州、廈門、台灣、台中、台南、花蓮、嘉義等十九台；卅五年接收者計有山西、運城、大同、歸綏、包頭、山東、瀋陽、錦州、長春、安東、鞍山、撫順、吉林、本溪、營口、張家口等十六台；最後接收者，計有台東、察哈爾、承德等三台，總計卅九台；或取銷歸併，或加以整理，更改台名，迄至現在爲止，連原有及新設者共有四十一台。

茲爲明瞭各台隸屬情況及呼號波長電力等情形，特分別表列於后（見附表一至三）

中央廣播事業管理處所屬廣播電台概況

（卅六年九月三日止）　　（附表一）

台名	呼號	台址	週率 KC	波長 M	電力 KW
中央台	XGOA	南京	660 9730 11835 15350	454 30.8 25.3 19	10 2 7.5
上海台	XORA	上海	11690 900 900 1390 800	25 333 333 216 375	4 (輪) 1 10 1 0.25
江蘇台	XOPA	鎮江	1330	225.6	0.1
浙江台	XOPB	杭州	9552.4 1280 1280	31.4 234 234	0.38 (輪) 0.5 0.1
徐州台	XOPC	徐州	1010	297	0.05
福建台	XUPA	福州	1150 720 10000	261 417 30	1 0.25 0.2

廈門台	XUPB	廈門	810 8340	370 35.9	0.2 0.5
江西台	XUPC	南昌	1080	277.8	3
台灣台	XURA	台北 民雄 板橋	7223 750 1020	41.5 400 294	3 100 10
台南台	XUDB	台南	1040	289	1
台中台	XUDC	台中	960	313	1
台東台	XUDT	台東	880	341	0.1
嘉義台	XUDG	嘉義	1070	280	0.5
花蓮台	XUDH	花蓮港	1080	278	0.05
廣州台	XTPA	廣州	780 11650 980	384.6 25.8 306	0.5 1 0.2
國際台	XGOY	重慶	11913 15170 9658 7153	25 19 31 41	35 10

重慶台	XGOB	重慶	1200	250	1
昆明台	XPRA	昆明	690 700 6404	435 429 46.8)	50 1.5
貴州台	XPPA	貴陽	9430 1000	31.8 300	10 5
長春台	XQRA	長春	560 943	517 318	10 0.05
瀋陽台	XQPA	瀋陽	885 1280	338.6 234	1 1
吉林台	XQDK	吉林	725	414	0.05
錦州台	XQDC	錦州	950	316	0.1
安東台	XQPY	安東	942.8 1260	318 238	0.05 0.1
北平台	XRRA	北平	850 850 1350 770	353 353 222 390	100 0.5 0.1 0.5
天津台	XRPA	天津	620 1110 820 1290	438.9 270.2 365.8 233	0.5 0.1 0.1 0.5

河北台	XRPP	保定	730 990	411 303		0.02 0.1
唐山台	XRDT	唐山	1130 750	265 400		0.1 0.05
石門台	XRDS	石家莊	980 780	305.1 384.6		0.1 0.1
山東台	XRPB	濟南	860 1100	348.8 272.7		1 0.1
青島台	XRPC	青島	1150 700	261 429		0.5 0.1
察哈爾台	XRPK	張家口	920 920	326 326	(試)	0.5 0.05
漢口台	XLRA	漢口	800 6054 11500	375 49.5 26		0.2 1 1
湖南台	XLPA	長沙	930	323		1
河南台	XLPB	開封	680 1070	441 280		0.5 0.05
蘭州台	XNRA	蘭州	9750 1400 820	30.7 214.2 366.3		1 0.1 10
歸綏台	XKRA	歸綏	815	368		0.5

包頭台	XKDP	包頭	580	517.2	0.05
陝西台	XKPA	西安	1290	232.5	0.5
山西台	XKPB	太原	720 940 1250	416.6 319 240	0.5 0.1 0.015
大同台	XKDT	大同	755 1175	397 225.3	0.5 0.05

現有各省市公營民營及盟軍所設廣播電台概況

（截至卅六年九月三日止）　　　　（附表二）

台名	台址	呼號	電力(KW)	週率(KC)
首都	南京	XLAY	0.1	850
軍中	,,	XMPA	0.5	720
益世	,,	XPBK	0.2	940
空軍	,,	XGAF	—	1000

金陵	南京	XLAW	0.2	1030
青年	,,	XLAZ	0.1	1090
建業	,,	XLAX	0.2	1170
青年文化	,,	XYMC	—	1200
美軍	,,	XMAG	0.25 0.5	1540 4275
中華自由	上海	XLAB2	0.4	820
金都	,,	XLAB3	0.25	820
大陸大中華	,,	XLAH3	0.5	940
亞美麟記	,,	XLAH2	0.2	940
東方華美	,,	XLAI2	0.5	1060
元昌鶴鳴	,,	XLAI3	0.5	1060
合衆	,,	XLAG2	0.25	1120

福音	上海	XLAG3	0.2	1120
亞洲	,,	XLAA2	0.32	1180
合作	,,	XLAA3	0.5	1180
靑年文化	,,	——	——	1220
民聲	,,	XLAC2	0.2	1240
九九	,,	XLAC3	0.2	1240
新聲	,,	XLAE2	0.1	1310
大中國	,,	XLAE3	0.2	1310
新滬	,,	XLAF2	0.25	1360
大同	,,	XLAF3	0.1	1360
建成	,,	XLAD2	0.2	1420
中國文化	,,	XLAD3	0.5	1420

中國第一	北平	XPCK	0.5	710
民聲	,,	XPMS	0.1	840
勝利第一	,,	XLIB	0.1	1020
中國第二	,,	XPCK	0.25	1060
華聲	,,	XPAG	0.1	1130
勝利第二	,,	—	0.1	1150
北辰	,,	XPPC	0.1	1200
美海軍	,,	XRAY	0.2	1250
聯合	,,	XPAY	0.1	1300
國華	,,	XPKH	0.1	1410
世界	天津	XNBA	—	704.8
宇宙	,,	—	—	750

友聲	天津	—	—	760
中國	,,	XPCA	—	880
中行	,,	XFCH	—	1000
華聲	,,	XPBC	—	1260
青聯	,,	—	—	1360
美海軍	,,	XONE	—	1450
山東無線電行	青島	—	0.1	910
美海軍	,,	—	0.25	1480
廣州市府	廣州	—	—	1350
風行	,,	XICB	—	700
軍中	,,	XMPA	—	860
革新	,,	XICA	0.35	930

時代	廣州	XLCC	——	1000
廣州行轅新聞處	,,	XGNB	——	1100
廣東省府	,,	XKPN	——	1248
谷聲	重慶	XLDA	0.1	1340
錫晉	無錫	XLAV	0.1	970
大華	杭州	——	0.075	620
甯衆	甯波	——	0.05	890
成都	成都	XGOG	10	560

說明：—— 表示未詳

現有全國廣播電台電力統計

單位：座（電台）
瓩（電力）

（卅六年九月三日止）　　（附表三）

省市別	電台 總計	電台 中央廣播事業管理處所屬廣播電台	電台 各省市公營民營及盟軍所設廣播電台	電力 總計	電力 中央廣播事業管理處所屬廣播電台	電力 各省市公營民營及盟軍所設廣播電台
總計	101	41	60	426.365	406.315	20.05
江蘇	3	2	1	0.25	0.15	0.1
浙江	3	1	2	1.06	0.98	0.08
江西	1	1	—	3	3	—
湖南	1	1	—	1	1	—
四川	1	—	1	10	—	10
河北	3	3	—	0.47	0.47	—

山東	1	1	—	1.1	1.1	—
河南	1	1	—	0.55	0.55	—
山西	2	2	—	1.165	1.165	—
陝西	1	1	—	0.5	0.5	—
甘肅	1	1	—	11.1	11.1	—
福建	1	1	—	1.45	1.45	—
廣東	1	1	—	0.7	0.7	—
雲南	1	1	—	51.1	51.1	—
貴州	1	1	—	15	15	—
察哈爾	1	1	—	0.55	0.55	—
綏遠	2	2	—	0.55	0.55	—
遼寧	1	1	—	2.05	2.05	—

安東	1	1	—	0.15	0.15	—
遼北	1	1	—	0.1	0.1	—
吉林	2	2	—	10.1	10.1	—
台灣	6	6	—	116.15	116.15	—
南京	10	1	9	21.55	19.5	2.05
重慶	3	2	1	46.1	46.0	0.1
上海	20	1	19	21.62	16.25	5.37
天津	9	1	8	1.2	1.2	—
北平	11	1	10	102.75	101.1	1.65
青島	3	1	2	0.95	0.6	0.35
漢口	1	1	—	2.2	2.2	—
廣州	8	1	7	2.05	1.7	0.35

再廣播事業對於收音機，有密切連帶之關係，否則廣播即無所附麗。各省普設收音機辦法，早在廿九年即已頒行，並經指導協助各省訓練收音員，廉價售與收音機，按半價供給應用，迄至卅二年湘、粵、鄂、贛、川等省，均已辦竣，每縣均設有公共收音機，以資倡導；陝、甘、滇、黔、寧、青等省亦經個別設置收音機，並籌辦訓練班。關於進展計劃之實行，在抗建過程中，為種種條件所限，難免遲緩；現除積極推進外，對於籌辦全國收音網亦經詳擬計劃，循序進行。

至於廣播之原動力，首賴機器。為謀自給以及養護暨修配各電台機器之機件，并供應收音機起見，自非設廠不為功。在戰前原有長沙的中央無線電器材廠，後經遷移桂林，並擴展昆明重慶二分廠，以供需要。抗戰結束後，該廠復自緊縮，改組為中央無線電器材公司，繼續製造各項無線電器材。抗戰期間，在重慶設有廣播器材修造所，復員後擴大組織，設總廠於上海，並設分所於北平、重慶二地，現已能自行配製收音機。惟究內設備不足，尚不能大量出品。其他有關廣播事業者，如灌音、製片等項，亦早經擬就計劃，最近已在上海購得商辦之大中華唱片廠一所，可以自行灌製唱片，獨立營業。

至於播音節目，乃廣播事業的中心工作。廣播管理機關向均按照國策因時制宜，隨時調整改進。大致中波以重對內，短波兼重對外；外聯友邦聲氣，內博民衆同情。現各台播音時間，合計每天達四百四十餘小時，較之二十七年之日僅三十小時者，顯已進步多多矣。

三、廣播節目之演進

廣播既爲近代集體教育的理想工具，其使命自然也特别重大。而要發揮廣播的科學效能，以完成其文化使命，惟有力求節目方針的正確與夫內容的充實優良。所以節目實爲廣播業務的中心。二十年來，廣播當局，默察社會心理，根據時局動向，對於節目措施，屢加變革。玆將其演進經過，分爲「抗戰以前」「抗戰期間」及「勝利以後」三階段，作一概括的敍述。

（一）抗戰以前

我國之有廣播，雖早在民國十一年，在上海卽有美人奧司本（Osborn）在大來公司樓上設立五十瓦播音台一座；其後華商新新公司復於民國十六年在該公司建立五十瓦電台一座。但其節目全爲商業上廣告性的宣傳，藉以招徠主顧，實不能稱之爲廣播節目。到民國十七年八月，中央廣播電台開幕，才有正式的廣播。當時北伐大業已告完成，國府奠都南京，一切建國工作方在肇始，而一般民衆對於新政府之瞭解，與夫主義之信仰，均尙不深刻，倡導宣傳之工作刻不容緩。政府遂籌設五〇〇瓦特電台於首都，由現任中央廣播事業管理處處長吳道一主持其事。開幕之初，請今主席蔣公首致開幕詞，聲被全國，視聽一新。自此以後，偉言讜論，無遠弗聞；佳音妙曲，廣傳海內。廣播節目，遂漸爲國人所注意。

但當時因開創伊始，人力有限，廣播節目，無非主義之宣揚，政令之傳佈，以及新聞報導，學識灌輸，間以音樂戲劇等娛樂點綴其間而已。當時每日播音時間，約爲四至五小時左右，對象則爲電力所及之東南各省。及至九一八事變發生國難空前，繼之以一二八上海抗戰，京滬危殆，廣播節目自此遂發生强大作用；每日除新聞報導外，復增設日語廣播，一面揭露敵寇陰謀，一面安定人心，對於鼓勵士氣，喚醒民衆，盡力甚多。自此以後，全國上下益認廣播效力的宏大，而積極倡導擴充。到二十一年十一月，江東門七萬五千瓦强力廣播機完成後，聲蓋東亞，敵寇震驚。其時廣播節目，也隨着電力的增大而加强。每天播音十二小時。節目內容，除新聞、音樂、戲劇外，（一）政治方面：每星期一有中央擧行的紀念週，總理遺敎，名人演講及政治報告等；（二）教育方面：除每日下午五點至五點卅分與教育部合作經常輪流邀請國內知名教授學者担任學術演講外，並有民衆、兒童、科學、電碼等教學與故事等的播講；（三）常識方面：計有電學、公民、軍事、衛生、法律、家庭、農林、科學、無線電等科目暨（四）其他方面：如故事、雜談、氣象、水位以及商業行情等的報導。取材力求新穎，講詞務期通俗。使用言語，亦分國語、英語、與廣州廈門等地的方言。蓋其目的不僅在求取國內各地各階層人民，均能雅俗共賞，使教育水準普遍提高，且兼及於海外僑胞暨在華外人，俾咸能瞭解我國之進步情況。所以當時的節目對象，已由東南數省普及整個遠東矣。

民國廿三及廿四兩年先後完成福州、河北兩台，廿五年長沙台亦相繼成立。東南沿海、華中、暨華北一帶，與中央勢成犄角。膾炙人口之平劇，遂由河北台轉至中央，再由中央台轉播全國。及至廿五年五〇〇〇瓦短波機增設後，鑒於東南亞洲對我國關係至爲密切，而世界風雲又日趨緊張，遂增加馬來語報告及國際時事述評，後又增加防空防毒及軍事常識之播講，以爲戰時之準備。節目時間亦因之加長。這時國內公私電台，也日漸增加。每晚八時至九時之節目，經飭由全國公私八十餘座電台一體轉播，同時中央廣播事業指導委員會成立，經常指導審核各台節目。如此直到二十六年七七抗戰爆發，全國情緒沸騰，廣播節目遂由平時面目一變而爲戰時體制矣。

（二）戰爭期間

蘆溝橋炮聲，激動全國民衆，奮起抗戰。廣播節目爲宣傳戰之有力武器，其使命既重，故工作亦隨之而愈更緊張，隨民氣之高揚，不斷向全國同胞作團結禦侮民族自强之呼籲；同時爲使前方戰訊迅達全國，乃增加午夜播音，鼓舞民心，增强士氣。另一方面更痛斥敵冦陰謀，揭發狼子野心，並向國際呼籲伸張正義，羣起制裁，雖至首都淪陷，而廣播節目並未間斷。蓋事先長沙台已於二十五年成立，漢口台又先期佈置，於是中央台之呼聲雖止，而漢長兩台已相繼接替其任務。

二十七年三月間，中央台在重慶改建一萬瓦中波，恢復播音。當時正值徐州會戰，武漢吃緊，廣播節目不得不偏重於戰事新聞之報導，國際局勢之分析，并闡發敵冠必敗之道。既而三萬五千瓦强力短波機裝置完成，定名爲國際廣播電台，於十一月開始廣播，聲勢爲之一振。這時戰雲瀰漫全球，友邦之爭取，邊胞之喚起，在在均需努力；節目方針，除維持原有專供陷區及後方同胞收聽之節目外，不得不顧及海外與邊地同胞之需要。故當時播音所用語言，除原有之國語英語及廣州廈門兩地的方言外，更增加馬來、台、越、荷、泰、緬、俄、法、日、西及客、湘、瑤、蒙、回、藏、滬、潮、瓊、等二十餘種語言。兩台每日各播音十二小時以上，對象則遍及全球。同時昆明貴陽兩台，亦次第完成。連同原有的陝、閩、湘各台，廣播節目網，已由西北延向西南、東南各地。節目措施，舉其犖犖大者，約可分爲下列各項。

甲、國際廣播

中央、國際兩台，經常與國外各大電台相互聯播或轉播特殊情形之節目。如中央台於每月第一星期三轉播英國BBC華語科學演講，星期日轉播舊金山；國際台則使用不同之波長，輪流向南洋、遠東及歐美各地廣播。節目大致可分三項：(一)普通性質者，有新聞、演講、時評、戰訊、音樂和戲劇等，旨在打擊敵人侵略迷夢，發揚我國戰鬥精神；(二)適應戰時需要者：計甲、廣播信箱，凡在自由區之中美人士，均可利用作簡單通訊，由美方收聽，抄錄轉送；乙、雜誌論文，由在國際以及各地的外國記者，就時事及地方新聞作報導，播由美方收聽刊載雜誌；丙、密碼廣播海外部外交部對國外之指示，由國際台用密碼播出至國外，由各地黨部及使領館收聽；丁、對遠東盟軍廣播，由駐華美軍部及大使館在國際台播送新聞樂劇等，由各地盟軍收聽。（三）特約廣播：作戰後期，因敵方干擾太甚，有時音波不清，英美各地人士不能清晰收聽，特約美方NBC，ABC，CBS，MBS 等廣播網及 WLW，WMRA，WHO等廣播電台代爲轉播，藉以增强盟國廣播戰線的局面。

乙、對敵廣播

作戰期間，爲粉碎敵人的侵略迷夢，經常針對敵僞弱點，作成專論，用國、日兩種語言對敵僞廣播。其材料有由各戰區作戰機構檢送者，有由中樞主管機關供給者，有時更利用俘虜的口述，作爲廣播的資料。昆明台電力最大，常用以作這種廣播。

丙、對華僑廣播及通訊

祖國砲火漫天，華僑遠在海外，對於他們的鄉土不無懷念。國際、中央兩台，特對海外僑胞作各地鄉情之報導。大多採用閩粤語及客家語播出，藉以稍慰他們懷念故國的悃忱。

丁、流動廣播

戰爭劇烈進行時期，各淪陷地區，雖可收聽中央昆明等台節目，但究不若就近收聽前方電台更具效果。乃於江西上饒特設流動廣播電台，卅年八月一日正式播音，節目有新聞、音樂、戰訊捷報、精神講話、抗戰宣傳、青年婦女等講座，以及日語新聞暨轉播中央國際兩台重要節目。對於喚醒當時陷區民衆打擊敵人侵略陰謀，效果頗大。

戊、充實各台節目增加播音時間

廿七年二月中央台遷渝播音。及國際台成立，連同原有的長沙、福州、西安三台，共爲五台。以後陸續增加昆明、貴州、西昌、西康、蘭州、以及流動台，共爲十一台。播音時間，歷年均有顯著增加。如予以綜合計算，則各台每日播音時間爲廿七年三十小時，二十八年四十三小時，二十九年五十六小時，三十年六十三小時，三十一年六十八小時；以後每年均有增加。至各類節目百分比，新聞約佔百分之三十五，演講佔百分之廿四，（內包括宣傳16教育8）樂劇百分之四十一。而其內容，則注重發揚戰鬥意志，提高抗敵精神，并爭取友邦同情。

己、協助導航工作

戰時軍機航行之安全，無論是否直接作戰，關係均甚重大。爲配合機航使能安全達成任務起見，經廣播當局責成各地電台，經常與航空委員會取得連繫，協助飛機安全航行，貢獻可謂不少。

茲將抗戰期間各台廣播對象，播音時間及節目百分比，各台應用語言，暨各台對各對象廣播百分比等分別列表於後。（見附表四至七）

抗戰期間各台廣播對象表（附表四） 根據三十四年記載總計

台名	呼號	週率 KG	對象
中央廣播電台	XGOA	1200 6190 9720	全國，淪陷區，東亞，南洋
國際 ,,	XGOY	11300 6130	,, 南洋，歐洲，美洲
昆明 ,,	XPRA	690	,, 東亞，南洋
貴州 ,,	XPSA	9580 1000	本省，全國，南洋
福建 ,,	XGOL	950 10000	,, 南洋
陝西 ,,	XKPA	1290	,, 西北各省
西安 ,,	XKDA	1000	本市
甘肅 ,,	XMRA	1400	本省，西北各省
西康 ,,	XRSA	8110	本省及鄰省
流動 ,,	XLMA	6200	第三戰區

抗戰期間各電台播音時間統計及節目百分比 （附表五）

年度	時	分	新聞	演講	樂劇
27	10950				
28	15695				
29	20440				
30	22795		41%	22%	37%
31	24972	30	39%	21%	40%
32	21930	25	42%	24%	34%
33	20958	40	38%	20%	42%
34	23503		36%	22%	42%

抗戰期間各電台應用各種語言統計（附表六）

年度	種類	語言
27	19	國，滬，粵，閩，客，潮，瓊，蒙，回，藏，英，日，韓，台，泰，越，緬，馬來，廈門語。
28	20	同上 增加川語
29	19	同上
30	22	同上 增加台語，俄語，法語。
31	19	同上
32	20	同上 增加西班牙語
33	20	同上 增加荷蘭語
34	19	同上

抗戰期間各電台對各對象廣播百分比（附表七）

對象	百分比	
對國內後方同胞	百分之五十四	
對邊省同胞	百分之點八九	
對國內外敵佔領區同胞	百分之三三點〇一	
對僑居友邦同胞	百分之點九	
對僑居本國之友邦人民	百分之二點五	
對美	百分之二點四	
對英	百分之一點二	
對蘇	百分之點八	
對遠東盟軍	百分之一點二	
對其他友邦	百分之點六	如紐澳等地

對敵僞	百分之二點五

（三）勝利以後

三十四年八月十日，日本宣佈接受波茨坦宣言準備投降之消息，於下午七時傳至重慶後，中央國際兩台首先播告全國，各地民衆均歡欣若狂。在勝利未來臨前，廣播節目着重下列二點，即（一）宣揚三民主義，主持國際正義與駁斥侵略者之惡毒宣傳及（二）提倡教育，啓發民族意識，并與友邦互相轉播特殊性節目是也。勝利後目標轉而注重於收復區人心之安撫，中央對陷區之決策及討論戰後建設等問題。廣播當局一面派員隨同各省市接收人員馳往各地接收敵僞電台，一面由電波指示各台，竭力保持機件，并予接收人員以各種便利。在極短時間內，即順利的接收了南京、上海、臺灣、浙江、漢口、廣州、北平、天津以及東北各台。計共先後接收二十餘台，播音機四十餘座。至於節目方面，則一面澈底掃除敵僞遺留下的廣播毒氛，廣播當局一面隨時指派訓練有素的播音人員前往各台糾正毒化思想。所採行的辦法，爲令收復各台（一）收錄中央國際兩台所播出之宣傳方針密碼；（二）固定時間內轉播中央台之新聞報告與時事述評，以收聯播之效；（三）採用編就之史地文化教育宣傳科學等書刊，作爲播音參考資料；（四）每日播音時間，至少有一小時，宣傳建設節目應佔百分之二十，地方風物應佔百分之十，新聞應佔百分之三十，樂劇應佔百分之四十；（五）增添史地節目，將我國各地之山川名勝，物產風俗，以及先賢事蹟，分別選播，這樣不特可以吸引聽衆，抑且對民族復興將有莫大助力；（六）指示各台逐漸酌減方言節目，以收統一國語溝通文化之效。

三十五年六月，廣播事業管理處，自渝還都。當時各台已陸續接收竣事，節目也大致走上軌道。抗戰前所出刊的廣播週報，於這時籌備就緒，於九月一日正式復刊。這個刊物的主要目的，在建立全國聽衆與各台間，以及各台與各台相互間的密切聯繫，使各台對於節目內容，可隨時互相觀摩，發音技術可以公開研討，而有永久性的廣播講稿，也得藉這個刊物而得以普遍的介紹流傳。在各台節目的改進上，實在裨益很大。

茲將各台每日播音時間節目成分以及語言種類列表如下（見附表八）

現有各台每日播音時間節目成分及語言種類統計表（附表八）

台名	每日播音時間	機件部數	節目成分百分比				語言種類
			新聞	演講		樂劇	
				宣傳	教育		
中央台	19.25	3	24	16	4	56	國，粵，蒙，回，藏，廈門，馬來，緬，日，俄，法，英

上海台	35:00	4	22	7	6	65	國，粵，滬，閩南，英，日，韓
江蘇台	8:00	1	28	16	9	47	國
徐州台	9.35	1	15	9	6	70	國
浙江台	10.50	2	10	3	3	84	國
北平台	36:35	4	8	10	14	68	國，英
天津台	49:27	4	9	6	12	73	,, ,,
河北台	3:05	1	54	8	14	24	,,
唐山台	16:10	2	11	6	10	73	,,
石門台	9:30	1	11	11	16	62	,,
山東台	3:05	1	30	19	5	46	,,
青島台	13:50	1	16	9	10	65	,,
河南台	4:05	1	24	20	6	50	,,

長春台	12：40	2	29	17	25	29	國，英
瀋陽台	18：00	2	12	10	12	66	,, ,,
吉林台	8：05	1	22	14	16	48	,,
錦州台	7：25	1	15	11	21	53	,,
台灣台	12：25	4	20	13	15	52	,, 閩南，客，英
台南台	8：50	1	20	15	18	47	,, ,, ,, ,,
台中台	8：50	1	20	15	18	47	,, ,, ,, ,,
義台	8：50	1	20	15	18	47	,, ,, ,,
花蓮台	8：50	1	20	15	18	47	,, ,, ,,
台東台	8：50	1	20	15	18	47	,, ,, ,,
廣州台	13：00	2	15	13	10	62	,, 粵，英
廈門台	5：00	1	25	18	13	44	,, 閩南，英

福建台	6：40	1	28	16	11	50	國，閩南，福州
漢口台	8：20	1	22	9	5	64	,, 英
湖南台	4：00	1	40	14	11	35	,,
江西台	4：30	1	29	12	11	48	,,
國際台	6：35	1	43	4	—	53	,, 粤，英，暹羅
昆明台	9：30	1	18	8	6	68	,, 英，法
貴州台	6：35	1	21	18	18	43	國，英
蘭州台	7：45	1	36	8	12	44	,, 蒙，回，藏，英
陝西台	7：00	1	22	19	12	47	,,
山西台	15：30	2	22	18	19	41	,,
大同台	8：00	1	16	20	13	51	,,
察哈爾台	6：30	1	17	13	6	64	,,

歸綏台	9：00	1	29	15	16	40	國，蒙
包頭台	8：30	1	9	17	12	62	,,

附註：重慶台於最近成立，自本年十月份起開始播音，未列在內；另尚有安東台正在建立中，亦未列。

綜觀上表現有卅九台，每日播音時間總計爲四百四十七小時又四十七分，（平均每日每台播音十一小時又二十九分）。節目百分比，計新聞佔百分之二十二，演講佔百分之二十五，（內宣傳十三教育十二）樂劇佔百分之五十三。言語種類，計有國，粵，滬，蒙，回，藏，廈門，閩南，福州，客，英，俄，法，日，緬，韓，馬來，暹羅等十八種。

四、目前概況

我國廣播事業發展經過暨廣播節目之演進，已如上述。茲再就廣播事業之管理，現有電台概況，暨收音之督導等三項，分別說明我國目前廣播事業之概況。

1 廣播事業之管理

各國對於廣播事業的態度不同，因此對於廣播事業的管理也各不相同。有的採取自由放任政策，有的由國家統籌辦理，也有把廣播看作政府的一個機構，而採取完全統制態度的。我國的情形，最初對於廣播事業原沒有多大限制，後因各地電台叢起，而電台的設備和它們所播送的節目又多腐敗紛歧，不但不足以收宣傳教育之效，反足以敗壞人民道德，故於二十五年二月經中央常會決議設置中央廣播事業指導委員會，以監督並指導廣播事業之發展。

自該會成立後，我國廣播事業的發展乃步入常軌。不但電台的呼號和週率各有規定而不致互相干擾，即在廣播節目方面，也較前大為改善，而廣播電台的籌設，因有全盤計畫，也可避免偏頗重複之弊。至於戰時對敵偽電台節目的經常偵察和干擾，貢獻也很大。（最近中央決定將該會裁撤，現正辦理結束中。）

戰事發生以後，播音任務實際上幾乎全由中央所屬的各電台担任，而管理之者則為中央廣播事業管理處。該處成立於民國二十一年，內部組織除下屬各台（見附表一）外，分設技術、傳音、收音督導、總務、文書等五科及會計、人事二室。技術科管理廣播器材之研究改進與試驗，及各分台工務方面之考核審察與改進事項；傳音科管理播音節目之徵集、審察、各分台節目之考核、偵察與改進事項；收音督導科則管理各地收音工作之推進協助，及收音人員之訓練指導事項。此外該處尚設有廣播器材修造所及電波研究所各一處；前者專門修造廣播器材，後者則專門從事電波之研究。

2 現有電台概況

因限於篇幅，這里不能將所有各電台的裝備情形，一一詳爲說明，而僅就中央、國際、及昆明三台，約略說明之。

(子)中央廣播電台設備簡況

中央廣播電台，創於民國十七年，設台於丁家橋中央黨部內。初電力僅五百瓦特，呼號爲XKM 旋改爲 XGZ。嗣因電力過小，音波不能遠被，擬定擴充電力爲七十五瓩，於十九年向德國得力風根公司訂購全部機器，在江東門外北河口建築台址；廿年九月開始裝置，廿一年五月工竣，十一月十二日正式播音，改呼號爲 XGOA，週率爲 680 千週，廿二年改爲 660 千週，這時音波已可普及全國暨南洋一帶。

七七戰起，中央抱抗戰到底之決心，西遷重慶。該台乃將七十五瓩之機件拆出一部份，運渝裝置，因陋就簡，配成十瓩中波機一座，以應戰時需要。旋以效力不宏，實有增强電力之必要，即向英標準公司訂購五十瓩中波機一座，以作戰時中樞宣傳主幹。是時海運困難，緩不濟急，即改向美訂購四·五瓩及七·五瓩短波機各一座，十瓩中波機一座，次第裝成播音，晝夜播送。卅四年八月，日寇投降，即於十月間着手拆遷機件，乃因播音不能中輟，遂採逐漸拆卸步驟。嗣由重慶國際電台接替中央台之任務，該台乃得於卅五年初夏全部返京，開始復員後之重新播音工作。

播音設備計有三大部份：

（甲）發音大廈：發音室暫設於城內中山東路祠堂巷，將來發音大廈決定設於淮海路。

（乙）播送台：位於水西門外之江東門北河口。

（丙）收音台：位於光華門外。

以上三大部份由傳音電纜以聯接之。計發音室至播送台，有廿五對電纜一條，以傳送各發音室所發之節目，傳送至各播送機而播出之。收音台之發音室，有六對電纜一條，以傳送收音台所收之節目，經發音室而送至播送台再播出之。

（甲）發音大廈及控制設備

現用之發音室，係沿襲敵僞時期所借用之祠堂巷廿五號關務署一部份房屋。有發音室四間，分作國內國外發音之用。所用控制器，一部份係由渝還京，一部份是利用日寇所裝者，現經常播送國內暨國外節目，平均每日各十小時。發音室之數量頗感不敷，且構造簡陋，不能適應現代化之需要。故已購得淮海路中央游藝場等房屋，加以改建；除頂層用作辦公室外，其一二兩層，佈置為發音室及控制室，將來可有優美之大小發音室十間，暨附屬之控制室十間，另備總控制室一間，以為調度節目，控制音量之用；並備錄音室一間，灌製各項節目音片，以備翻製硬片，分送全國各台播放，或錄成底片保存，備作將來考查。所有控制設備，全係自製。將來發音大廈中，可以同時演出數個不同之節目，經傳音電纜送至播送台中之六座播送機分別播出。

（乙）播送台

現用播送機件，係將原裝重慶之四．五瓩短波機與七．五瓩短波機及十瓩中波機各一座運京，裝於江東門原台址，恢復還都後中樞之播音。上述二機均係抗戰初期在渝購裝，電力較小，不勝重負。早在民國卅年，向英標準公司訂購五十瓩中波機一座，及廿瓩短波機二座，原擬裝設陪都，以運輸困難未果。復員後除將五十瓩中波機移裝上海外，另購一百瓩中波機一座，暨上述之廿瓩短波機二座，裝於首都，並已購地建屋，次第裝置完成，不久即可開始試播。玆將此新裝之三座播送機分別敘述於左。

A. 壹百瓩中波播送機

係美國西電公司所製造之7A前級調幅五十基羅中波機，後美國惠而登公司將其末級改成杜黑式線路(DOHERTY CKT)，使天線輸出力達到一百基羅。本機特點：(1)調幅在末級二級之柵極上，故所需之成音電力非常微小，成音設備因之簡單；(2)末級放大器之效力，可達百分之六十五，約需耗電二百七十基羅瓦特，較之普通用丙類末級放大器省電百分之四十二，約等於普通一百基羅機水冷設備內所發散之功率(POWER)。惟全機線路調整困難，維持亦時須注意。本機裝置可分為成音放大器，高週率放大器，強力放大器，整流及天線控制線路五項。茲簡略說明如下：

(1)成音放大部份：發音室送來之音波電能，經平衡器 EQUALIZIER 限度放大器 LIMITERAMPLIEIER，送入播送機成音部份之第一級，再經第二級至第三級，逐級用甲類放大法，並各級間均用阻率交連，最後一級用阻流器以調幅高週率末第二級之柵極，另有整流器二只，使成音週率電能回授入第一級成音放大器，藉以減少失真、吵聲等之弊病。

(2)高週率放大部份：本機用晶體振盪器第二級為隔離放大器，第三級為中間放大器，第四級為調幅放大器，附有種種設備，可免去自振盪及失真之弊。

(3)强力放大部份：經調幅之高週率電能送入强力放大器，加以放大。此器用水冷式真空管六只，三只作為峯荷之用，三只作為載波之用。前級輸出之電，能直接加於峯荷真空管之柵極，再經過九十度相位前進線路而達載波眞空管之柵極。峯荷眞空管之屏極輸出直接送至屏極諧振電路，而載波眞空管之屏極輸出須經過九十度相位後退線路，而送至屏極諧振電路。如是二種眞空管之輸出，其相位得以相等。載波眞空管之柵壓較小，故載波及下半部調幅電能得以放大。峯荷眞空管之柵壓甚高，平常不生作用，惟載波至上半部調幅時始有屏流而生作用，另用負回授方法使其失眞程度減至極小。

（4）整流部份：整流部份分爲二部：一部係低電力整流，以供給末級及末第二級之柵壓及低電力高週率放大部份成音週率放大部份之屏壓等；另一部爲一萬八千伏强力整流器，以供給末級及末第二級之屏壓。

（5）天線及控制線路：强力放大器之輸出，送至高週濾波器，濾去其副波，以免干擾其他電台。然後送至電纜，再經一「L」形配阻線路而用串聯式方法送入天線。天線爲一剖面不等自立之鐵塔，其高度爲一二〇公尺，底下用磁絕緣子與地面隔離。鐵塔上裝有指引航空之紅燈及避電器等設備。

本機控制線路，較爲簡單，惟設計方面，仍極週密。有繼電器卅餘只，一面防止機器發生重大損害，同時亦使開機人員得安全保障。

B.二十瓩短波播送機

此機係英國標準公司所承造者，輸出力爲二十瓩。調率範圍可從2.77兆週到1.82兆週，電壓爲三百八十伏，調幅方法，採用强力級屏路調幅，故效率甚佳。全機可分爲高週率、成音週率、熔絲整流、高壓整流、冷却設備、及天線等六部份。

(1)高週率部份：高週率部份，共有五級。第一級爲振盪器，共有晶體振盪器五具，眞空管振盪器一具，採用柯必芝式線路，可任意選擇週率第二第三級爲高放借波器。在眞空管屏極電路中各有線圈六只，以供六個波長使用。第四級爲勵振强放器，在眞空管屏路中，亦有線圈六只，可供六個波長使用。惟此級之輸出線圈，則有四組，即第一第五兩個波長合用一組，第二第六兩個波長合用一組。此四組同裝於一機箱中，總稱勵振器。前面裝一開關，接通十八只繼電器，各管一個線圈，只需將機前調換波長之開關撥動一次，此四組勵振器之波長，即各自全行調換。第五級用四只爲高週强力放大器眞空管，並聯推挽運用屏極及柵極。其電路中皆有線圈四組，與第四級之輸出線圈裝置相同。屏柵極皆有選擇器，當柵極選擇器有動作時，有四只開關可隨之啓閉。線圈選定後，總有一只開關關上。此四只開關，係接通前級之調換波長開關者，此級選用何波長時，前面之勵振器中之各級，亦皆隨之選用同一波長。如此高週末級之輸出，經誘導交練達於饋電線而至天線。

(2)成音週率部份：成音週率部份經過五級放大後，即達調幅線圈，藉此調幅線圈，而將射電週率末級放大器之載波幅度予以調幅，是即所謂屏極調幅法。

(3)燈絲整流部份：此機除高週及低週之末級强放管外，其低電力之眞空管燈絲電壓，皆採用交流，由燈絲變壓器供給之；高週及低週末級之眞空管燈絲電壓則採用直流，由八只氧化銅整流器供給。

(4)高壓整流部份：此機所需用之高壓，計有七種。即—1三〇V—二〇〇V+425V．+810V．+1200V．+2500V．+9500V．。其中—130V．—+425V．及+850V．係用三組氧化銅整流器，+2500V．係三相半波整流。此四組整流器，因裝置於一機箱中，各爲低壓整流器，係專供各低電力眞空管之屏柵壓用者。—200V．係單相全波整流，供高週及低週末級强放管負壓用者，另裝於一機箱中。+9500V．係高壓整流器，另裝於一部份，用六只1079GA號眞空管作成三相全波整流。此種眞空管爲柵極控制管，利用柵壓對屏壓之相互關係，以控制屏流。至於柵極之控制作用，係用繼電器完成之增減電壓，非常便利。此外過荷安全設備，亦極爲靈便。

(5)冷却設備：此機採用水冷法，即用冷水流過大型眞空管之屏極減低熱度，設有一千五百立公方之水箱一只，離心抽水機兩只，吹風機及散熱器各兩只，所用之水爲純潔之蒸溜水，由水箱用抽水機送至散熱器，而後至大型眞空管吸收熱量，再回至水箱，如此延迴應用。至眞空管之各水管上，皆裝有電控水壓表，表內有接觸點，與各控制電路相聯，以指示水之有無。一旦無水或水溫過高，即能以警鈴警告管理人員，同時中斷主要電路，以免各大型真空管之受損。

（6）控制線路：全機動作，皆係間接控制。機箱前面之開關，用以指揮內部之接觸器，由此進行接通燈絲電流，及加上負壓，及高壓等動作線路。開機時先開水幫浦。第二步運用接觸器，然後逐漸加大各大型真空管之燈絲電壓，即有四只繼電器，自動將低壓漸漸升高，負壓亦同時起作用。此時又有一只繼電器工作，使高壓自動加於高週及低週之末級强放部份。凡當機件工作時，任何一處遇有過荷現象，各主要電路皆可自動閉塞，不致損壞機件。

（丙）收音台

播送台的任務，在向全國全世界播音；這種播音並可作為空中供給各台的播音節目。反之如要接轉各台的節目，必須有優美的收音設備才行。目前收音台內裝設分佈式收音機 DIVERSITY RECEIVER 三座，以為收轉國內外各台節目之用；通訊收音機四座，用以偵聽各台平常播音，另製錄音機三座，以備收錄遠方重要節目，並備陰極攝波器二座，以測驗電波的方向等現象，藉資研究。台內共設對美對歐菱形天線各三付，短波天線三組，作為連接三座分佈式收音機之用。天線所佔面積極大，皆用高週率傳送線以轉至收音室。更因天線衆多，調度頻繁，除在收音機室內裝設交換板外，更在傳送線的末端，裝設繼電器，以便迅速轉接。

（丑）國際廣播電台設備概要

整個電台的設備，可分爲下列四部份：就是動力廠，發音設備，增音機件，與播送機件。動力廠供給播送機件需用的電能，設在重慶嘉陵江畔土灣地方。播送機件播送由發音室增音室播音線送來的節目，裝在重慶西部小龍坎。

A 動力廠

動力廠位於嘉陵江邊，離播送台約二公里多，裝有蒸汽引擎發電機一座。爲謀燃煤運輸便捷，運費低廉，與給水易於解決等各問題起見，才籌建此地。全部機件爲避免危險計，建築有鋼骨混凝土的防禦工程，以策安全。

鍋爐：鍋爐係英國拔柏克公司所製造，爲水管式，有汽鼓一，水管七十二根，汽鍋受熱面爲1619 平方英尺，每小時的蒸汽蒸發量爲 6000 磅，蒸汽須過熱 150 度華氏溫度，備有過熱管四十四根，共有過熱面積 311 平方英尺，經過熱管後的汽溫可達華氏 550 度。汽壓爲每平方英寸160 磅，火室內的爐橋爲鍊篦式自動添煤器，由六根鍊條所組成，牠的面積約44平方英尺，用馬達拖動速度有三種，視汽鍋負載與煤的種類有異而調節之。通風採用自然流通法，烟突高九十七英尺。汽鍋給水設備，最初由江邊的帮浦船上，將江水戽至沉澱池，加入明礬，使澄清後流入水池，再用帮浦厍至較鍋爐間地面高二丈餘的水池內，藉高水位，流入鍋爐間的給水預熱箱，然後用直動蒸汽帮浦打入汽鍋。此種帮浦有二套，備輪流換用。

蒸汽引擎：引擎係英國柏利斯摩爾寇公司製造，爲凝汽式複漲二缸蒸汽引擎，功率爲 365 至 370 匹馬力，速度每分鐘 428 轉，工作汽壓爲每平方英寸 150 磅，汽溫約在華氏 516 度。燃煤耗量在重載時平均每瓩小時 2.50 公斤。汽缸潤滑用透明自動油潤器將汽缸油送入進汽缸的蒸汽中，各軸承間的潤滑用礦質潤滑油，以壓力循環法潤滑之。凝汽器採用複式噴射凝汽器，在眞空二五英寸及冷却水初溫在華氏八五度時，每小時可凝結蒸汽 5500 磅。凝汽所需的冷却水是儲存在水池內，因凝汽器內眞空度高壓力極小，故冷水藉大氣壓力流入凝汽器，與廢汽混合後之凝結水，用抽水帮浦厍至涼水木塔層層下滴，變冷後，回到塔下的冷水池內，循環應用。凝汽器所需冷水，每小時約 15700 磅。

發電機：發電機及勵磁機係英國勞倫斯史各脫電機廠製造，與引擎軸直達發電機爲交流同期機，三相，五十週波，發電容量爲 250 瓩，電壓爲 380 至 400 伏，有十四個磁極磁場，所用的直流電是由 4.5 瓩 80 伏的勵磁機供給。發電機發生的電壓，用自動電壓調節器校準勵磁機的磁塲電阻，間接調整之，工作極其靈敏。當發電機負載驟變，輸出電壓仍可維持常態。發電機發出的電能，輸送至配電石板上的雙擲開關，經過油開關而送至 300 KVA 油冷式變壓器，昇高電壓到 5250 伏，用八號銅線作高壓輸送線，輸送到播送台變壓器室，再經變壓器將電壓降到 380 伏，送往地洞內播送室的配電板上。

市電：播送台內的變壓器室是分三個小間，中間一室最小，裝有換用閘刀大開關一具，配電板一面，板前裝有電度電壓表保險絲等件，板後裝有變流器等件。兩邊房間大小相同，各按置 300 KVA 大變壓器一具，都是將高壓變低；一具供土灣動力廠送來的高壓用，另一具是市電變壓用的。平常本台節目的播送電能的供給，完全靠土灣自備的動力廠；但遇動力廠發生障故，無法發電，就必需利用市電。市電是由重慶電力公司用 5250 伏高壓輸送線送達變壓器室的，市電變壓器降低電壓到 380 伏，經過配電板後面的換用開關而送往播送室。

B　發音室增音室

發音設備增音機件與播送機件，好像一根鏈條形成一連串的關係。播音員將聲音經發音室的傳話器變爲微弱的電能，經過傳話電纜送到增音室的初級增音器，用裸銅線輸送到播送台的二次增音器與播送機的調幅級天線級而達天線放射空間。

發音室：發音室與增音部份都設在市區上清市廣播大廈內。發音室計有大小四間；大間專供播講各種外國語節目及音樂之用，小間專爲播音值班人員節目時間報告之用。每室備有 RCA 傳話器一套，WESTON 傳話器一套，及與增音室相聯的信號燈一套。室內四壁舖釘避音紙板一層，避免音波的反射，與增音室共用的牆上開有雙層厚玻璃磚窗兩方，值班人員的每一舉動，都可以互相窺到，以期取得聯絡；加上信號燈的指示，一方面可以便利機件的管制，一方面可以減少各種錯誤的發生；同時房門都用厚絨布縫塞，並特別加厚，以免外面的雜聲竄入。

增音室：緊鄰發音室的是增音室。室中裝有增音器，及其電源設備全套，管理台一座，電話機二具，最新NC100A式收音機一架。增音器實係一成音週波放大器，將發音室內傳話器送來的微弱電能放大。聲音的大小，由管理台上的音量調節器控制之。電話機，一通郊區機房，以便兩方公務的接洽，一接總交換機，以便與其他部門通話。收音機則專為校聽本台播音之用。

音能變為電能，經增音室放大後，用裸銅十七號線輸送至郊外。播送台的機房輸送播音線有兩對，一對平常使用，一對作為預備，使線路發生故障時，可以換用。

C 播送台

播送台在重慶西郊小龍坎，佔地約230畝。所有播送機件及天線等重要設備。都按裝在該地，因為防備空襲轟炸的原故，廿九年春天將全套播送機件，遷裝在一寬敞的鋼骨水泥構成的大地洞內；洞為一半圓筒形，寬約卅呎，長約二百呎，約有大小房子六間，鐵殼汞弧整流器播送機各佔一間，真空管整流器養化銅整流器打水幫浦吹風機與馬達發電機等共佔一間，散熱風箱與其馬達佔一間，其餘一小間為辦公室，備值班工程師辦公之用，辦公室上有樓房一小間，收藏備用的材料。六間房子以播送室爲最大，也就是全電台機件主腦的所在。

洞的西邊有建築物一幢，是總辦公室。在這以北佈置了一大羣的天線，共計有八付，其中四付是不定向的天線，波長各爲四九・八，一九・二五，二五・二一，三一・五八公尺，此種天線播送的電能，各方向的强弱，都相等，其餘四付爲定向天線，波長與前同，兩付對歐洲兩付對北美洲。

播送機件包括地洞內所裝的全部機件，爲方便計，可分三方面來說明，就是播送機（TRANSMITTFR）電源的設備，與冷却設備。

A 播送機：播送機係英國馬可尼公司出品，區劃爲五部份。第一部份爲晶體控振器（CRYSTAL OONTROLLED OSCILLATOR），或富蘭克林振盪器（FRANKLINS TYPE MASTER OSCILLATOR），二者可任意選用，爲射電週波的主動振盪級。晶體控制器全部機件，裝在一立方矩形的黃銅櫥內，其必需的附屬設備，如電源方棚，整流器，濾波器，溫度控制器等等，都在其中。

所用眞空管爲二只五極管 MDVT42，第一只用於振盪維持電路（MAINTAINING CKT）中，晶體石英卽接於眞空管的屏柵兩極間，以控制振盪電路的射電波；第二管的電路，在調諧其週波，使其恰爲上級的三倍，換言之卽與晶體振盪的第三次倍波配諧。晶體備有八片，有四個波長，每一波長有晶體石英二片，一片使用，一片作爲備用。這八個晶體，與其四週的電熱器HFATFR密封在一個金屬的匣內，使與外界隔絕，不致受外部潮熱與溫度突變的影響。匣前有膠木鋼插梢八只，有一只是紅色，其餘七只黑色。紅插梢所在的地位，即是表示該晶體石英正在運用，是故凡欲用某一波長的振盪，祇須移紅插梢至相當該波長的晶石插座即可。

第二部份爲倍波放大器(HARMONIC AMPLIFIER)，機件有五套，電路完全相同，惟所用的線圈感應量有差別而已。中間一套爲富蘭克林振盪器的倍波放大器，牠的下面就是富氏振盪電路，左右兩邊，各有二套是晶體振盪器的倍波放大器，每一波長有一套，這種排列是相當的整齊美觀，而且應用也極其方便。富氏振盪器的振盪電路，裝在一密封的圓筒形黃銅匣內，蓋防止突然的溫度改變。匣外右邊有活動揑手與微動盤(VERNIER SCALE)，可以管理調諧容電器(TUNING CONDENSERS)；感應量有八個線頭(TAPPINGS)，用一個八路轉動開關控制之；轉動此開關與活動揑手，可自100公尺至十三公尺限度內，得到任何所需要的波長；電路中有兩只眞空管，一只爲振盪管，一只爲交通管，與電阻及阻隔容電器(BLOCKING CONDENSERS)等裝在圓銅匣的頂上。

倍波放大器分五級，第一二兩級電路完全相同，爲一單管放大電路，用以放大振盪器傳來之射電週波，其屏極電路，可調配爲前級之週率或倍數，各用五極眞空管MPT42一只；第三級與前兩級的電路，大致無差異，所用眞空管亦同；惟屏極調諧電路的一端（與屏極相對的一端），加對地電容量一片，可以活動，使電路兩端對地電壓相等，因爲第四級爲推挽式電路，其輸入電路的高週波電壓，必需完全相等的原故。

第四級係兩只三極管DET5的推挽式電路，用以爲電力放大；第五級係四只三極管DET5的推挽式電力放大電路，加此兩級，目的在得適足的電能，以便推動第一中級放大器。

第三部份爲中級放大器（INTERMEDIATE AMPLIFIER），此放大級爲兩部份所組成，曰第一中放級，第二中放級。

第一中放級有四套，一個波長有一套，採用電容橋式電路（CAPACITY BRIDGE CKT.）各用眞空管MT9F一只，輸出電能爲500W。第二中放級亦爲推挽式放大電路，用風冷眞空管ACT9四只，每只的輸出電能爲1000W。輸出調諧電路（OUTPUT TUNNING CKT）中的調諧電容器（TUNING CON DENSER）有四件，分裝在該器的後方左右兩邊，交通線圈亦有四套，構成一活動的大轉盤（TURNTABLE），裝於後面正中；若換用某一波長時，祗需要選擇相當於此波長的調諧電容器一只，與轉動線圈轉盤至相當該波長的地位即可。

第四部份爲末級放大器（MAIN AMPLIFIER），電路與第二中放級相類似，祗是輸出電能較大而已；輸出調諧容電器也有四只，交連線圈也爲一大轉盤，可任意活動；所用眞空管爲屏極水冷强力放大管 CAT·9 四只，輸入電能各爲 ZOKW。

第五部份爲調幅吸收器，就調幅方面言，分三級：曰再次調幅級，次調幅級，主調幅級；都是用來放大成音週波電能。成音週波電能經主調幅級放大而達調幅扼制圈（MODULATION CHOKE），將射電週波末級放大器的高壓，予以調幅，是即屏極調幅法。

再次調幅級用眞空管 MT·12 一只，次調幅級用 MT·9A 兩只，主調幅級用屏極水冷大型眞空管 CAM·3 六只，並聯運用。

播送機，除廣播各項節目外，尙可發射電報。若用爲發報機時，則主調幅級可用爲電能主吸收級，另備有再次與次吸收級，所用眞空管爲中型氣冷管 DET·1 與 MT·9 各兩只；與風冷吸收電阻（ABSORBER RESISTANCE）1套；當播送機發送「空隙」SPACE 信號時，自動吸收其1部電能，導入吸收眞空管及風冷電阻，化熱消失，以平衡負載的過度變化。

由末階（MAIN AMPLIFIER）輸出的調幅電能，經電能傳送管換移器（FEEDER CHANGEOVEV BOX），而入天線級，此級的總放射阻抗爲十五歐姆；天線電流爲二二安培左右，天線載波輸入電能爲三五瓩；在八成調幅時，其輸入電能約四六瓩；此機倘用作發送電報，在四十公尺左右，其天線輸入電能約爲五六瓩。

B　電源設備：播送機所用電流均係直流電，且因其應用處所的不同，而所需的電壓高低有別；茲就燈絲，柵極屏極三方面所需的電壓，分別說明如次。

1.燈絲電壓：各真空管所需的最高燈絲電壓約在二〇伏左右　特備三廷二五伏 1200 安培的馬達直流發電機兩套供給之。發電機的磁場，另以 110 伏的勵磁機激勵之；馬達為感應式，約五〇四馬力，各備有自動控制器（AUTOMATIC STARTER）一具，另有換用開關一套，以備兩套機件輪流換開之用。

2.柵極電壓：各處柵壓係以養化銅整流器供給，這種整流器有兩套，一用一備；計有電壓六種，4150/5150 伏者供給吸收器，1320/1720 伏者供給調幅器，400/800 伏者供給各級放大器，80/120 伏者供給振盪器；其餘兩種為振盪器的燈絲與屏極電源。

交流電先經總開關石板而至各變壓器，再經整流器整流之後，而送達電位板（POTENTIOMETER BOARD），於是分佈各處應用。

3.屏極電壓：從第一中級放大器到主放大器，強力真空管所需的高壓屏極電流，是以高壓變壓器與真空管整流或汞弧整流器供給的。

平常屏極高壓多用汞弧整流器，僅遇有故障時，才開用真空管整流設備。

380 伏的三相交流電，由總開關石板送至 200KVA 三相感應電壓調整器（INDUCTION REGULATOR），而達油冷式 200KVA 六相高壓變壓器；昇高的電壓可以達到 15.000 伏左右，經過眞空管整流設備，或者鐵殼柵控汞弧整流器，起整流作用而得單向起伏的高壓電流；電壓的高低，可以調整器昇降其交流電源控制之。

眞空管整流設備所用的整流管，是六只屏極水冷式 CAR-4，，總輸出電流約十三安培，燈絲電壓爲十九伏，用一隻 12KVA 六相 380/20 伏油冷或變壓器供給牠。

鐵殼柵控汞弧整流器(IRON CLAB GRIB CONTROLLED MERCURY ARC RECTIFIER)，爲世界名廠家 BBC 的出品，牠的負荷容量爲 140 瓩，最高電壓可達 10.000 伏，電流約一四安培，高度眞空的維持是利用兩種帮浦，一爲油轉帮浦(OIL ROTARY PUMP)可以抽眞空到 0.025MM. 水銀柱，一爲水銀高空帮浦(HC HIGH VACUNM PUMP)，可以抽到 0.00005MM 水銀柱以下。整流器的下面有電風扇一只，用以冷卻發生的熱。

經整流後所得的直流高壓電，尙有波動的起伏，不宜直接送到播送機的大型眞空管，故特備濾波器一套，由十二只電容器 2UF 與兩件扼制圈 OHOKES 組成，使顫動的高壓電波，經此而均勻平直其波形，再送到各强力眞空管的屏極。計用在第一中放級約 3000 伏，第二中放級約 5000 伏，末級放大器約 9000 伏。

這些設備的啓閉，及電壓的昇降與調節，是由兩個管理台間接以電力遙制；這些控制電路的電源，係由燈絲發電機的 110 伏勵磁機供給。電路中並配有過載過熱無水無風等繼電器的保安設備，遇有意外，即可在瞬息間，自動中斷主要電源，以策安全。

C　冷却設備：播送機的强力眞空管，因集結的熱量過多，必需有冷却設備，方足使眞空管的運用正常（NORMAL OPERATION），而壽命才不致短促。冷却的方法，常用的有三種，曰油冷水冷與風冷。有三種都用的，用一種或二種的也有；本台係採用後二種。第二中級放大管用風冷法，整流管與調幅管用水冷法，末級放大管，風冷水冷都用。

風冷部份，設有馬達帶動的吹風器二套，以鐵管銅管送到播送室的中級放大器與末級放大器下面，再用橡皮管接到眞空管。在總風管的地方裝一風壓表，以觀測風的有無，管理台中的控制電路連有電線接表內接觸點，當風吹停止時，管理台內有銅鈴即綮綮作響。

水冷部份有600加侖容量的水箱一只，離心帮浦兩套，散熱器RABIATOR 1套，與電控水壓表五只。冷却所用的循環水爲純潔的蒸溜水，自水箱以高速度離心帮浦厍至各水冷眞空管，吸收各管之熱量，而迴至散熱器，用巨型風扇吹風使冷，然後重回水箱，循環應用。

電控水壓表內的接觸點，與各控制電路相聯，以指示水的有無；若一旦無水，即能予管機者以警聲或標誌，中斷主要電路，以維護眞空管的安全。

（寅）昆明廣播電台機件簡況

廣播電台全部播音機件，依其設備及功用，大致可劃分三部：一、動力廠，二、播送台，三、發音室。本台動力廠及播送機位於西郊，發音室則爲敦請播音人員之方便，設於城郊，而以傳音電纜，將各項節目，傳送於播送機台播發之。

一 動力廠

動力廠供給播音機需用之電能，可分爲市電供給設備，及自發電源二部；平時播音，以市電供給爲主，自發電源，作爲備貨，以期減少播音之因電力供給發生意外而中斷。

（甲）市電供給設備　市電由資源委員會昆湖電廠供給，以三相五十週波六千六百伏高壓電，輸送至變壓器。該變壓器共二只，並聯，每只二百千伏安。低壓輸出爲三相三百八十伏，以三路九十一根〇·一〇三吋直徑銅絲之地下裝甲鉛包電纜送至播送機之電力配電板。

（乙）自發電源係柴油引擎發電機一架。柴油引擎爲英國拉司登公司製造，四百五十四馬力，六個氣缸，四擊式無空氣射油制，每分鐘四百二十八轉，以每方吋三百磅之高壓空氣開動引擎，開動時柴油消耗量每瓩小時約〇·六磅。其需用之空氣，自室內進氣箱吸入迴氣排至室外消聲坑，由消聲坑之煙囱洩出，引擎汽缸壁以循環冷水激冷之。如引擎開用時間較久，水池內水溫增高，則可引泉水注入水池，以減低冷水溫度。

發電機及勵磁機係英國米曲羅維布電廠製造與引擎軸直連。發電機爲交流同期發電機，電量爲三百六十五千伏安三相五十週波電壓二百八十伏，其磁塲所用之直流電以勵磁機供給之。勵磁機電壓自五十至一百五十伏，用自動電壓調節器較整勵磁機之磁電阻，因以調整交流發電機之輸出電壓保持相當穩定，發電機發出電流送至配電板之雙擲開關，以備與市電交替應用。

二　播送台

播送台爲雙層建築，地層爲馬達發電機室，水冷室，高壓整流室，高壓濾波室及變壓器室，樓層爲電力供給部及播音機室。

（甲）馬達發電機：全機僅用三聯馬達發電機一具，用以供給眞空管之燈絲電流。馬達爲三相交流四七·四馬力滑圈式感應馬達，直接拖動三十瓩二十四至三十伏一千安直流發電機一具二百十伏，三·五安勵磁機一具。馬達之啓閉發電機電壓之逐漸增加均爲遙控制。其樞紐置於樓層電力配電板上，自動開車及調節器則置於馬達電機旁。

保持絲流發電機電壓穩定，而不受交流電源變動影響發電機磁塲電路，裝有直流快制電壓調節器，使發電機輸出電壓變動不致超過百分之一。

絲流發電機之輸出，經一雙擲換向開關而至各級眞空管絲極，此開關每隔一週換向一次，使眞空管絲極得平匀使用，不致因一端電子放射較多而短促眞空管壽命。

（乙）水冷設備：播音機所用之水冷眞空管需純潔冷水循環冷却之。現所用者爲蒸溜水儲於一萬立脫之白鐵水箱內，自水箱以高速度離心幫浦昇經冷却器而分路至各級水冷眞空管及水冷耗阻以傳散熱量，熱水出眞空管及冷水耗阻仍回至水箱，熱水之冷却係以普通冷水以另一離心幫浦昇經冷却器以降低蒸溜水之溫度，俾可循環使用。

水冷眞空管不能須臾缺水，故水路內置有水流之保險裝置，接於絲極控制路；水源缺乏，全機自動停止，以維護眞空管之安全。

（丙）高壓整流管：播音機强力放大管所需之屏極高壓以高壓整流器供給之。該器爲三相全波整流器二組，串聯輸出電流爲十二安，電壓最高可達二萬伏，現用電壓爲一萬七千五百伏。整流管爲汞氣式三〇七九A，每組六只，高壓變壓器每組一只，各爲一百四十千伏安，作△/Y連接，初級整流管之絲極爲五伏，每組各以單相三百八十伏/五伏變壓器六只供給之。整流器輸出電壓之調節，以感應調節器昇降高壓變壓器之初級輸入電壓，自二百八十伏至四百八十伏。整流管之溫度完全自動控制，裝有馬達風扇及發熱器及各種繼電器；溫度高時，吹向整流管之爲冷空氣，溫度低時則爲熱空氣吹入。經整流器所得之單向起伏高電壓導入高壓濾波器，平匀其直流電壓，再送至播音機，供給屏極電壓。關於整流器屏流油開關之啓閉及電壓之昇降調節，均由樓層電力配電板上遙控之。

（丁）電力供給部：自原動室輸送之三相五十週波二百八十伏交流電先導至電力配電板，經油開關及保險絲分路至各部份，電力配電板以三百八十伏交流配電板，三十伏絲流配電板及二萬伏高壓初級配電板組成之。電力配電板旁為水力板，裝有各級水冷眞空管之進出水溫度表，水壓表及水流表，如水溫過高則電鈴鳴叫以引起管機者之注意。如水流或水壓過低則眞空管供電各機自動停開。控制器內裝有繼電器廿五只，用以自動控制機件，正確運用，使啓閉有序，以策安全。此外電力供給部尚有各種整流器，以供給各級眞空管屏流柵偏壓之用，彙列於下：

整流器類別	輸進電壓	輸出電流	用途	所用整流管
汞氣管三相半波整流器	5000v.	0.5a.	强力放大第一級及調幅器屏流	3017E3只
汞氣管三相半波整流器	550v.	10a.	强力放大第二級及第三級柵偏壓	3017E3只
氧化銅三相全波整流器	1000v.	0.55a.	交連級調幅放大級及播音級屏流	無
氧化銅三相全波整流器	350v.	1.2a.	調幅振盪放大器各級柵偏壓	無

（戊）播音機：播音機係英國標準公司製造，依其裝置情形可分為三部份：高度穩定振盪器，調幅振盪放大器，强力放大器。

高度穩定振盪器，共分三級，封密於金屬箱，與後數級作電磁性隔離。第一級爲射電週波主振盪器。眞空管用MS/PEN置晶體（石英）於眞空管柵極電路內，以控制振盪電路內之射電週波，而因晶體所發生之週波，隨溫度而生變動，故用保溫器使晶體保持一定之溫度，而發生極穩定之射電週波（六九〇千週波）。第二，第三兩級用以放大主振盪器傳來之射電週波，第二級用MS/PEN眞空管一只，第三級用41/MXP眞空管一只。

調幅振盪放大器，各級均放置於鐵架上，四週用鐵紗門以作電磁性隔離。全器以四封密之金屬箱及自振振盪器組成之，自振振盪器用四〇三三眞空管一只，成調屏回授電路，高度穩定振盪器發生阻礙時，交替應用四封密之金屬箱爲一，交連級二級，二、調幅放大級，三、增音級及調幅器四，強力放大第一級。交連級放大自高度穩定振盪器傳來之射電週波，同時復用以隔離高度穩定振盪器與調幅放大級，使調幅放大級之調幅變動不致影響於振盪器。交連第一級用四二一一E眞空管一只，交連第二級用四二一一E眞空管二只，作推挽式放大調幅，放大級爲推挽式丙類放大，用四二一一E眞空管二只，增音級用四二一一E眞空管一只，放大自發音室傳來之成音。週波調幅器用四〇一五A眞空管一只，採屏極等流調幅法，使時幅放大級之輸出電波，成爲調幅電波強力放大，第一級用四〇一五A眞空管二只，作推挽式乙類放大調幅放大級送來之調幅電波。此級輸出電力在未調幅時，約爲二百瓦。

調幅電波自强力放大第一級輸出，再至强力放大器予以放大。該器共爲二級，分裝於銅絲網隔離之小室前後十一間中，各級之屏柵線路均分別按放，以免相互感應。各室所裝置機件排列如下：

第一室前一間强力放大第一級絲極及柵極線路及水冷眞空管，

第二室前後二間强力放大第二級屏極及輸出電路，

第三室前後二間强力放大第三級絲極及柵極電路，

第四室前後二間强力放大第三級水冷眞空管，

第五室前後二間强力放大第三級屏極電路，

第六室前後二間强力放大第三級輸出電路及次波濾波器。

强力放大第二級用四〇〇九水冷眞空管二只，作推挽式乙類放大，强力放大第三級（即末級）用三〇三〇水冷眞空管二只，亦爲推挽式乙類放大。普通乙類放大法在完全調幅時電能最高達未調幅時之四倍。强力放大第三級所用三〇三〇眞空管，其屏極最高散熱量爲八十瓩二只，作推挽式乙類放大，在未調幅時電能輸出可達五十瓩以上。

自强力放大第三級輸出經七百公尺長之架空饋電綫而至天線交連室，交連至天地線饋電線用八號紫銅線，線距一英呎，天線爲垂直式，即利用鐵塔本身天線，耗阻爲二百二十歐姆。天線電流在未調幅時爲十五安，天線輸入電能爲四十九．五瓩。

（己）控制檯：爲求管理方便，凡重要電表及停止高壓並全機之總樞紐裝設於控制檯上，俾機件偶有障礙，管理者可迅速停止高壓或全機控制；檯上並裝有調幅百分表、輸入成音週波電壓表，以便管理者隨時調節音度；檯內並有攝波器一具，可以檢核調幅成分，監察用增音器一具，接通監察揚聲器，以便管機者監察收聽。

（庚）天線及地線：天線利用鐵塔本身，不另掛銅線，塔高六百另八呎，塔脚用磁質絕緣子與地絕緣。塔脚離地十二呎，以免觸及鐵塔，發生危險，地線銅線網以鐵塔爲中心，下鋪銅線網，四散埋放十二號及八號銅線計一百根，每根長五百七十呎，外圈及七十呎直徑處各放銅線一圈，將百根銅線互相銲接。地線網埋入地下深約一呎。

三　發音室

（甲）發音室　發音室建於城郊潘家灣，分大小發音室四間，控制室一間，餘爲辦公室。大小發音室之牆壁天花板均覆有避聲板，地面鋪地毯，門窗亦妥加裝置，俾室外噪聲無由滲入，室內發聲，不致反射，而傳話器傳出之聲音，可無嘈雜不清之弊。

（乙）控制室　自發音傳話器或電氣唱頭傳出之各項節目，先納入控制室之增音器，經過四級放大，再由特種裝置之地下傳音電纜，送至播送台之控制檯，而至播音機。

（丙）傳音電纜　傳音電纜長爲十一公里半，鉛包裝，甲地下式，由二十六對〇・九一四公釐之紫銅絲所組成；其中二十三對爲公務通話及信號用，三對專爲播送節目，各以鉛皮單獨包裹，並於每隔二千碼處置有保平線圈，以平衡線路內之總阻，俾其所傳達之成音週波不以週波高低而失眞。

3 收音之督導

我國廣播事業，雖逐年發展，但電台的設立，多限於通都大邑；在各偏僻地區，仍多不知廣播爲何物者。且我國工業落後，不能自行廉價製造收音機，而人民的收入又微乎其微，所以收音工作還須由政府爲之督導。戰前中央曾數度舉辦收音人員訓練班，訓練了不少收音人員，分發各省市縣政府服務；抗戰以後，因戰事關係人民流離失所，私有收音機多半遺失或廢棄不用，收音事業遂受一重大打擊。廿八年二月中央通過「增設後方各縣市收音機方案」；卅年五月，通過「切實推進收音事業方案」；同年九月又擬具「設立廣播收音網計劃」，對於收音事業之推進督導，詳爲規定。該計劃內容計分下列各步驟：一、督導各縣市機關學校裝置收音機，並獎勵私人裝設；二、規定各地收音人員的職責；三、收音技術人員的訓練與培養；四、收音機的大量製造及零件器材的供給；五、經費的籌措。同時由中央廣播事業管理處向中央無線電器材廠訂購大批收音機，半價供給後方各省，並派技術人員分赴各省指導辦理收音員訓練班。抗戰勝利後，仍按照該計劃繼續推進。計現已辦理收音員訓練班的有川、滇、黔、湘、鄂、贛等省。不過因為收音機還不能够大量製造，所以收音工作雖極力促進，一時還難望有普遍的發展。

五、今後的目標

過去我國廣播事業的進展，和它在平時戰時對於國家的貢獻，已略如上述。如果要拿這一點成績來和歐美先進各國相比，無論在設備方面，傳音方面，自然都覺得瞠乎人後。今後為謀和各國並駕齊驅，非急起直追不可。現廣播當局已決定下列原則五項，期在最短期間內訂為計劃，積極推進，使我國廣播事業能够迎頭趕上先進各國。

甲　建立廣播網：要發展我國廣播事業，首先必需建立全國廣播網。所謂廣播網者，就是對於電台作有計劃的分佈，且有專線為之聯繫。除在首都設立電力最大的中央電台外，依照地理與人口把全國分為若干區，在每區的政治中心，設立區台，區內各重要城市設立地方電台，必要時區台與地方電台同時發音。這樣指臂相連，脈絡貫通，地理上的隔閡，語言習俗的不同，都可慢慢潛移默化，而趨於一致。這對於民族意識的增强，中央政令的推行，功效很大，即就電台的本身來說，也有莫大的好處。因為中央與地方間，都可藉此互相選擇轉播，節目取材不必限於當地，而可各適需要，不致再有偏枯之弊；至於聽衆方面，儘管收音設備異常簡陋，也可因此而得暢輸數千里外的廣播，而毫無困難。

乙　普及收音：廣播事業的發展，不單靠電台的廣播，更有賴於廣大的聽衆，聽衆愈多廣播所收的功效也愈大。要增加聽衆數量，不外下列二途：一爲致力節目，盡量吸引；一爲普及收音，便利聽衆。我國收音聽衆據估計約達百餘萬，爲數似不小；但是以全國人口計算，千人里面不過幾個人吧了。較之歐美以及日本相差很遠。據日內瓦國際無線電聯合會一九四一年關於歐洲聽衆的統計：以瑞典爲第一，平均每千人中有聽衆（指有收音機者而言）二百卅一人；其次爲丹麥，每千人中有二百廿五人，再次爲英國，每千人中有一百九十七人。蘇聯於一九三八年時，每千人中不過廿三人；但到一九四〇年，就增加到六十二人。至於美國，廣播更爲發達；據一九三二年統計，平均每三人中即有收音機一架。聽衆收聽廣播，收音機爲必要工具。以我國人口的衆多，更應該力求收音機的普及。不過我國工業基礎不深，收音機的製造，一時恐難望有大量生產，且多數人民收入甚微，縱有收音機，也恐無力購買。所以應該廣設播音器，利用專線，使能以少數收音機，供多數聽衆收聽。這樣也稍可補收音機缺乏的不足。

丙　自給廣播器材：過去我國所用的廣播器材，大多仰給外國。一旦戰事發生，交通斷絕，即受莫大影響。即在平時，各國用品程式不同，也未必盡合我國需要。爲適應以後廣播事業的發展，應該創立大規範的廣播器材製造工業，以謀自給。

丁 創設有線廣播：通都大邑有電源的地方，使用收音機固然沒有問題；但是交通不便和沒有電源的地方，收音却非常困難。戰後國民經濟一時不能充裕，購買力非常薄弱，且多數人對收音知識尙淺，機件不會使用；要解决這種種困難，只有利用收音機設備作有線廣播。這樣所用的零件旣簡單，且耗費較少，管理方便，同時却可使多數人都得收聽。不過有線廣播需要繁複線路，又缺乏集中性與流動性，所以有時須利用演講機，爲集團收音之用。以我國人口的衆多，至少須有公共演講機一萬架，分佈於全國各城鎮，大部份足敷應用。其中若交流與直流各佔半數，則有電源與無電源的地方，便都可使用無阻了。

戊 培養廣播人才：廣播爲一新興事業，無成例可援，卽在各國，也都以經驗換取知識。不過各國有深厚的經濟基礎，廣播設備日新月異，在這種優越的情況下，自較能產生大量而優越的廣播人才。至於我國，不但廣播事業還沒有發達，卽培養廣播人才的機關也很缺少。今後爲求改進我國的廣播事業起見，應該一面選派有經驗的人員赴歐美考察各國實際情況，一面則於國內成立各種廣播人員訓練班，以造就從事廣播的各項基本人才。這樣才不致於電台大事擴充時，有人手不足之虞。

爲求我國廣播事業的發展，上述各項乃是必須做到的最基本的工作。但是要怎樣才能使這幾項最基本的工作得以順利而徹底的實行，則還有待政府和無線電專家們的切實的規劃與推進咧！

图书在版编目(CIP)数据

民国广播文献集成 / 艾红红，庞亮，刘书峰主编. -- 北京：中国传媒大学出版社，2021.3
ISBN 978-7-5657-2900-3

Ⅰ. ①民…　Ⅱ. ①艾…　②庞…　③刘…　Ⅲ. ①广播工作—文献—汇编—中国—民国
Ⅳ. ①G229.26

中国版本图书馆 CIP 数据核字(2021)第 034370 号

民国广播文献集成
MINGUO GUANGBO WENXIAN JICHENG

主　　编　艾红红　庞　亮　刘书峰
责任编辑　张　笛
责任印制　阳金洲
封扉设计　拓美设计

出版发行　中国传媒大学出版社
社　　址　北京市朝阳区定福庄东街 1 号　　**邮　　编**　100024
电　　话　86-10-65450528　65450532　　**传　　真**　65779405
网　　址　http://cucp.cuc.edu.cn
经　　销　全国新华书店

印　　刷　北京中科印刷有限公司
开　　本　787mm×1092mm　1/16
印　　张　32.75
字　　数　500 千字
版　　次　2021 年 3 月第 1 版
印　　次　2021 年 3 月第 1 次印刷

书　　号　ISBN 978-7-5657-2900-3/G · 2900　　**定　　价**　168.00 元

本社法律顾问：北京李伟斌律师事务所　郭建平
版权所有　翻印必究　印装错误　负责调换